改訂版
グローバル社会の
コミュニケーション学入門

藤巻光浩・宮崎新 編

佐藤良子(内田良子)・田島慎朗・平田亜紀・福本明子・
藤巻光浩・宮崎新・宮脇かおり・森泉哲 著

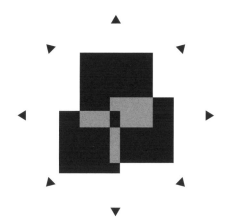

ひつじ書房

はじめに

「コミュニケーション」について 学ぶこと

キーワード 意味構築の過程（プロセス）、自己、他者、内省、
批判的思考（クリティカル・シンキング）

1. コミュニケーションという学問

　みなさんは、**コミュニケーション**と聞いてなにを想像するでしょうか？　授業のプレゼンテーションや英語の科目など、教育の場面がすぐに思い浮かぶ人もいるでしょう。人間関係の基本と考え、楽しいイメージを持つ人もいれば、ことばを聞くだけで恐怖感や拒絶反応を抱く人もいるかもしれません。就職のために必要だと言われ続けて、なんとなくそういうものだと思っている、という反応でも不思議ではありません。ましてや、今やわたしたちの暮らす時代はグローバリゼーションの真っただ中にあるといわれており、コミュニケーションに寄せられる期待は相当なものです。インターネットなど、通信技術の劇的な進展が圧倒的な量のコミュニケーションを増大させたことはご存知の通りです。それに加え、ヒトやモノ、メディアやイメージ、企業や資本などが国境を越えて行き来する時代となり、コミュニケーションへの期待も過剰なまでに高まり、いろいろなイメージが付与されているのです。

　このようにさまざまな意味合いやイメージがあるにもかかわらず、コミュニケーションということばはわたしたちの日常で極めてあたりまえに使用されています。その一方で、コミュニケーションを「学」として、もしくは、コミュニケーションについて学問的に学ぶ機会に巡りあった人はまだそれほど多くないのではないでしょうか。

人前での話し方、外国人との接し方、対人関係の築き方、就職活動への臨み方がコミュニケーションに大きく関連していることは確かです。しかし、マニュアル通りの能力を身に付けていくことがコミュニケーションを学ぶことではありません。むしろ「考えを公に伝えること」、「自己と他者を知ること」、「異文化に触れること」、「英語を学ぶこと」、「仕事に就くこと」、「グローバルに活躍すること」の意味を考えることそのものが、グローバリゼーションの中のコミュニケーションについて学ぶことであり、学問として取り組むことであるといえば、少し輪郭が見えてくるでしょう。

2. コミュニケーションを学ぶ目的

　本書は、グローバル社会のコミュニケーションにかかわる事象を日常的なエピソードとともに紐解き、考察していくものです。わたしたちのコミュニケーションは、人との関係性の中でさまざまな要因が作用しあい、意味が生まれ、それが絶えず変化し続ける**意味構築の過程**（プロセス）です。ことばにできない想いや、伝えきれない感情はどう解釈できるのか。なんとなく感じる孤独や生きづらさには、どんな力（権力）関係が影響を及ぼしているのか。コミュニケーションについて学ぶ目的とは、こうしたことを、個人の能力を判断基準にしたり、経験則で語ったりするのではなく、意味が創り出される過程を**構造**として捉え直すことなのです。

　コミュニケーション研究はさまざまな事象を整理し、体系づけ、得られた知識や方法論からわたしたちの日常を読み解き分析していく営みです。こうした学術的基盤を持つ**コミュニケーション学**には、**学際性**という特徴があります。学際性とは、コミュニケーション学の伝統に依拠しつつも、文化人類学、社会学、心理学、言語学など、さまざまな分野との密接なつながりを保っている点を指すことばです。それは、絶え間なく起こり続けるコミュニケーションそのものの特徴ともよく似ているかもしれません。このように、分野を横断して、異なる領域の知見を参照しながらわたしたちの日常を学際的に捉えていく学問を学ぶことは、みなさんの視野を柔軟で多様なものにしてくれるでしょう。

はじめに 「コミュニケーション」について学ぶこと　　iii

3. コミュニケーション学の視点

　コミュニケーションを考える上で欠かせないのが**自己**と**他者**です。それぞれ独立した存在のように思われますが、どちらが欠けてもコミュニケーションを捉えることはできません。自分のことを理解するには自分を客観的に見つめるための他者の存在が必要であるだけでなく、自分も誰かの他者だからです。このように、コミュニケーションを通して自己と他者の関係性は常に**相対化**されていきます。

　コミュニケーション学の視点とは、自らの語りや立ち位置をさまざまな他者のそれに照らしあわせ、一度立ち止まり、問い直す**内省**を可能にするものなのです。このような自己や他者の理解につながる内省は、固定されることなく他者との関係性の中で更新され続ける過程となるため、コミュニケーションは不可避なものとなるのです。

　この視点からわたしたちの日常のコミュニケーションや関係性を考えると、世間に広まり自分にとっても「あたりまえ」で「ふつう」と思われている**規範**や常識、そして価値判断の前提に対して批判的 (クリティカル) にならざるを得なくなります。たとえば自分と「異なる (と思う)」他者に出会った時に、無批判に「異」であると決めつけるのではなく、何がそう感じさせるのか、実際に「異なる」のか、そして相手にとって自分はどんな存在なのかということに意識的になります。このような気づきを与えてくれるのが、コミュニケーション学であり、本学問を修める中で**批判的思考** (クリティカル・シンキング) に基づく姿勢や視点を得ることができるのです。

　グローバル社会のコミュニケーションを考えるという壮大なスケールからすると、こうした日常的な視点で物事を捉え直すことは、釣りあわないように聞こえるかもしれません。しかし、本書が示すように、日常への批判的態度こそが、グローバリゼーションの中に生きるわたしたちの立ち位置を再確認するきっかけとなるのです。

4. 本書の構成

　本書はこのようなコミュニケーション学の視点から、わたしたちがすでに生きているグローバリゼーションの中の日常を見つめ直していきます。それぞれの章は、みなさんがこれまでに体験した、もしくは今後出会うかもしれない日常のエピソードをもとにした節でまとめられています。何気ない日常的な場面にひそむ行き違いや問題点などを主要概念とともに解きほぐし、みなさん自身の立場に対して問いかけていきます。

　まず、第1章「コミュニケーション学理解のための基本表現」では、コミュニケーションを構成する基本要素の全体像を掴みます。加えて、コミュニケーション学の学問領域を知ることで、みなさんの興味関心との接点を明確にすることができるでしょう。

　Part I『わたしたちとコミュニケーション』では「ことば／わたし／せかい(第2章)」、「異文化との出会い(第3章)」、「海外から見た日本／日本から見た世界(第4章)」から、わたしたちが他者との関係性に対して抱いている考えや、グローバル社会の中で構築されていく世界観を考察していきます。

　Part II『規範とコミュニケーション』では「メディアと社会とわたしたち(第5章)」、「レトリックが作るコミュニティ(第6章)」、「知識が力を持つとき(第7章)」から、わたしたちが抱えている"ただしさ"や"あたりまえ"という考えを、力という視点と共に読み解きます。

　Part III『対人関係とコミュニケーション』では"わたし／わたしたち"と"あなた／あなたたち"(第8章)」、「ソーシャル・メディアと対人関係(第9章)」、「コンフリクト／協調(第10章)」から、コミュニケーションの基本ともいうべきわたしたちの対人関係の機微や多様性を分析していきます。

　Part IV『市民参加とコミュニケーション』では「働くことと生きること(第11章)」、「市民社会と公共(第12章)」、「健康とリスクとコミュニケーション(第13章)」から、わたしたちが生きる社会にわたしたち自身はどのように参画できるのか、それがどのような意味を生み出すのかを考えていきます。

　そして、**Part V『コミュニケーション学を学ぶ意義』**では「コミュニケーション学のHOPE(第14章)」から、変わり続けるわたしたちのコミュニケー

ションに対してわたしたち自身がどのように向きあっていくのか、向きあっていくべきなのかについて一つの指針を提示します。

5. 本書の読み方

このように5つのPartsに分けて、それぞれテーマごとにまとめられていますが、みなさんが興味を持ったエピソードから読み始めても良いように書かれています。また、それぞれの章 (chapter) や節 (section) の関連性から理解を深めるためのクロスリファレンスも適宜設けられています（例 [⇒**1-2**]：[⇒**章番号–節番号**]）。主要概念はターゲットとなるものを各節の冒頭で提示していますが、本文中で登場するその他の重要なキーワードもゴチック体で示しています。本書をきっかけに、よりコミュニケーションについての学びを進めてもらうためのさまざまな仕組みを施しました。

エピソードからの問いかけの中には、すぐに自分なりの意見が浮かぶもの、答えに窮するもの、実体験に近過ぎるもの、あまりにも非日常に感じるもの、さまざまなものがあるでしょう。なにか正しい解答が用意された問いかけではありません。理解、同意、疑問、拒絶、気づき、さまざまな反応が起こるべきエピソードなのです。

ぜひ、コミュニケーション学の視点が可能にする想像力をもって、エピソードが提起する問題意識に向きあってください。本書を通じて幅広い視野を養うことで、みなさんの日常で起こっていることを少しでも自分でわかるようになり、そして身近なコミュニケーションをより批判的に捉えられるようになれば幸いです。

目次

はじめに　「コミュニケーション」について学ぶこと（宮崎新）………ii

Chapter 1　コミュニケーション学理解のための基本表現（宮崎新）

1　コミュニケーションが生み出す意味 ……………………………………… 2
2　コミュニケーションが持つ作用 ………………………………………… 6
3　コミュニケーションに関する言説 ……………………………………… 10
4　コミュニケーションを取り巻く文脈 …………………………………… 14
COLUMN 1　コミュニケーションの中の「期待」…………………………………… 18

PartⅠ
わたしたちとコミュニケーション

Chapter 2　ことば／わたし／せかい　（宮崎新）

1　わたしがみるせかい ……………………………………………………… 22
2　日常的な異文化 …………………………………………………………… 26
3　外国語教育と英語教育 …………………………………………………… 30
4　英語話者と母語話者 ……………………………………………………… 34

Chapter 3　異文化との出会い　（森泉哲）

1　トランスナショナル・アイデンティティ ……………………………… 40
2　異文化適応過程 …………………………………………………………… 44
3　文化間の衝突と解決 ……………………………………………………… 48
4　グローバリゼーションと文化接触 ……………………………………… 52
COLUMN 2　異文化的実践とはなにか―難民問題から考える ………………… 56

Chapter 4　海外から見た日本／日本から見た世界　（佐藤良子（内田良子））

1　Cool Japan ………………………………………………………………… 58
2　Kawaii／かわいい ………………………………………………………… 62
3　外国語としての日本語 …………………………………………………… 66
4　観光立国ニッポン ………………………………………………………… 70
5　なんちゃって和食 ………………………………………………………… 74

vii

Part II
規範とコミュニケーション

Chapter 5　メディアと社会とわたしたち（福本明子・藤巻光浩）

1	作られる価値観	82
2	メディア・リテラシー	86
3	メディア史―NHK紅白歌合戦から	90
4	ポスト真実	94
5	ジェンダーとフェミニズム	98
COLUMN 3	「らしさ」ってなんだろう―エマ・ワトソンのスピーチから	102
COLUMN 4	あなたの肌は黄色いですか?―人種とは	104

Chapter 6　レトリックが作るコミュニティ（宮脇かおり）

1	レトリックとは	108
2	ことばが作る所属意識	112
3	集合的記憶と異文化	116
4	象徴としての身体	120
5	公共圏とよそ者	124

Chapter 7　知識が力を持つとき（田島慎朗）

1	ロゴス、パトス、エトス	130
2	権力	134
3	記号論	138
4	転義法、ターミニスティック・スクリーン	142
COLUMN 5	レトリックの発展―発信者中心からメッセージとその周縁へ	146

Part III
対人関係とコミュニケーション

Chapter 8　"わたし／わたしたち"と"あなた／あなたたち"（森泉哲）

1	ひとりぼっちは良いこと、それとも悪いこと?	150
2	他者とのつながり	154
3	家族コミュニケーション	158
4	グループと組織におけるコミュニケーションのあり方	162
5	グローバルな人間関係	166

Chapter 9	**ソーシャル・メディアと対人関係** (宮崎新)	
1	"ニュー"・メディアの発展	170
2	モバイル・コミュニケーション	174
3	コンピューターを介したコミュニケーション	178
4	ソーシャル・メディアの光と影	182
5	テクノロジーとコミュニケーション	186

Chapter 10	**コンフリクト／協調** (福本明子・平田亜紀)	
1	コンフリクト／交渉とは	192
2	交渉の種類	196
3	もめごとと交渉と感情	200
4	不健康な対人関係	204

Part IV
市民参加とコミュニケーション

Chapter 11	**働くことと生きること** (福本明子)	
1	組織とコミュニケーション	212
2	リーダーシップと部下力	216
3	ブラックバイト	220
4	市民と社会と経済と	224

Chapter 12	**市民社会と公共** (佐藤良子 (内田良子))	
1	方言はカッコイイ？	230
2	多言語社会	234
3	外国人児童生徒	238
4	「子ども食堂」って何？	242

Chapter 13	**健康とリスクとコミュニケーション** (平田亜紀)	
1	ヘルス・コミュニケーションの輪郭	248
2	インフォームド・コンセントからナラティブの交錯へ	252
3	にわか医療通訳者から専門の医療通訳へ	256
4	「障害」になること、ならないこと	260
5	災害リスクの管理と行動を促すコミュニケーション	264
6	人々の生活とリスクの理解 ―健康増進から市民教育、災害時の避難まで	268

Part V
コミュニケーション学を学ぶ意義

Chapter 14　コミュニケーション学のHOPE（藤巻光浩）

1　　AIにとっての文脈 ··· 276
2　　コミュニケーション＝具体的な日常を生きること ···················· 280

あとがき　改訂版刊行にあたって ··············284
索引 ··············286
執筆者紹介 ··············292

x

Chapter

1

コミュニケーション学理解の
ための基本表現

Section ▶ 1

コミュニケーションが
生み出す意味

キーワード 意味、言語メッセージ、準言語メッセージ、非言語メッセージ

エピソード 「**大丈夫です**」

サークルの先輩にライブハウスでのセッション（演奏会）に誘われました。ぜひ参加したいけれどレベルが高そうだし、誘ってくれた先輩の演奏は部内でもトップクラスの人で、そんな人に声を掛けられるなんて気が引けます。断るのは申し訳ないとは思いつつ「あ、わたしは、大丈夫です…」と答えました。数日後、先輩から「じゃ、セッション当日、17時に部室集合で！」とメッセージ。断ったつもりだったので、困ってしまいました。なんて返事をしよう？

1. コミュニケーションと意味

コミュニケーションをただの「伝えあい」や「わかりあい」と考えてしまうと、このエピソードのやり取りは失敗例といえるでしょう。誘われた後輩が自分の考えを明確に伝えることができていなかったという点では、すれ違いがあったようです。ただし、これはコミュニケーションが不在であったことと同義ではありません（板場 2011）。

コミュニケーションは他者との関係性の中でさまざまな**意味**が生み出される終わりのない**プロセス**です（池田 2015）。そのように考えれば、このエピソードはまさにコミュニケーションが起こっている状況だと捉えることが重要で

しょう。それでは"どのように"コミュニケーションが起こっていたのでしょうか？

2. 言語メッセージ・準言語メッセージ

　エピソードの中で使われた「あ、わたしは、大丈夫です…」という発話に着目し、言語メッセージ、準言語メッセージ、非言語メッセージの3つの要素からここでのやり取りを見てみましょう。

　言語メッセージとは「大丈夫です」ということばそのものを指します。ことばの辞書的な意味、つまりことばの**定義**です。知らない単語に出会った時や外国語を学ぶ際にまず辞書を調べて意味を理解するように、わたしたちはこのようなことばの意味を頼りにコミュニケーションを図ろうとします。発せられたことばそのもの、つまり話しの中身を担う言語メッセージがコミュニケーションの中で重要な役割を果たしていることは間違いありません。

　同時に「大丈夫です」という表現が、肯定の意味 (大丈夫) にも否定の意味 (遠慮・断り) にもなる両義的なものであることをわたしたちは経験的に知っています。エピソードではせっかくの誘いを断ろうとする迷いや申し訳なさが「あ、」という小さな声での反応や、強い言い切りを避けた「…」という形で表現されています。「大丈夫です」も元気に明るく発せられたものではないでしょう。

　このような紙面に印刷された文字では表現が難しい、ことばに附随してニュアンスを加えているものを**準言語メッセージ**と呼びます。特に「声」そのものにかかわる声色や声質、声の大きさやトーン (調子)、話す速さや抑揚などの話し方を指します。感謝を表す「ありがとう」や愛情表現の「あいしてる」なども、言い方ひとつで、つまり、準言語の使い方次第で意味や受け手の解釈が変わることもこの好例といえるでしょう。

3. 非言語メッセージ

　お互いが顔を合わせて行う対面での会話では、目線やアイコンタクト、表

情や身振り手振りなどの**非言語メッセージ**が言語以上に意味生成に影響を及ぼします (末田・福田 2011)。これらの非言語要素は、言語メッセージを強調したり補完したりするだけでなく、皮肉のように相反する意味を生み出すなど、意味生成の7割をも占めるといわれています (東山 1997)。つまり「なに」を言ったかという言語要素よりも、「どう」言ったかという非言語コミュニケーションの方が、意味解釈に大きな影響を及ぼすことが多いのです。

　さらに、非言語はいわゆるボディ・ランゲージや身体的特徴 (容姿) だけを指すものではなく、わたしたちの空間の使い方 (個人空間)、人との身体的距離 (対人距離)、接触、時間感覚、におい、沈黙なども含まれます。声質などの準言語も非言語の一部なのです。こうしてみてみると、発せられたことばだけがコミュニケーションを担うという考え方がいかに限定的であり、実際にはさまざまな要因が絡みあってメッセージの意味を生み出しているか見て取ることができるでしょう。言語メッセージ (ことば) の不在はコミュニケーションの不在ではありません。特に、「語られない」、「語れない」状況、つまり**沈黙**があった時にはそのコミュニケーションの権力構造 (力関係) にも目を向ける必要があるのです (塙 2019)。

　エピソードに戻ってみましょう。他者との関係性の中に生じる意味構築の過程がコミュニケーションであると考えれば [⇒**はじめに**]、相手がサークルの先輩で、誘いを断るという難しい状況の中で行われたやり取りだからこそ、あいまいな返答が生まれました。友達との会話であれば「え？　無理だよ！」、「今回はいいや！」など、もう少し直接的なことば選びをしたかもしれません。言い方も強い声の調子やわかりやすい表情など、言語メッセージを明確に補完・強調する形で準言語、非言語要素が用いられたでしょう。「あ、わたしは、大丈夫です…」という話した内容だけに着目するだけでは、コミュニケーションの断片しか読み取ることができないのです。

　みなさんが後輩の立場であれば、このあとどのように行動しますか？　今度は明確に断るでしょうか？　迷惑をかけたくないからと、そのまま集合場所に向かうでしょうか？

引用文献

池田理知子（2015）『日常から考えるコミュニケーション学—メディアを通して学ぶ』ナカニシヤ出版

板場良久（2011）「コミュニケーションという力」板場良久・池田理知子編『よくわかるコミュニケーション学』pp.2–21. ミネルヴァ書房

末田清子・福田浩子（2011）『コミュニケーション学—その展望と視点（増補版）』松柏社

東山安子（1997）「非言語メッセージ」石井敏・久米昭元・遠山淳・平井一弘・松元茂・御堂岡潔編『異文化コミュニケーション・ハンドブック—基礎知識から応用・実践まで』pp.58–63. 有斐閣

塙幸枝（2019）「ことばにできないメッセージ—沈黙の意味」池田理知子・塙幸枝編『グローバル社会における異文化コミュニケーション—身近な「異」から考える』pp.48–58. 三修社

Section ▶ 2

コミュニケーションが
持つ作用

O━ キーワード 相互作用、文脈（コンテクスト）、あたりまえ、価値、聴く

▇ エピソード 「**話すことと聴くこと**」

就職活動が上手くいかずに友達が悩んでいます。加えて、人間関係でも悩みを抱えているようで、涙を流す友達の話しを聞くだけで同じく苦しくなるようでした。自分が言えたのは「大変だね…」というくらいで、ただ聞くことしかできません。しかし、後日、「ユウと話しができて本当によかった。助かった。ありがとう。」と友達から感謝されました。自分はなにもしてあげられていないと思っていたのに、なにが感謝に繋がったのでしょうか？

1. コミュニケーションの捉え方

コミュニケーションは「ことばのキャッチボール」と形容されることがあります。ボールというメッセージを話し手（送り手）から聴き手（受け手）に投げて、しっかりと受け取れるか、その行き来が上手くいくかどうかという喩えです。これは理にかなっているようですが、人と人とのやり取りを機械の情報通信のように線的に捉えた、非常に静態的な考え方であるといえます。確実で正確なメッセージの送受信が大前提であり、その過程での参加者による恣意的な解釈、参加不参加の自由が想定されていないからです（板場・池田 2010）。

6

強い風が邪魔をすればボールは思うように届かないように、集中できない時や心配ごとがある場合など、意思疎通を阻害すると考えられる要因（ノイズ）は数多く存在します。また、自分や相手の反応（フィードバック）が次の行動に影響を与え、それが互いに繰り返される中で思わぬ方向に進むような不確実性を伴った**相互作用**（インタラクション）こそがコミュニケーションなのです。

　苦しんでいる友達に「企業調査ちゃんとしてる？」、「泣いても仕方ないから行動しよう」と問題解決のための応答をしたりしても、必ずしも良い結果になるとは限らないでしょう。ことばによるやり取りが続かなくても、ただ相手の言うことを聞き、その関係性の中にいるだけでコミュニケーションの相互作用はそこに生まれているのです。だからこそ友達は「ユウと話せてよかった」と感じたのでしょう。

2. 文脈と意味と価値

　コミュニケーションの相互作用と意味生成を理解する上で重要となるのが**文脈**（コンテクスト）という概念です。文脈とはコミュニケーションを取り囲む関係的、心理的、社会的、時間的、空間的、物理的、歴史的な状況や環境の総称として考えることができます。文脈によってコミュニケーションは大きく変化し、それは社会で**あたりまえ**や普通とされることや、そこに生まれる意味、つまり**価値**に多大な影響を与えるのです。

　たとえば、かつては会社の重役でもなければ必要でなかった仕事道具としての携帯電話は、現代では誰でも日常的に使う生活必需品となりました。機器やコミュニケーションのあり方を取り巻く社会的、歴史的な文脈の変化によって、なにが普通であたりまえか、どんな価値があるかも変わるのです。新しい機種が発売され機能が追加されるたびに、対人関係が再定義されていくこともこれに関連しています。

　価値には金銭換算できる物質的・経済的なものだけではなく、無形で関係的なものも含まれます。「ありがとう」という感謝のことばは、日々の買い物では、言う方も言われる方も感情を揺さぶられるほどの意味合いは持たないことが多いでしょう。むしろ、買い物に行くたびにそれほど感情的になって

しまっては日常生活に支障をきたします。しかし、卒業式などの特別な瞬間、または今まで感謝を口にすることができなかった人間関係といった文脈で交わされる「ありがとう」には代え難い意味と価値が生まれるのです。

3.　コミュニケーションと聴く

　キャッチボールのようなコミュニケーションの捉え方は、言語化の強制やことばの絶対視を生み出す危険性があります (北川・平田 2013、平田 2012)。エピソードの中で、悩みを抱える友人はことばを重ねて自分を励まそうとするのではなく、ただそこにいて聞く、または**聴く**というコミュニケーションをした相手 (他者) がいたことに感謝を覚えました。哲学者の鷲田清一によれば、ここでの「聴く」行為は、それだけで悩みが直接解決する訳ではないものの、どんなことばよりも力や意味を持つことがあるからです (鷲田 2006、2015)。返ってくることばではなく、苦しみを共有し自分自身 (自己) を受け止める相手がいたことが重要であり、そこに意味と価値が生まれたのでしょう。

　もちろん「大丈夫」という励ましや、具体的なアドバイスをしてはいけないということではありません。はっきりと伝えあうこと、「ことば」にすることが大事になるタイミングもあります。「大変だね…」としか言えず、聴くことしかできなかったユウさんは何か作為的にそうしたのではなく、そうするしかできなかったのでしょう。しかし、悩みを抱える友人は、まさにそのような沈黙とともに寄り添い、他者を「聴く」コミュニケーションに救われました [⇒1-1]。円滑な情報交換ではないこのようなやり取りにも、コミュニケーションの相互作用と文脈による意味や価値づけの多様性が表れているのです。

　みなさんにとっての「良い悩み相談」とはどのようなものですか？　同じことばでも文脈の違いで意味や価値が変化した経験があれば、それはどのような状況だったでしょうか？

引用文献

板場良久・池田理知子（2010）「コミュニケーション」池田理知子編『よくわかる異文化コミュニケーション学』pp.26–37．ミネルヴァ書房

北川達夫・平田オリザ（2013）『ていねいなのに伝わらない―「話せばわかる」症候群』日本経済新聞社

平田オリザ（2012）『わかりあえないことから―コミュニケーション能力とは何か』講談社

鷲田清一（2006）『「待つ」ということ』角川書店

鷲田清一（2015）『「聴く」ことの力―臨床哲学試論』筑摩書房

Section ▶ 3

コミュニケーションに
関する言説

Oπ

キーワード　言説、コミュニケーション能力、ラベリング、言説の再生産

■

エピソード　「わたしのコミュニケーション」

小さなころから物静かで内向的なユウさんですが、学校での発表会
などは好きで、友人関係も楽しんできました。しかし、大学では授
業で初対面の人とのグループ活動が増え、自分なりに取り組んでい
るのに、どうも周りからは"コミュニケーションが苦手な人"とい
う印象を持たれているようです。大人しい性格かもしれませんが、
別にコミュニケーションも人付きあいも嫌いな訳ではありません。
これはユウさんに"コミュ力"がないのか、それともなにか他に原
因があるのでしょうか?

1.　コミュニケーションにまつわる言説

　どんなことでも、人より秀でたものがあるのは良いことですが、特にコミュ
ニケーションは特別な扱いを受けています。たとえば、話し上手でノリが良
く笑いがとれる人はグループの人気者になれる、外国語学習に積極的な人は
世界中の人との異文化交流ができる、という考えにはある種の説得力がある
でしょう。それは、さもコミュニケーションに長けた人は何らかの力を持ち、
人生を豊かにできるかのような考え方です。

　このようなわたしたちの生きる世界観を創り上げ、価値観を生み出すこと

ば、表現、説明などの語りを**言説**と呼びます。言説の影響力はわたしたちの行動や言動に対して極めて大きな影響力を持つにもかかわらず、あたかも空気のような「あたりまえ」なものとして日常生活の中に浸透しています。エピソードでユウさんは周りからの一方的な評価に疑問を抱きました。実は、このような違和感は、コミュニケーションにまつわる言説が現代社会の中でどのように語られているのかを批判的に考えるための契機となるのです。

2. コミュニケーション能力

　今日の社会におけるコミュニケーションの言説を読み解くために頻繁に参照されるのが、日本経済団体連合会が発表する『新卒採用に関するアンケート』の結果報告です。2018年度の調査結果では「**コミュニケーション能力**」が採用選考で重視される項目の第一位に、実に16年間連続で選ばれました（日本経済団体連合会 2018）。このように、現在の"コミュ力"は経済界からの要請を受けて、企業が理想とする人材が有するべき、就職に必要な能力であるとして非常に限定的なかたちで**言説化**されているのです[1]。

　同時に、こうした言説は教育現場にもグローバル人材育成という社会からの期待となって影響を及ぼし続けています。1980年代を機に世界経済が国際化からグローバル化へと変化し、英語でも発信ができるようなコミュニケーションの「グローバル・スタンダード」への転換が求められ、教育機運が高まりました（池田 2006）。さらに、異文化（とりわけ英米）への理解を深めるために「コミュニケーション」を冠した学部や学科が新たに設置され、**コミュニケーション教育**の重要性はさらに広まるのです（久米 2011）。しかし、忘れてならないのは、コミュニケーションについて学ぶことやその教育は、実践偏重主義の能力育成を主眼としたものとは大きく異なるということです［⇒**はじめに**］。

　このような背景を鑑みれば、コミュニケーションに附随する価値は決して普遍的なものではなく、グローバリゼーションの中で形作られた言説の1つであることがわかるでしょう。ユウさんのような現在の「若者」と呼ばれる人の"コミュ力"は、一個人の自己責任論に回収できる話ではありません。物心がつく頃にはコミュニケーションにまつわる言説が広く浸透した文脈で

育ち、教育を受けてきた構造に批判的な目を向ける必要があるのです。

3. コミュニケーションとラベリング

　本来、コミュニケーションということばは人の性格や能力など、人格評価に用いられるようなものではありません。しかし、言説化したコミュニケーションは"コミュ力"や"コミュ障"といった**ラベリング**を可能なものしてしまいます（ハワード 2011）。まるで商品に「優」「良」「可」「不良」とラベル（レッテル）を貼るように、人を格付けし選別できるモノのように扱うことをあたりまえにするのです。

　また、ラベリングは他者から押し付けられるだけでなく、自らそのラベルを用いて**言説の再生産**に加担することも少なくありません［⇒**7-4**］。コミュ力だけでなく、ネットスラングから広まった「コミュ障（コミュニケーション障害）」がその好例でしょう。本来の精神医学的意味から離れ、流行りのように「障害」ということばが当然のごとく使われているのは、個人よりもそのような社会のあり方に大きな問題があるといえるのではないでしょうか（貴戸 2018）。そして、ラベリングの持つ排他的で差別的な力に無批判でいることは、さまざまな人々が抱える**生きづらさ**をさらに見えにくいものにしてしまうのです（野田・山下 2017）。

　コミュニケーションに関係する言説を取り巻く社会構造に目を向ければ、ユウさんの抱いた違和感は社会のありようへの違和感ともいえます。コミュニケーションや人間関係のラベリングにかかわる言説は、ほかにどのようなものがあるでしょうか？　そしてこの本を読んでいる時代に広まって（しまって）いるラベリングに対し、わたしたちはどのように批判的になれるでしょうか？

1 2022年に発表された「採用と大学改変への期待に関するアンケート」の調査結果（日本経済団体連合会 2022）では2018年度調査まで第二位だった「主体性」が一位になり、「コミュニケーション能力」は一切出てきません。

引用文献

池田理知子（2006）「グローバル化と日本社会―問われるわたしたちのまなざし」池田理知子編『現代コミュニケーション学』pp.241–259，有斐閣

貴戸理恵（2018）『「コミュ障」の社会学』青土社

久米昭元（2011）「異文化コミュニケーション研究の歩みと展望―個人的体験と回想を中心に」鳥飼玖美子・平賀正子・野田研一・小山亘編『異文化コミュニケーション学への招待』pp.47–69，みすず書房

日本経済団体連合会（2018.11.22）「2018年度　新卒採用に関するアンケート調査結果」『Policy（提言・報告書）』日本経済団体連合会 <https://www.keidanren.or.jp/policy/2018/110.pdf> 2024.7.31

日本経済団体連合会（2022.1.18）「採用と大学改変への期待に関するアンケート結果」『Policy（提言・報告書）』日本経済団体連合会 <https://www.keidanren.or.jp/policy/2022/004_kekka.pdf> 2024.7.31

野田彩花・山下耕平（2017）『名前のない生きづらさ（シリーズそれぞれの居場所1）』子どもの風出版会

ベッカー・ハワード S.　村上直之訳（2011）『完訳アウトサイダーズ―ラベリング理論再考』現代人文社（Howard, Becker. (1963). *Outsiders: Studies in the sociology of deviance*. New York: The Free Press of Glencoe.）

Section ▶ 4

コミュニケーションを
取り巻く文脈

O━
キーワード　コミュニケーションのコンテクスト

■■
エピソード　**「授業選び」**
　大学の授業で『コミュニケーション論』を受講したユウさんは、専攻の違う友人から他学部履修のできるこの授業に関して、どんな内容のクラスなのか、簡単に単位が取れるのか聞かれました。楽しかったけれど、単位を取るのは苦労をしたし、友人にはやはりプレゼンがメインの授業だと思われたようです。どのように説明してあげるのが、一番イメージしやすいでしょうか？

1.　コミュニケーションが生起する場

　身近で日常的なことばになりつつも、アメリカでは20世紀になってから組織的なカリキュラムを持つようになったコミュニケーション学は、現代社会の日本においてもまだつかみどころのないものとして捉えられがちです（日本コミュニケーション学会2011、宮原1992）。そこで、コミュニケーションが生起する**場、コミュニケーションのコンテクスト**を「全米コミュニケーション学会（National Communication Association）」の部門編成や、日米で用いられる教科書、入門書の構成を参考に分類し、イメージに輪郭を付けてみましょう。

　自己と他者の関係性がコミュニケーションであり、わたしたちが他の誰かと接したり人間関係を築いたりすることを**対人コミュニケーション**（Interpersonal

Communication）と呼びます。コミュニケーションの基本ともいえ（中西 2011）、友情や恋愛など、人がどのように出会い、対人関係がどのように始まり、維持され、時にもつれたり崩れたりするのかという非常に身近なテーマです。

　対人関係には複数の人間がかかわることも多くあります。サークルや授業でのグループ活動、友人グループのように小さな集まりを基調としたコミュニケーションを**小集団コミュニケーション**（Small Group Communication）と呼びます。小集団と対人との大きな違いは、意思決定が重要になり、そこでリーダーシップなどの力関係がより明確になる点でしょう。

　人が集まると集団（グループ）になるように、異なる集団がそれぞれの意思や目的をもって共存するのが組織です。大学や会社が身近な代表例といえるでしょう。**組織コミュニケーション**（Organizational Communication）には、組織内での意思伝達や情報共有という側面と、組織外に行う広報など対外的な側面があります。

　コミュニケーションの規模が大きくなるほど、メッセージを伝えることは難しくなります。何万人という人と情報を共有するためには、そのための手段、つまり**マスメディア**（テレビ局、ラジオ放送局、新聞社、出版社など）が必要となります。英語の「かたまりとしての集団」を意味するマス（mass）に対して情報を発信することが、わたしたちが"マスコミ"と呼んでいる**マス・コミュニケーション**（Mass Communication）です。

　しかし、インターネットがすでに一般生活の中で欠かせないものとなり、人とのコミュニケーションや、買い物などの生活様式、そして娯楽や報道のあり方も大きく変わりました。**モバイル・コミュニケーション**（Mobile Communication）は、日々のやり取りの起点を「場所」から「個人」に変え、SNSなどの**コンピューターを介したコミュニケーション**（Computer-Mediated Communication）はコミュニケーション空間や出会う他者の範囲を際限なく広げています（富田 2016）。**ソーシャル・メディア**（Social Media）はその変化をさらに加速度的に進めていると言えるでしょう。

　このようにわたしたちのコミュニケーションはさまざまな境界線を越えて起こるようになっています。人種や民族の違いなど、かつては国家や国境を基準として考えられていた（異）文化の捉え方は見直され、**異文化コミュニ**

ケーション (Intercultural Communication) は現在のグローバル社会を理解するための大きな手掛かりとなっています (石井・久米・長谷川・桜木・石黒 2013)。

ICT／IoT技術の日常生活への浸透や、ヒト・モノ・カネの移動に伴う世の中の変化が加速度的に起こる時代であればこそ、わたしたち一人ひとりの考えや「声 (voice)」はますます重要になります。かつては政治家や一部の権力者だけの専有物のように思われた**パブリック・コミュニケーション** (Public Communication) や**スピーチ** (Speech Communication) は、社会情勢が激しく変動し、価値観や生き方の多様性が叫ばれる今、まさに市民参加の基礎となる部分なのです。

わたしたちの生きるこうした現代社会を理解する上で、単純化された価値判断や倫理観は時に魅力的にさえ聞こえます。しかし、白と黒、善と悪といった二項対立には、常に包摂と排除という力関係が存在しています。**レトリック** (Rhetoric) はわたしたちが主体的、自律的に行っていると思う行動規範を取り巻く権力構造を可視化し、わたしたちのコミュニケーションに伴う意味構築の過程 (プロセス) の再構築を行うのです (青沼・池田・平野 2018)。

2. コミュニケーション学の射程

コミュニケーションと一口にいっても、これらのコンテクストが複雑に絡みあった中で起こっていることを知れば、エピソードの友人もこの学問領域の幅広さに気づき驚くことでしょう。しかし、すでに授業を履修済みのユウさんはこれらの分類はまだコミュニケーションの1つの捉え方でしかないことを知っています。

コミュニケーションの射程は、多数派の論理を正義としているだけでは捉えきれません。**ジェンダー**への視点や**性的少数派** (セクシャル・マイノリティ)、**性的指向性** (セクシャル・オリエンテーション) の多様性のあり方 (Sexual Orientation Gender Identity/Expression：LGBTQ/SOGIE) など、さまざまな自己と他者の関係性と、だれもが**当事者**であることへの気づきが欠かせないのです。コミュニケーションの喜びだけではなく、すれ違いや対立、生きづらさなど、目を背けたいような複雑な事象も、まさにコミュニケーション学が介入していくものな

のです。

　みなさんがユウさんのように聞かれたら、どのように『コミュニケーション論』を説明すると思いますか？　ここで挙げられた項目以外に、コミュニケーションの一部だと感じたものはあったでしょうか？

引用文献

青沼智・池田理知子・平野順也編（2018）『メディア・レトリック論─文化・政治・コミュニケーション』ナカニシヤ出版

石井敏・久米昭元・長谷川典子・桜木俊行・石黒武人（2013）『初めて学ぶ異文化コミュニケーション─多文化共生と平和構築に向けて』有斐閣

全米コミュニケーション学会「NCA Interest Groups」『About NCA』National Communication Association. <https://www.natcom.org/about-nca/membership-and-interest-groups/nca-interest-groups> 2024.7.1

富田英典編（2016）『ポスト・モバイル社会─セカンドオフラインの時代へ』世界思想社

中西雅之（2011）「対人コミュニケーションの特徴と研究概要」日本コミュニケーション学会編『現代日本のコミュニケーション研究─日本コミュニケーション学の足跡と展望』pp.18–24，三修社

日本コミュニケーション学会編（2011）『現代日本のコミュニケーション研究─日本コミュニケーション学の足跡と展望』三修社

宮原哲（1992）『入門コミュニケーション論』松柏社

COLUMN 1

コミュニケーションの中の「期待」

　わたしたちのコミュニケーションはさまざまな期待にあふれています。ただし、ここでいう**期待**（expectation）とは「期待に胸が膨らむ」という表現よりも広い意味で、「ふつう〇〇だろう」、「□□とはそういうもの」といった前提を指す概念です。だからこそ、空気のような存在である期待が破られて初めて、わたしたちは何を常識とし、あたりまえと考えて生活しているのかに気づくのです（池田・クレーマー 2000）。

　このようなわたしたちが抱いている期待を鮮やかに描き出すのが**期待違反理論**（Expectancy Violations Theory）です（Burgoon 1978）。たとえば、電車やバスでわたしたちは人と距離を置いた座席を選び、他の乗客にも同じ行動を期待します。また、エレベーターではお互いの距離が近くなり過ぎぬようにごく自然に立ち位置を選びます。他に席があるのに隣に誰かが座ったり、自分と近過ぎる距離に理由もなく立たれたりすることは、個人空間や対人距離［⇒1-1］といった非言語に対する期待違反となり、どのようにこうした秩序を保ってわたしたちが生活を送っているのかが明らかになるのです。また、この理論は違反が困惑や不快感を生むだけではなく、違反者次第では同じ違反が驚きや嬉しさなど好意的感情に繋がることも説明をしています。

　この他にもわたしたちの期待は多種多様です。LINEのやり取りを終わらせにくいのは、もらったら返すという互酬性（返報性）への期待があるからです。社会的立場が変わると、それに見合った立ち居振る舞いするようになるのは、わたしたちは社会からの**役割期待**（大村 2005）に意識的、無意識的に従っているからなのです。

　これらコミュニケーションの中のさまざまな期待に批判的な目を向けることで、時代、文化、性別などの文脈によって異なる人々のあたりまえに気づくことができるのです（Hickson, Stacks, and Moore 2004）。それでも、明文化されていない期待は、ふいに違反をしてしまうかもしれません。ただし、生まれる意味は状況次第です。わたしたちは避けられないコミュニケーションの中で、常に新しい気づきに出会う可能性を持っているのです。

引用文献

池田理知子・クレーマー E. M.（2000）『異文化コミュニケーション・入門』有斐閣

大村英昭（2005）「期待されるわたし」井上俊・船津衛編『自己と他者の社会学』pp.21–40．有斐閣

Burgoon, J. K. (1978). A communication model of personal space violations: Explication and an initial test. *Human Communication Research, 4*, 129–142.

Hickson, III. M., Stacks, D. W., & Moore, N. (2004). *Nonverbal communication: Studies and applications* (4th Ed.). Los Angels, CA: Roxbury Publishing.

Part

I

わたしたちとコミュニケーション

Chapter
2

ことば／わたし／せかい

Section ▶ 1
わたしがみるせかい

キーワード 異質性、不安軽減理論、二項対立、同調圧力、差別的な日常

エピソード　「わたしたち／あのひとたち」
友達が怒っています。

 ケイ　わたしは○○したんだけれど、◇◇国出身のAさんは喜んでくれなかったんだよね。普通、日本人だったらこういうときって喜ぶじゃん。もしかしたらAさんの国では違うのかもしれないけど、日本だったらそうじゃない？郷に入れば郷に従え、だよ。

 マコト　でも、日本でも○○しても喜ばない人もいるかもよ。自分もあんまりだし。

 ケイ　それはあんただからでしょ？　普通はするって。やっぱり◇◇人ってあぁなんだよね、きっと。普段からAさんってよくわかんないし。だから◇◇人って付きあいにくいんだよな。

ケイさんのいら立ちはもっともな部分もあるとマコトさんも感じるのですが、はたしてどのように返答したらいいでしょうか？

1. 「わからない」こと

　「わからない」ことや**異質性**はわたしたちに、ちょっとした刺激と興奮をもたらします。海外旅行や語学研修などの異文化体験が多くの人を魅了するのもそのような一面があるからでしょう。同時に、**不安軽減理論** (Uncertainty Reduction Theory) によれば、わたしたちは「わからなさ」に出会った際に、知識や経験、状況や相手に関する情報をコミュニケーションから集め、不安を軽減しようとします (Knobloch 2008)。

　わたしたちは、ものごとを分類したり区分したりすることでカテゴリー化し、異質なものを理解しようとします。そのような実践は日常的に行われ、またある程度は必要なことでもあります。人は無秩序の状態の中で精神的安定を簡単に保てるものではないからです。

2. 「わたしたち」と「あのひとたち」

　しかし、エピソードの中でケイさんが行ったカテゴリー化は、まるで自分と相手の2つの世界しかないかのような**二項対立**にもとづいています。海外から来たＡさんの行動は「国」と「国籍」を根拠にして「あのひとたち」というカテゴリーに振り分けられました。内と外、同質と異質を分ける「わたしたち」と「あのひとたち」ということばの使い方には、「こちら」という包摂の前者と、「あちら」という排除の後者にわたしたちの世界観が投影されています。

　ケイさんの発言には二重の**同調圧力** (peer pressure) が見て取れます。同調圧力は、異なることを許さず、均質かつ同質であることが前提とされ、それを維持することが求められます。「郷に入れば郷に従え」は、外国人であるＡさんに、"わたしたち"日本人のように振舞うことを強要します。そして、意見を同じくしなかったマコトさんに対しても「それはあんただからでしょ？」と、自分の基準に当てはまらない「あんた」を異質なものとして排除することで、自分の考えを正当化したのです。

　テレビ番組でもこのようなダブルスタンダードによるカテゴリー化をよく

目にします。海外を扱う場合には、馴染みの少ない地域を「世界の果て」、「辺境な土地」と形容し、そこに住む人々や生活習慣を日本のそれと比較し、日本人や日本文化をすべからく同じものとして見ようとするのです［⇒**1-3**、**3-3**］。そして、まったく同じ手法を用いて、国内の出身地を基準に「〇〇出身は△△する」、性別を理由に「女は〇〇・男は△△」とカテゴリーと性質を本質的に結び付けた決めつけ、つまり本質的な語りが日常的に行われ、娯楽として消費されているのです (好井 2009)。

3. 差別してしまうわたしたち

異質性に対して繊細で敏感になることは重要です。自分自身の立ち位置に自覚的になり、「どの視点で自分は語るのか」というあたりまえを常に問い直す「反省的態度」(池田 2011) の重要性は強調してし過ぎることはありません。

同時に、そこに過度の意識が向き続けると、日常生活そのものが息苦しいものになってしまいます。反省的態度や批判的姿勢は自分を苦しめ、コミュニケーションを制限するためのものではないのです。むしろ、あたりまえに行われるカテゴリー化や決めつけの呪縛から自らを解放する営みであるといえるでしょう。

異質なものとの出会いで人が恐れるのは、「違い」を感じることそのものが差別なのではないかということでしょう。しかし、好井 (2016：15–16) は社会学の視点から、わたしたちは「**差別的な日常**」を生きていると言います。他者と関わるなかで抱く違和感や異質性に対して、時に「差別をしてしまう可能性を認めたうえで」わたしたちは日常にある差別的な事象を「"生きていくうえでの大切な手がかり"」として捉え直していくべきだと主張しています。

エピソードのケイさんに、いきなり「それは差別だ！」と指摘するだけでは、友人関係に支障をきたしかねません。差別の意識や自覚は人により大きく異なり、またその解きほぐしには多くの時間を要するものだからです (キム 2021)。であるならば、まずは自分が日々の実践の中で、同じような差別の発言や言動の再生産に加担しないようにすることが第一歩となるのではないでしょうか。

みなさんが同じ立場であれば、どのようにケイさんとの会話を続けるでしょうか？　また、このエピソードを読んでいる時のAさんは◇◇人で、〇〇に当てはまる表現は何だったでしょうか？　自分の持つ無意識の差別の可能性を考えてみましょう。

引用文献

池田理知子（2011）「「当たり前を」見直す」板場良久・池田理知子編『よくわかるコミュニケーション学』pp.22–23．ミネルヴァ書房

キム・ジヘ　尹怡景訳（2021）『差別はたいてい悪意のない人がする―見えない排除に気づくための10章』大月書店

好井裕明（2009）「メディアから排除や差別を読む」好井裕明編『排除と差別の社会学』pp.60–79．有斐閣

好井裕明（2016）「排除と差別の社会学を考える2つの基本を読む」好井裕明編『排除と差別の社会学〔新版〕』pp.3–22．有斐閣

Knobloch, L. K. (2008). Uncertainty reduction theory: Communicating under conditions of ambiguity (pp.133–144). In L. A. Baxter & D. O. Braithwaite (Eds.), *Engaging theories in interpersonal communication: Multiple perspectives.* Thousand Oaks, CA: Sage.

Section ▶ 2

日常的な異文化

○┓
キーワード　ステレオタイプ、異文化コミュニケーション、共文化、
自文化中心主義／自民族優越主義

🎞
エピソード　「ショッピングモールの中で」

ケイ　　あ、新しい化粧品が出てる。『誰でもあこがれハーフ顔^{フェイス}に』
　　　　だって。いい感じ。

ユウ　　へぇー、確かにこのモデルの子、ハーフっぽい感じだも
　　　　んね。でも、本当にハーフなのかな？

ケイ　　どっちでもいいんじゃない？　かわいいし。私もこうい
　　　　うハーフ系になりたいなぁ。

ユウ　　そうなの？

ユウさんはどうもケイさんのように新商品には惹かれなかったよう
です。何があったのでしょうか？

1.　日常の中の外国性

　かつて異文化というのは、国外に出た際に出会うものとして捉えられるこ
とが多いものでした。しかし、LCC (Low-Cost Carrier) などの格安航空会社の登
場で日本国外への移動が容易になりました。ソーシャル・メディアを通して
日本文化に興味を持った訪日外国人は増え続けています。JTB総合研究所の
観光統計によると、パンデミックで一時期激減した**訪日外国人**数は、2024年

26　　Part I　わたしたちとコミュニケーション

3月の時点で初めてひと月で300万人を超えました。また、厚生労働省の報告によれば、2023年の終わりには外国人労働者数が初めて200万人を超えました。

人との直接のかかわりがなくても、わたしたちは「外国的なもの」、もしくは**外国性**（foreignness）を帯びたものに日々囲まれて生活をしています。エピソードの商品広告もその一例です。特に、西洋を想起させるような外国性は、ファッション雑誌だけではなく日常のありとあらゆる広告の中に溶け込み、あたかもそれが「あたりまえ」であるかのような現実世界を作りだしています［⇒ **5-2**］。

2. 広告の中の異文化

山田（2007）は、1970年代から主流となったハリウッドスターや外国人タレントのCM起用は、日本社会のなかで作られた外国人、特に白人に向けられた偏った人種観を投影していると分析します［⇒ **Column 4**］。ソーシャル・メディア全盛の現在、インターネット広告費は3兆3,330億円がつぎ込まれマス・メディアのものを超えました（電通 2024）。広告メディアが伝える価値観には、常に批判的な姿勢が欠かせません［⇒ **5-1**、**6-1**］。

写真1
商品広告（筆者撮影）

エピソードは、実際に筆者がショッピングモールで見かけた商品広告がもとになっています（写真1）。若年層をターゲットとしたこの化粧品広告には『誰でも憧れハーフ顔(フェイス)に』、『3カラーで外国人風アンニュイなトレンド顔に！』などの謳(うた)い文句に加えて、『Half Face』という和製英語も並んでいます。

何よりこの広告では何が「あこがれ」を生み出す要素となっているかが重要です。注意を引きつつも、違和感は排除され、あたりまえだと思う価値観や世界観が補強されています。この広告でハーフらしさを創り上げ、説得力を生んでいるのは白人ハーフを想起させる女性モデルの見た目です。日本人

とアジア人のハーフや黒人とのハーフでも「憧れハーフ顔」のモデルとなることは可能です。しかし、あこがれのステレオタイプを通してみられる「ハーフ」と「外国人」という表現は、広告の中で「白人ハーフ」として消費者の中で翻訳されるのです。

　異文化に対する**ステレオタイプ**は、異質な他者と出会った時にあるがままの姿ではなく、あるべき姿と自分が思う「定義」に落とし込んでいる過程の表れといえます（池田 2010）。それはたとえ「ハーフ」に対するあこがれだとしても、いびつな他者像につながるのです（下地ローレンス 2021）。

　日本におけるハーフ当事者の声を追ったドキュメンタリー映画『HAFU』(2013、写真2) では、年齢や性別、そして日本ともう一方の背景（ルーツ）もバラバラな5人の当事者の声を聞くことができます。たとえハーフ（もしくはミックス・ルーツ）という共通項をもって日本に住んでいても、全員がハーフであることのアイデンティティや日本という国に同じ考えを持っている訳ではない実情がつぶさに描かれています。

写真2
『HAFU』DVD

3. 日常の異文化コミュニケーション

　グローバル社会におけるわたしたちの**異文化コミュニケーション**を考える上では、日常へのまなざしが重要です。日本における異文化研究の第一人者の1人である久米 (2011) は、これからの異文化理解には、同じ国内にも存在する異なる民族性、地域、ジェンダー、性的指向性、世代などを**共文化**（co-culture）と捉えた、より包括的な視点が必要であると訴えます。また、自文化の優位性を主張する**自文化中心主義**、もしくは**自民族優越主義**（Ethnocentrism）は本来の異文化理解の目的を見えにくいものにしてしまいます（岡部 2010）。

　異文化への歪んだあこがれや、自文化への過度な執着は、異文化コミュニケーションに対する感性を鈍らせます。エピソードのような広告は日常から異文化を捉える機会を与えてくれます。小林 (2023：6) は、わたしたちは多過

ぎる広告に常に晒（さら）されることで、あるはずの違和感（ノイズ）に鈍感になってしまっていると述べます。だからこそ、あえて「視覚的なノイズキャンセリング設定を一時的に解除」して、日常に潜むあたりまえに自覚的になってみようと提案します。

　エピソードのユウさんはどのような背景を持った人だと思いますか？　いわゆる日本人だった場合、そして異なる背景をもったハーフだった場合で考え、最後のユウさんの応答に続く発言を考えてみましょう。

引用文献

池田理知子（2010）「ステレオタイプと異文化接触」池田理知子編『よくわかる異文化コミュニケーション学』pp.102–103. ミネルヴァ書房

岡部朗一（2010）「世界はわがために動く─自民族優越主義」古田暁・石井敏・岡部朗一・平井一弘・久米昭元編『異文化コミュニケーションキーワード［新版］』pp.44–45. 有斐閣

久米昭元（2011）「異文化コミュニケーション研究の歩みと展望─個人的体験と回想を中心に」鳥飼玖美子・平賀正子・野田研一・小山亘編『異文化コミュニケーション学への招待』pp.47–69. みすず書房

厚生労働省（2024.1.26）「「外国人雇用状況」の届出状況まとめ（令和5年10月末時点）」『報道発表資料』厚生労働省 <https://www.mhlw.go.jp/stf/newpage_37084.html> 2024.6.15

小林美香（2023）『ジェンダー目線の広告観察』現代書館

JTB総合研究所「インバウンド 訪日外国人動向」『観光統計』JTB総合研究所 <https://www.tourism.jp/tourism-database/stats/inbound/#monthly> 2024.6.15

下地ローレンス吉孝（2021）『「ハーフ」ってなんだろう？あなたと考えたいイメージと現実』平凡社

電通（2024.2.27）「2023年　日本の広告費」『調査レポート』電通 <https://www.dentsu.co.jp/news/release/2024/0227-010688.html> 2024.6.15

西倉めぐみ・髙木ララ（2013）『HAFU The Mixed Race Experience in Japan』DVD. ユナイテッドピープル

山田美智子（2007）「マスメディア（CM）と異文化コミュニケーション」伊佐雅子監修『多文化社会と異文化コミュニケーション』pp.117–137. 三修社

Section ▶ 3

外国語教育と英語教育

○ーⅲ
キーワード　英語の道具的コミュニケーション観、World Englishes（世界の英語）、
　　　　　　　リンガ・フランカとしての英語、国際共通語としての英語

■■
エピソード　「**わたしにとっての英語**」
『グローバル社会で活躍するために日本人には英語力が欠かせない！』、『世界で必要な英語コミュニケーションを手に入れよう！』こうした宣伝文句が躍る英会話や英語に関する広告をいたるところで目にします。けれど、英語力だけではダメな気もするし、英語コミュニケーションだって何のことだかよくわからない。こういう風にみんな思わないのかな？　そんなこと考えていたら就職できないかな？

1.　英語でコミュニケーション

　グローバル化が叫ばれる中で、日本社会に生きる「わたし」と「せかい」を繋げてくれると考えられているのが**英語**です。新学習指導要領の改訂に伴い、外国語科[1]での教育目標にはコミュニケーションの重要性が繰り返し挙げられています。特に異文化理解や他者理解と共に、教室の枠を超えて「主体的・自律的に外国語を用いてコミュニケーションを図ろうとする態度」を涵養することが求められています（文部科学省 2018：16–17）。英語でのコミュニケーション能力育成に対する社会の要請は、高まり続ける一方なのです。
　自分の母語以外の言語を学ぶことは世界観を拡げ、人々との出会いのきっかけを生み出してくれることは間違いありません。挨拶や簡単なやり取りを

30　　Part I　わたしたちとコミュニケーション

外国語で行えるだけでも、コミュニケーションの喜びは大きなものになります。しかし、ことばが話せればコミュニケーションがとれる訳ではないことは、母語によるコミュニケーションからも明らかです ［⇒**1-1**］。

　にもかかわらず、英語学習が自分自身を高め、なにか違う存在になれるかのような**自己実現**と短絡的に結び付けた言説は世の中にあふれています。中川 (2011) はこのような英語が話せればコミュニケーションが成立するという単純化した考えを「**英語の道具的コミュニケーション観**」と批判しました。外国語を学ぶことで病気が治った、と聞けば、そんなことはないだろうとすぐに疑いの目が向けられます。しかし、なぜか「英語が話せればコミュニケーションが取れる！」、「世界中の人と繋がれる！」というような謳い文句は奇妙な説得力を帯びてわたしたちを英語コミュニケーションに臨ませるのです。

2. 外国語と英語の多様性

　日本語を母語とする人にとって、英語は数多くある外国語の中の1つにすぎません。同じように、海外の国々全体を指して「外国」と呼んでいるはずです。しかし、エピソードのように、グローバル社会を「英語でコミュニケーションする場」、「英語で活躍できる場」として、外国と世界をすべて英語圏として結び付ける言説にわたしたちの世界観は支配されているのです。

　このような言説が生まれた背景を、久保田 (2015：10-11) は国際化が高まった1980年代の言語教育の動向から紐解きます。国際化社会を生き延びるためには、日本的であいまいなコミュニケーションから脱却し、西洋的な論理的主張ができる能力が必要であるという考えが教育現場に広がり始めたのです。この主張は、北米とイギリス英語を標準 (スタンダード) として、英語学習を通じた異文化理解 (西洋文化理解) を深め、日本人アイデンティティを確立することが外国語教育の重要課題である、という考えを根拠としたものでした。

　英語が非常に影響力のある言語であることは確かですが、英語そのものの多様性についても批判的に考える必要があります。柴田 (2020：36-42) はカチュル (Braj Kachru) を参照点としながら、現代の英語の多様化を理解するための視点として、以下3つを挙げています。

1つ目は、さまざまな地域で用いられる英語の独自性の存在を示す**World Englishes** (WE) です。あえて English*es* と複数形なのは、さまざまな英語話者と英語の多様性に目を向けるためです［⇒**12-2**］。WE の射程は絶対視されがちな母語話者の英語に対して、非母語話者の多様な英語が存在する重要性です。2つ目は、英語を母語としないもの（非英語母語話者）同士がコミュニケーションに臨む際、共通の手段として用いる**リンガ・フランカとしての英語** (English as a Lingua Franca：ELF) です。すでに英語は対英語母語話者だけで使われる言語ではなく、「ネイティブのような正しい英語運用」だけが重要なのではありません。ただし、ルールがなければそもそも意思疎通は困難になります。そこで、コミュニケーションの参加者がお互いに理解できる英語を重視するのが3つ目の**国際語としての英語** (English as an International Language：EIL) です。この EIL の視点により、より多様な英語やその話者を前提とした英語教育へと変化をもたらしているのです。

3. 英語教育をとりまく状況

利潤追求が至上目的の英会話業界や英語ビジネスでは、気軽に効率よく、かつ自己実現を可能にするような英語学習を前提とするのはある意味で仕方がないことなのかもしれません。しかし、仲 (2017) の批判にあるように、**英語教育**の現場にまでも、対人関係の機微やコミュニケーションの複雑さを排除したコミュニケーション観の影響が見られるのです。また、中学生や高校生にとって非常に大きな意味を持つ入試では、スピーキングテスト導入などの変更が検討されていますが、その妥当性について専門家から疑問の声が絶えません（たとえば阿部 2018、今井・黒坂 2022、鳥飼 2018）。

グローバル化の中で英語の重要性が高まる以上、教育現場も対応を急務にすることは避けて通れないという主張も根強いものがあります。しかし、寺沢 (2015：188) は、日本人による英語に関するさまざまな言説の誤謬を厳しく批判します。たとえば「英語使用ニーズは年々増加している」という認識と実際の需要の変化の実態には大きなずれがあり、「過度に単純化されたモデルであり、データ上も理論上も支持することは困難」であると指摘しています。

これは、英語に関するその他の「日本人の英語力はアジアの中でも最低」、
「日本人の英語学習熱は非常に高い」、「女性は英語に対して積極的で、その英
語熱は特に高い」、「現代の日本人にとって英語使用は不可欠になっている」、
「日本人にとって英語力は良い収入・良い仕事を得るための『武器』である」
(寺沢2015：255のまとめより) といった言説も同様なのです。ここにも、わたした
ちと英語の関係は『日本人には英語力が欠かせない』というような単純なも
のではないことが見えてきます。

　みなさんが日常的に目にする英語の広告にはどのような宣伝文句が使われ
ているでしょうか？　どの部分に説得力を感じたり、違和感を覚えたりしま
したか？　また、みなさんは英語教育からどのような世界観を学んできたで
しょうか？

1　ここでの「外国語」は「英語」と同義であり、「高等学校学習指導要領（平成30年告示）解説」
　　（文部科学省2018：155–160）では「英語科」の目標も「外国語科」とほぼ同じ内容で挙げられて
　　います。

引用文献

阿部公彦（2018.5.31）「日本人と英語（2）—「スピーキング幻想」が生んだ大学入試"改悪"」『nippon.
　　com』<https://www.nippon.com/ja/currents/d00413/> 2024.8.1

今井むつみ・黒坂真由子（2022.10.19）「「英語スピーキングテストは愚策」と、認知科学者が断言す
　　る理由」『日経ビジネス』<https://business.nikkei.com/atcl/gen/19/00087/101200318/> 2024.8.1

久保田竜子（2015）『グローバル化社会と言語教育—クリティカルな視点から』くろしお出版

柴田美紀（2020）「英語の諸相—世界に広がる英語を概観する」柴田美紀・仲潔・藤原康弘著『英語教
　　育のための国際英語論—英語の多様性と国際共通語の視点から』pp.33–49. 大修館書店

寺沢拓敬（2015）『「日本人と英語」の社会学—なぜ英語教育論は誤解だらけなのか』研究社

鳥飼玖美子（2018.5.30）「日本人と英語（1）—慢性的英語教育改革が招いた危機」『nippon.com』
　　<https://www.nippon.com/ja/currents/d00412/> 2024.8.1

仲潔（2017）「期待はずれの学習指導要領」藤原康弘・仲潔・寺沢拓敬編『これからの英語教育の話を
　　しよう』pp.101–136. ひつじ書房

中川洋子（2011）「英語教育における「道具的コミュニケーション観」再考—英会話中心主義の権力性
　　とその問題点」『スピーチ・コミュニケーション教育』22: pp.83–103. 日本コミュニケーション学
　　会

文部科学省（2018.7）「高等学校学習指導要領（平成30年告示）解説」『高等学校学習指導要領解説』
　　<https://www.mext.go.jp/content/1407073_09_1_2.pdf> 2024.8.1

Section ▶ 4

英語話者と母語話者

キーワード 母語話者、非母語話者、母語話者中心主義、（言語の）オーナーシップ、母語話者性

エピソード 「**英語を話す人、学ぶ人、教える人**」

大学に来てからはたくさんの英語の先生がいて、ネイティブの人も
そうじゃない人もいる。留学生もいろいろな国から来ているから、
初めて聞くような英語で喋る学生もいて楽しいけれど、やっぱりア
クセントが少ない人と話してネイティブみたいな綺麗な英語を身に
付けたい。そんな話しを留学前に先生としていたら、注意をされて
しまいました。高い授業料を払って習うんだから、ちゃんとした英
語を身に付けたいと思って何がいけないの？

1. ネイティブとノンネイティブ

　言語の話者は**母語話者**（ネイティブ・スピーカー）と**非母語話者**（ノンネイティブ・
スピーカー）に大別することができます。これは日本語話者でも同じことです。
しかし、この分類はある言語を母語とする・しないという二分だけではなく、
「ネイティブ」と話者を特権的に扱う含意があります（久保田 2018）。本来、専
門用語であったこれらの表現がすでに日常的に用いられ、話者の多様性や複
雑な力関係を隠蔽している点にわたしたちは注意深くある必要があるのです
（大平 2001）。

　この「ネイティブ」ということばは、日本において英語教育文脈での他

34　Part I　わたしたちとコミュニケーション

者、つまり英語母語話者を指すことばとして用いられることが大半です。誰しもがなんらかの言語の「ネイティブ」であるにもかかわらず、です。そして、英語学習者にとってのネイティブとは、完璧なコミュニケーターとしての理想かつ到達目標であり、自分に正しくちゃんとした英語を与えてくれる存在として想像されるのです。エピソードのような期待を持った学生は、決して少なくはないでしょう。

　では、そのような英語母語話者は世界的に見た時にどのような存在なのでしょうか。日本語母語話者の大半は日本に住み、そして外国語として日本語を話す非日本語母語話者よりも数としても多くなります。この点において、英語に関しては面白い事実があります。英語は、わたしたちがネイティブと考える**英語母語話者**よりも、ノンネイティブである**非英語母語話者**の数の方が多いという珍しい言語なのです〔⇒**2-3**〕。英語は一般的に想像されているほど世界中で使われている訳ではありません。話者は多くても3割弱程度であり、むしろネイティブのいないところで使用されることが多い特殊な言語です（カチュルー・スミス 2013）。だからこそ、わたしたちがコミュニケーションにおいて英語という言語選択をする際には、その政治性を含む社会的文脈と、相手との相互関係に目を向けることが欠かせません（吉武 2007）。

2.　非対称なコミュニケーション

　少数派の言語ともいうべき英語がなぜ重要になるかには、当然のことながら世界における英語を母語とする英米諸国の経済力や影響力があります。それを背景にして、ESLやEFLなど英語教育構造そのものに生じている権力の不均衡があるのです。このような**母語話者中心主義**（Native-speakerism）にもとづく英語教育とは、英語母語話者が言語に対しての特別な教授権利を有し、自分たちネイティブが喋るような 本物 の英語と英語的価値観の習得をノンネイティブである学習者が達成することを理想としているのです（Holliday 2005, 2006）。

　木村（2016：90-98）は、ネイティブは（1）言語的な権威、（2）表現力の優位性、（3）言語学習及び伝達の労力の減免という3つの**特権性**を有している

と述べます。また、英語の権力性は、ネイティブ同士、そしてノンネイティブ同士にも格差を生んでいるのです。こうした権力構造から生まれる優位性はどんな英語コミュニケーションの文脈でも変わりません。参加する話者の関係はネイティブを中心に非対称となり、コミュニケーションの不平等を生み出す構造ができあがるのです (吉武 2011)。しかし、こうした価値観は一方的にネイティブ側から押し付けられるだけではなく、エピソードの学生のように、学習者も権力の不均衡を甘受し、価値の再生産に加担してしまうのです (Houghton and Rivers 2013)。

3. 理想の英語教師

言語の**オーナーシップ**は教育現場において特に重要な問題です (Norton 1997)。英語という言語を媒介とした瞬間に、学生は目の前に立つ教師を教育者としての資質や能力ではなく、ネイティブかどうか、あるいはネイティブっぽいかどうかという**母語話者性**で評価するようになるからです (Amin2001, Miyazaki and Yamada 2013)。無自覚の偏見とともに英語コミュニケーションの他者を見ることの危険性は明らかでしょう [⇒**2-2**]。

この問題は、早期英語学習への移行、教授言語の英語への切り替えが急激に進む日本の英語教育現場において、教員確保という喫緊の課題として表れます。なぜなら、藤原 (2017) が指摘するように、免許を必要とする専門性の高い英語教員は工業製品のように大量生産はできません。またそうあるべきでもないのです。学習者の教育に本当に必要なのは、英語が母語であるだけの素人ネイティブ教員やALT (外国語指導助手) の増員ではなく、英語教育に必要な資格、経験、能力を有した「プロ」であり、限られた資源はそこに投資されるべきであるという藤原の主張は非常に重要でしょう。

知見を広げ、より柔軟性をもった異文化理解を育む手段の1つとしての英語教育、そして英語コミュニケーションが、ネイティブ崇拝や母語話者中心主義に縛られて世界観をかえって狭めてしまっては本末転倒なのです。

みなさんが英語を学ぶ上で、どのような人々とのコミュニケーションを期待していますか？　そして、どのような英語を身に付けたいと考えているで

しょうか？　そのための理想の英語の先生とはどのような人でしょうか？

引用文献

大平未央子（2001）「ネイティブスピーカー再考」野呂香代子・山下仁編『「正しさ」への問い―批判的社会言語学の試み』pp.85–110．三元社

カチュルー・ヤムナ、スミス・E・ラリー　井上逸兵・多々良直弘・谷みゆき・八木橋宏勇・北村一真訳（2013）『世界の英語と社会言語学―多様な英語でコミュニケーションする』慶應義塾大学出版会

木村護郎クリストフ（2016）『節英のすすめ―脱英語化こそ国際化・グローバル化対応のカギ！』萬書房

久保田竜子（2018）「英語教育幻想」筑摩書房

藤原康弘（2017）「自律した日本の英語教育へ―国際英語の視点」藤原康弘・仲潔・寺沢拓敬編『これからの英語教育の話をしよう』pp.49–94．ひつじ書房

吉武正樹（2007）「異文化コミュニケーションにおける言語選択―「英語の普及」をどう捉えるか」伊佐雅子監『多文化社会と異文化コミュニケーション』pp.73–93．三修社

吉武正樹（2011）「権力」日本コミュニケーション学会編『現代日本のコミュニケーション研究―日本コミュニケーション学の足跡と展望』pp.126–132．三修社

Amin, U. (2001). Nativism, the native speaker construct, and minority immigrant women teachers of English as a second language. *The CATESOL Journal, 13*(1), 89–107.

Holliday, A. (2005). *The struggle to teach English as an international language*. New York: Oxford University Press.

Holliday, A. (2006). Key concepts in ELT: Native-speakerism. *ELT Journal, 60*(4), 385–387. doi:10.1093/elt/ccl030

Houghton, S. A., & Rivers D. J. (Eds.). (2013). *Native-speakerism in Japan: Intergroup dynamics in foreign language education*. New York: Multilingual Matters.

Miyazaki, A., & Yamada, K. (2013). Facing with non-nativeness while teaching: Enacting voices of international teaching assistants of basic communication courses. *Basic Communication Course Annual, 25*, 246–283.

Norton, B. (1997). Language, identity, and the ownership of English. *TESOL Quarterly, 31*, 409–429. doi:10.2307/3587831

Chapter

3

異文化との出会い

Section ▶ 1

トランスナショナル・
アイデンティティ

🔑 キーワード
文化アイデンティティ、トランスナショナリズム、文化、ハイブリディティ、
アイデンティティの揺れ動き

🎞 エピソード　「アメリカ在住日本人女性の葛藤」

以下は、アメリカ人と結婚し、アメリカで数十年間暮らしている日
本人女性に行ったインタビューでの語りの一部です。

わたしは中途半端。日本人でもアメリカ人でもない。たしかにアメ
リカには住んでいるけど、アメリカ人じゃないし。日本に帰っても、
もう居場所がないというか…ずっと、このままアメリカに住んだと
しても、永住権は持っていても、アメリカ市民にはなれないし。で
も、日本に戻ったら、やっていけるかもしれない。

さて、あなたはこの人を何人だと思いますか？

1.　文化アイデンティティとは

　これまでの慣れ親しんだ文化から新たな文化へ移動することは、現在容易
になっています。受入国（ホスト国）への一時的な滞在から、その国へ暮らし
の本拠を外国に移す移住まで、さまざまな移動の形態がありますが、移民の
人々のアイデンティティはどのように形成 (form) され、変容 (transform) され
るのかを、ここでは考えてみましょう。アイデンティティとは、一般に自分

自身は何者であるのかについての感覚を表しています。特に**文化アイデンティティ**とは、「文化的経験や社会状況によって形成され、その状況における自己の感覚（situated sense of self）である」と定義されます（Sorrells 2013：11）。移民のアイデンティティは、その人自身のコミュニケーションのあり方や置かれている環境に影響を与える一方、社会環境や他者からのコミュニケーションを通してアイデンティティにも影響を受けるという相互関係のため、アイデンティティに関する研究はコミュニケーション学でも重要な研究テーマです。

2. 従来のモデル

母国と受け入れ国の両文化に対するアイデンティティの観点から、移民のアイデンティティを説明するモデルがベリーらによって提唱されています（Berry and Sam 1997）。このモデルは、自文化に対するアイデンティティの高低と、ホスト文化に対するアイデンティティの高低の2軸から構成されており、4つの分類がなされています（図1参照）。まず、自文化

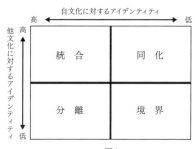

図1
文化変容モデル
（Berry and Sam 1997を元に筆者改変）

のアイデンティティは高いが、ホスト文化に対するアイデンティティが低い場合は「分離（separation）」とされ、このタイプは、出身国の人々と行動を共にし、ホスト文化の学習を積極的に行いません。逆に自文化に対するアイデンティティは低いが、ホスト文化へのアイデンティティが高い場合は「同化（assimilation）」に分類されます。自他の両文化に高いアイデンティティを持つタイプを「統合（integration）」と呼び、両文化の人々と積極的に関わり、文化背景や状況に応じた適切な行動をとることができるとされています。最後に、自他文化の両方に対して所属意識を見出さないタイプは「境界（marginalization）」と呼ばれ、集団から孤立しているという特徴があります。

3. ハイブリディティ

近年では、前出のモデルではうまく表すことができない特徴も見られます。特に、ホスト文化だけでなく母国の文化とも強いつながりを持ち、同時に複数の社会的、政治的、経済的、文化的現実の中で生活を送っている人々がいることが指摘され、この特徴を**トランスナショナリズム**と呼びます。たとえば、国際結婚をして海外で暮らす日本人女性の中には、夫を現地に残し、現地の夏休みの間だけ子どもを連れて日本に帰国し、子どもを日本の学校に通わせ、夫やその家族とはインターネットを通じてやり取りしている人がいます。このような家族では、日本とその現地の文化に対するアイデンティティの揺れ動きだけでなく、家族、学校、地域などさまざまな文化との関係性によりアイデンティティは複雑に流動的に変化すると考えられます。また、新型コロナウイルス感染症の影響で現地留学ができなくなり、日本にいながらオンラインで海外の学生と友情を育み、意見交換する機会が増えました。オンラインでのやりとりでは、普段友人と話す時とは異なるアイデンティティが立ち現れるのを実感した人も多いことでしょう。これもトランスナショナリズムの一例です。

文化環境に応じて多様なアイデンティティが立ち現れ、変化し、混ざりあうことを**異種混淆性**（ハイブリディティ：hybridity）と呼びますが、このような人々はハイブリッドなアイデンティティを保持しているといえます。したがって、**文化**も同様に完成形ではなく、人々が生活を送る中で更新または変化するため（Williams 2013：63）、その意味や価値は**ハイブリディティ**に開かれているのです。

4. アイデンティティの揺れ動き

文化アイデンティティは状況や場面に応じて流動的に変化しているという特徴についてさらに詳しく見ていきましょう。たとえば、エピソードに紹介されている国際結婚した日本人女性は、日本とアメリカの文化アイデンティティの中で揺れ動いている様子が描かれ、自己アイデンティティに対して確証が持てていないようです。このような両極の間で揺れ動いているアイデン

ティティの様子を異文化コミュニケーションでは、「**アイデンティティの揺れ動き**（identity negotiation）」と呼びます（Collier 2005, Ting-Toomey 2005）。

　一例として、日本人の友人には、「あまりにもアメリカナイズされてしまった」と映ってしまう自分と、「アメリカでは十分アメリカ人にはなれない」という自己意識の間で起きている「十分すぎる－十分でない」というアイデンティティの揺れ動きがあります。他の例として、アメリカでは日本語なまりの英語を話すことや外見から自分は偏見や差別の犠牲者であると感じる一方で、東南アジアからの移民を見て、自分にされた偏見と同じ構造をその移民にあてはめ、見下してしまうといった「犠牲者－加害者」という揺れ動きも指摘されています（Moriizumi 2011, Urban 2008）。両極の概念のどちらが正しいのかを表しているのではなく、両方の可能性を示唆しています。このような関係を弁証法またはダイアレクティックスと呼びます（Martin and Nakayama 2010）［⇒**8-1**］。このように、アイデンティティの揺れ動きについて理解を深めることを通して、文化とアイデンティティの複雑な関係性を垣間見ることができそうです。

引用文献

Berry, J. W., & Sam, D. (1997). Acculturation and adaptation. In J. W. Berry, M. H. Segall, & C. Kagitcibasi (Eds.), *Handbook of cross-cultural psychology* (Vol. 3, pp. 291–326). Boston: Allyn & Bacon.

Collier, M. J. (2005).Theorizing cultural identifications: Critical updates and continuing evolution. In W. B. Gudykunst (Ed.), *Theorizing about intercultural communication* (pp. 235–256). Thousand Oaks, CA: Sage.

Martin, J. N., & Nakayama, T. K. (2010). Intercultural communication and dialectics revisited. In T. K. Nakayama, T. K. & R. T. Halualani (Eds.), *The handbook of critical intercultural communication* (pp.59–83). Blackwell.

Moriizumi, S. (2011). Exploring identity negotiations: An analysis of intercultural Japanese-U.S. American families living in the United States. *Journal of Family Communication, 11*, 85–104.

Sorrells, K. (2013). *Intercultural communication: Globalization and Social Justice.* Thousand Oaks, CA: Sage.

Ting-Toomey, S. (2005). Identity negotiation theory. In W. B. Gudykunst (Ed.), *Theorizing about intercultural communication* (pp. 211–233). Thousand Oaks, CA: Sage.

Urban, E. (2008). "Bird in a cage:" Exploring transnational immigrants' identity negotiations. *International & Intercultural Communication Annual, 31*, 197–225.

Williams, R. (2013). *The long revolution.* Cardigan: Parthian.

Section ▶ **2**
異文化適応過程

キーワード　カルチャーショック、異文化適応過程、U型曲線モデル、W型曲線モデル

エピソード　「留学今昔─親子の会話」

これからアメリカに留学することになったアキラさんは、30年前に留学経験のあるお父さんに留学生活はどうだったか尋ねています。

アキラ	お父さん、30年前の留学ってどんな感じだった？
父	よい経験だったけど、当時は大変だったなあ。電話代が相当高かったから、家族や友達とは片道1週間かかる手紙のやりとりだったね。
アキラ	通信環境は今とはずいぶん違うね。今だったら、アメリカにいても、スマホですぐ日本の友達に写真とか動画とか送れるし、家族ともオンラインアプリで顔見ながら無料通話もできるね。
父	そうだな。それだけ、今と昔の留学では、経験や感じ方の違いもあるだろうね。
アキラ	へぇ、どんな風に？

今の留学と30年前の留学では、留学生の経験や感じ方はどのように異なってくるか話しあってみましょう。

44　Part I　わたしたちとコミュニケーション

海外への日本人学生の留学者数および来日する外国人留学生数は、新型コロナウイルス感染症の影響により2020年から2022年にかけて大幅に落ち込みましたが、2023年には、コロナ前の水準である日本人留学生10万人、外国人留学生数30万人に戻りつつあります。また、日本政府は、今後2033年までに日本人留学生を50万人送り出し、外国人留学生を40万人受け入れる目標を掲げました（内閣官房 2023）。ますます多くの大学生が文化間の移動をするのではないでしょうか。

　海外留学は、慣れ親しんだ文化から新たな文化へ移動することにより、異なる価値観を持った人々と交流し、自分の視野が広がるなどという効果もありますが、それと同時に価値観や行動様式が異なる文化環境で生活することにより、不安感やいらだちを感じることも多いのではないでしょうか。ここでは、海外留学などでの文化間移動の際、自文化と新しい文化の価値体系や行動様式の違いから生じる心理的過程について考えてみましょう。

1.　異文化適応過程とは

　新しい文化に移行した時の心理的、身体的な疲労感、不安感などの心理的に不安定になる現象を**カルチャーショック**（culture shock）と呼びます。さらに、一時期のカルチャーショックを過ぎて、その後の異文化での生活や環境にどのように対応していくのかという全体のプロセスを、**異文化適応過程**（intercultural adjustment process）と呼んでいます。カルチャーショックも異文化適応過程も、滞在先でのホスト文化の人々とのコミュニケーションのあり方によってその過程は異なってきますので、コミュニケーション上の重要な現象と捉えることができるでしょう。

　異文化適応過程に関してよく知られている代表的なモデルには、**U型曲線モデル**と**W型曲線モデル**があります。U型曲線モデルは1960年代にオーバーグが唱えたモデルで、異文化に対する感情・態度を縦軸に、滞在期間を横軸にとると、その異文化適応の度合いがUの形になることを表したものです（Oberg 1960）。具体的には、異文化に遭遇した初期段階では、新しい文化に対する期待感から気持ちが高ぶり、ホスト文化に対して肯定的な感情を持つとされま

す。しかし、しばらくすると、自文化との価値観、行動様式の違いから、自信をなくしたり、疎外感を覚えたりすることによって、ホスト文化に対してうまく適応できないと感じる時期がしばらく続きます。しかし時間の経過とともに新しい文化に適応し、その文化に適した行動がと

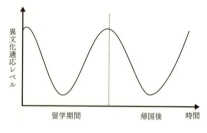

図1
異文化適応過程のW型曲線モデル

れるようになり、ホスト文化に対しても再度肯定的な感情をもつことができるとされています。W型曲線モデルは、U型曲線の段階に、さらに自文化への再適応（reentry）する際の適応過程を理論化したもので、再適応もU型をとるとしたことからU型を2つ合わせたW型になることを示しています（Gullahorn and Gullahorn 1963）（図1参照）。

2. グローバル社会と異文化適応

　さて、これらのモデルでは、現在のグローバル社会において異文化適応過程をうまく表していると考えられるでしょうか？　文化という概念自体が多様で複雑であることを考えてみると、どの文化への適応を想定しているのか疑問になってきますし、アイデンティティは揺れ動きますので［⇒3-1］、これらのモデルに当てはめていくのは楽観的な見方なのかもしれません。実際、異文化での経験は自己とさまざまな環境・社会要因との相互作用によるものですし（Kim 2005）、異文化適応過程はさまざまなタイプがあり、必ずしもUカーブのようにはならないという結果も報告されています（Anderson 1994）。エピソードのように、現在の留学では、インターネット、SNS、オンラインアプリやデバイスなどSNSの使用は日常のコミュニケーションの一部で、アイデンティティ形成にも影響しそうです［⇒9-1］。

　異文化適応過程モデルは、今後の行動を理解し、予測できるという点で有用ですが、自分はこうならなくてはならないというような脅迫性を与えてしまう危険性も否定できません。また異文化適応を個人の資質という個人要因

からとらえられがちですが、現地社会の環境や制度、対人関係なども大きく影響することも忘れてはなりません。さらに異文化適応過程はなにも海外に行かなければならないものではなく、進学や就職等で今までとは異なる文化集団と接する移行期にも生じるともされています（Ward, Bochner, and Furnham 2001）。みなさんも、これまでの異文化での経験を振り返ったり、今後の異文化適応過程についてどのようになりそうか思いをめぐらせてみましょう。

引用文献

内閣官房（2023）「教育未来創造会議提言」<https://www.cas.go.jp/jp/seisaku/kyouikumirai/teigen.html> 2024.8.11

Anderson, L. (1994). A new look at an old construct: Cross-cultural adaptation. *International Journal of Intercultural Relations, 18*, 293–328.

Gullahorn, J. E., & Gullahorn, J. T. (1963). An extension of the U-Curve Hypothesis. *Journal of Social Issues, 19*, 33–47.

Kim, Y. Y. (2005). Adapting to a new culture: An integrative communication theory. In W.B. Gudykunst (Ed.), *Theorizing about intercultural communication* (pp. 375–400). Thousand Oaks, CA: Sage.

Oberg, K. (1960). Culture shock: Adjustment to new cultural environments. *Practical Anthropology, 7*, 177–182.

Ward, C., Bochner, S., & Furnham, A. (2001). *The psychology of culture shock* (2nd ed.). East Essex: Routledge.

Section ▶ 3
文化間の衝突と解決

キーワード クリティカル言説分析、多声性、（脱）歴史化

エピソード 「捕鯨に関する新聞記事比較」
以下の2つの記事を比較し、受ける印象の違いを話しあってみよう。

クジラの町、期待と不安の船出　商業捕鯨31年ぶり再開

鯨肉などの販売を目的とした「商業捕鯨」が1日、国内で31年ぶりに再開した。日本が前日に国際捕鯨委員会（IWC）を脱退したことに伴い、沖合で操業する船団が山口県下関市から、沿岸で操業する船団は北海道釧路市からそれぞれ出発。待ち望んだ再開に期待を寄せる声が上がる一方で、「商業として成り立つのか」との不安も交錯する中での船出となった。（朝日新聞 2019年7月1日）

日本が商業捕鯨を再開　その需要はあるのか？

日本は月曜日に30年以上の中断を経て商業捕鯨を再開した。絶滅寸前まで追いやられた動物を保護するよう求める環境保護団体の声に反してである。長期間にわたり政府の補助金に依存してきた捕鯨業者は、基本的な経済的実情に逆らうため、厳しい課題に直面している。つまり、鯨肉市場が縮小する一方で、全国的に労働コストが上昇しているのだ。（筆者訳）（New York Times 2019年7月1日）

48　Part I　わたしたちとコミュニケーション

1. 2つの記事の違い

　両記事は日本が2019年6月30日をもって国際捕鯨委員会から脱退し、これまでの調査捕鯨から商業捕鯨へ舵を切ったことを伝えている記事の見出しと冒頭部分ですが、トーンはどうでしょうか？　朝日新聞は、捕鯨にゆかりのある地域の人々の「期待」という肯定的感情と「不安」という否定的感情の両視点から伝えていますが、New York Times は、日本の商業捕鯨の妥当性を環境保護および市場、労働環境の視点から批判的に報道しています。このように、同じ内容の記事を伝える際にも、マスメディアの報道の仕方は異なっており、それを読む読者も影響を受けると考えられます。何が語られているのか、むしろ何が語られていないのかについて批判的に分析を行う**クリティカル言説分析** (Critical Discourse Analysis) (Fairclough 1995) という研究手法を通して、マスメディア等の報道分析を行うと、人々が無意識的に保持してしまっている信念や価値観、社会全体の雰囲気のようなものに気づくことができます。

2. 捕鯨をめぐる国際紛争

　捕鯨については、これまでも国際的論争の的となってきました。2010年前後に環境保護団体のシーシェパードが捕鯨船やイルカ漁に対して激しい抗議活動を行ったことは、様々な報道で記憶に残っている人もいるでしょう。また、国際紛争として、日本の南極海で行う調査捕鯨に対して反捕鯨国のオーストラリアが国際司法裁判所に訴え、裁判が続いていましたが、2014年に調査捕鯨は国際法違反であるという結果が示されました。これにより、日本は南極海周辺での捕鯨を中止しましたが、捕鯨に関する国際機関の国際捕鯨委員会から脱退することにより、沿岸地域での商業捕鯨を再開しました。

　これらの一連の動きには、文化的価値観や食生活の違い、歴史、政策など様々な要素が絡んでいることに気づかされます。たとえば、日本では「クジラを食べるのは日本の文化だ」、「鯨墓まで作って鯨を大切にしてきた」、「海に囲まれている島国なのだから、海産資源に頼るのは当然だ」、「数百年に続く

鯨文化を絶やしてはいけない」という声が聞こえます。しかし、反捕鯨派からは、「クジラやイルカは高等生物であり、食べるのは野蛮だ」、「クジラは絶滅危惧種だ」、「南極海での捕鯨はやりすぎ」、「鯨肉には水銀含有量が高い可能性がある」、「鯨肉を日常的に食する人々はごく一部の地域や世代に限られているのでは」といった反対理由が挙げられています。

3. 文化間の対立を超えるには

　わたしたちはこのような文化的価値観の衝突にどのように対処できるのでしょうか？　まずは、コミュニケーション学ができる1つの方策として、同一文化内にもさまざまな考え方があるのだという**多声性**（multivocality）に気づいてみることです。「日本は鯨類を食べる文化である」ということ以外の言説は考えられないという**文化本質主義**［⇒4-4、4-5］に陥るのではなく、日本文化内のさまざまな声に耳を傾けてみることです。たとえば、「現在ではクジラ肉を食べる人は、日本人の中で15％くらいしかいない」（朝日新聞2014年4月22日朝刊）、「日本では、戦後食糧難のため、連合国軍が鯨肉を食べることを許可したことにより、一定の年齢層以上では、給食としてクジラ肉を食べていた」（朝日新聞 2008年4月3日朝刊）、「ペリー来航は、鯨油をとるために日本近海まで来るようになったアメリカ船に薪炭の貿易を行うための目的もあった」（ドリン2014）、「日本近海で捕る沿岸捕鯨と南極海に行く調査捕鯨は質が異なるのではないか」などさまざまな声がありそうです。

　反捕鯨国のアメリカでも、「アラスカの先住民は現在も沿岸捕鯨をしている」（ドリン 2014）、「現在アメリカは環境保護主義だが、歴史的には大規模捕鯨をし、過剰捕獲したのはアメリカではないのか」などさまざまな声もありそうです。このような両文化の多声性に耳を傾けてみると、捕鯨という文化習慣が連綿と何世代にもわたって行われてきたと**歴史化**（historicizing）している言説や、むしろ過去の歴史的事実と切り離して**脱歴史化**（dehistoricizing）している言説にも気づくことができるでしょう。

　捕鯨は、イデオロギーや価値観の対立から注目を浴びた問題化された言説とも考えられますが、近年では、類似した言説も多く存在し、コミュニケー

ション的な視点からも検討が必要とされます。たとえば、乱獲をめぐってマグロやサンマ漁なども国際紛争の種になりえますし、海洋生物保護の視点からはマイクロプラスチックの問題も取りあげられるでしょう。時代とともに問題化される言説は変わるかもしれませんが、こうした問題に対処するためには、異なる立場や価値観を持つ人との多様性をめぐる対話が不可欠です（小坂2012）。立場や考え方の違いからコモングラウンドを見つけにくい問題においても、どこに風穴を開けられるのか、多様性を尊重しつつ対話を通して考えていくコミュニケーション実践が必要とされているのかもしれません。

引用文献

小坂貴志（2012）『異文化対話論入門—多声性とメディアのコミュニケーション』研究社

ドリン・エリック　北条正司・松吉明子・櫻井敬人訳（2014）『クジラとアメリカ—アメリカ捕鯨全史』原書房 (Dolin, E. J. (2007). *Leviathan: The history of whaling in America*. New York: W.W. Norton.)

Dookey, B., & Ueno, H. (2019, July 1). Japan resumes commercial whaling. But is there an appetite for it? *New York Times* <https://www.nytimes.com/2019/07/01/business/japan-commercial-whaling.html> 2024.8.1

Fairclough, N. (1995). *Critical discourse analysis*. London: Longman.

Section ▶ 4

グローバリゼーションと
文化接触

キーワード　文化接触、均質化、抵抗、二文化併用（バイカルチュラル）、
クレオール化、文化の盗用

エピソード　「**日本文化としてのアニメ**」
大学生のヒカルさんとアメリカからの留学生ボブ君の会話です。みなさんは最後のヒカルさんの感想に対して、どのように答えますか？またその理由を説明してください。

> **ヒカル**　ボブが日本に来た理由って、アニメとかに興味あるからだったんだよね？
>
> **ボブ**　小さい時からポケモンなど、アニメが好きだったんだよ。はじめは日本のアニメだと気がつかなかったよ。
>
> **ヒカル**　へー。ポケモンは、キャラクターの髪の毛が青とか、紫とか、アニメの世界という感じだもんね。主人公は、日本だと「サトシ」だけど、英語だと何ていうの？
>
> **ボブ**　「アッシュ(Ash)」っていうんだ。
>
> **ヒカル**　へー。アニメは日本文化だっていえるのかな…

　異文化との出会いは、グローバリゼーションにより今後も増加することになるでしょう。異なる文化が接触するとどのような相互作用がもたらされるのでしょうか？　ここでは、文化史研究の世界的第一人者のピーター・バーク(2012)の4つの方向性を紹介しながら、グローバリゼーションと**文化接触**の

52　Part I　わたしたちとコミュニケーション

今後のゆくえについて考えたいと思います。

1. 文化的相互作用の4つの可能性

　バークは『文化のハイブリディティ』の中で、グローバリゼーションによる文化間の相互作用には、(1) 均質化、(2) 抵抗、(3) 二文化併用（バイカルチュラル）、(4) 文化的クレオール化、という4つの可能性があることを示しています。これ以外にも、それぞれの文化が独自に継続していくという「独立」、他の文化と接触をしないように「隔離」するという可能性も指摘していますが、これらは現実的でないとその可能性をすぐに打ち消しています。

2. 第一の可能性─均質化

　まず、「**均質化**」の可能性についてですが、均質化とは、ある文化様式が他の文化でもみられるようになり、複数の文化が類似した文化になることを指します〔⇒**3-1**〕。アメリカ文化様式が他の文化にも取り入れられることが「アメリカ化」と形容されることがありますが、これも均質化を表したものといえます。たとえば、マクドナルド、コカ・コーラなどは、世界各地で消費されているものとして取りあげられ、世界の食生活はアメリカ化していると批判されています。

　バークは、この均質化のシナリオに対しては懐疑的です。たとえば同じ商品がさまざまな文化で扱われ、食文化が一見均質化しているようにみえても、その解釈や意味づけは異なる場合が多く、決して文化の均質化にはつながらないのではないかと述べています。ポケモンもたしかにさまざまな国で同じ映像が流されて均質化しているように思いますが、登場人物の名前がその言語・文化に親しみやすく変更され、つまり**現地化**（ローカライゼーション）されており、その娯楽の楽しみ方も文化による微妙な違いなどがありそうです〔⇒**4-5**〕。

Chapter 3　異文化との出会い　　53

3. 第二の可能性—抵抗

　第二に、グローバリゼーションへの「**抵抗**」の可能性です。第一の「均質化」への裏返しとして、グローバルな文化の侵入や侵略に対して心理的な抵抗が生じることを表しています。他文化との相互作用の頻度が増したことによる自己防衛的な反応と考えられ、最近はこの傾向が顕著のように思います。たとえば、イギリスのEU離脱、アメリカ大統領の移民に対する批判的な言説などは、グローバリゼーションに対する抵抗ととらえることもできるかもしれません。バークは、この可能性について、結局は過去の自文化の状態を取り戻すことは不可能であるので、究極的には失敗が運命づけられているものの、抵抗は決して無駄ではないとも指摘しています。

4. 第三の可能性—二文化併用（バイカルチュラル）

　バークは、2つの文化が併存して使用されることを、二言語使用に例えて、「文化的二言語併用」（ダイグロシア）という用語で表しています。社会言語学の分野ではしばしば使用されますが、ここでは文化の特徴を強調して、「**二文化併用**（バイカルチュラル）」という表現で記します。これは、独自のローカルな言語や文化を維持しながらも、世界の文化の様相も理解し、行動様式に取り入れることを指します。バークは、すでに日本では歴史的に西洋文化を日本文化に取り入れ、融合してきたこともこの特徴であると指摘しています。

5. 第四の可能性—クレオール化

　最後の可能性は「**クレオール化**」です。クレオール化とは土着の文化が別の文化と融合することにより、新たな文化様式や秩序が創出されることを指しており、新たな文化の創造過程に焦点をあてています［⇒**3-1**］。文化の混淆をどう見ていくのか（積極的に価値を見出していくのか、それとも否定的に見ていくのか）については、意見が分かれるところです。

6. 文化のハイブリディティをめぐる課題

　今後、文化の混淆化や新しい文化の創造がさらに盛んになり、文化のハイブリディティが進む可能性がありますが、他文化からの芸術や作品等を取り入れることにより元の文化を歪めたり他者を傷つけてしまう懸念があります。このような行為は「**文化の盗用**」と呼ばれます (Rogers 2006)。逆に他文化の価値を認めて取り入れることを「文化の称賛」と呼びますが、この2つの概念の関係は複雑で曖昧です (Cruz et al., 2023)。

　たとえば、アメリカではスポーツチームがネイティブアメリカンをモチーフにしたロゴや衣装を使用し、これが文化の盗用として批判された例があります。最近では、ネイティブアメリカンの人々への長年の構造的差別や歴史的抑圧を振り返り、そのようなデザインの使用が見直され、廃止されつつあります (Fryberg et al., 2021)。一方で、日本では、外国人が日本食を作って提供することや着物を着ることについて議論になることがあります［⇒**4-5**］。これらの行為が文化の盗用と見なされるか、文化の称賛と見なされるか、さらにはこの議論とは関連がないと考えるのかは、歴史的背景、文化的文脈や個人の信念や経験によって異なりそうです。この議論は、文化の定義や関係性、オーナーシップの問題［⇒**2-3**］とも絡んできます。

　さて、アニメは日本文化といえるでしょうか。今後、文化はどのように変化していくでしょうか。ここで示したバークの4つの可能性の具体的な事例や、それ以外の可能性も考えてみましょう。さらに文化の盗用や文化の称賛とみなされる例についても考えてみましょう。

引用文献

バーク・ピーター　河野真太郎訳（2012）『文化のハイブリディティ』柏書房(Burke, P. (2009). *Cultural hybridity*. Molden, MA: Polity.)

Cruz, A. G. B., Seo, Y., & Scaraboto, D. (2023). Between cultural appreciation and cultural appropriation: Self-authorizing the consumption of cultural difference. *Journal of Consumer Research, 50*(5), 962–984.

Fryberg, S. A., Eason, A. E., Brady, L. M., Jessop, N., & Lopez, J. J. (2021). Unpacking the mascot debate: Native American identification predicts opposition to Native mascots. *Social Psychological and Personality Science, 12*(1), 3–13.

Rogers, R. A. (2006). From cultural exchange to transculturation: A review and reconceptualization of cultural appropriation. *Communication Theory, 16*, 474–503.

COLUMN 2

異文化的実践とはなにか──難民問題から考える

　昨今の報道によると、戦乱、テロ、迫害等によって、やむを得ず移住を余儀なくされる**難民**の数が急増しています。国連難民弁務官事務所によると、2022年には、1億840万人となり、2021年と比較して1,910万人増加したということです。コミュニケーションを学ぶわたしたちにとって何ができるのでしょうか？　少なくとも、メディアでは難民問題をどのように報道しているのかを分析したり、またわたしたち一人ひとりがこの問題をどう語っていけるのかについて考えてみることは可能です。

　難民問題が解決されないコミュニケーション上の問題として2点あります。第一に、自分の理解や関心がまったく及ばない人々として、難民を**他者化**（Othering）してしまっているのではないかという指摘です。社会学者のバウマン（2017）は、難民問題は簡単に解決できない問題だからこそ、人々の「無関心」が最も大きな問題の1つであり、これが問題解決の対話の拒絶につながってしまうと警鐘を鳴らしています。第二に、難民の窮状を他の問題にすり替えてしまう言説です。バウマンは、見慣れない人に対して人間は不安を持ってしまうのは仕方ないが、政治家やメディアは、ごく一部の難民が起こした犯罪やテロ事件に対する治安・安全対策を優先的に語ることにより、難民の惨状に対して、一般市民の関心は向かなくなると指摘しています。バウマンはこの言説を「安全保障化」と指摘しています。

　コミュニケーションを通して、少しでも社会的に公正な社会を構築していこうとする実践を、Sorrells（2013）は**異文化的実践**（intercultural praxis）と呼んでいます。これは、少しでも社会的に公正な社会を目指し、避けることのできない自己の他者に対する影響、自他の関係性について常に省察していくことを通して、他者と対話を行い、行動に移していこうとする絶え間ないプロセスです。難民問題は複雑で簡単には解決できないからこそ、政治家やメディアの言説に注意を払うとともに、自分自身の問題として、何ができるのかと問うてみることは、わたしたちにもできるのではないでしょうか？

引用文献

国連難民弁務官事務所（2022）「数字でみる難民情勢」<https://www.unhcr.org/jp/global_trends_2022>　2024.7.30

バウマン・ジグムント　伊藤茂訳（2017）『自分とは違った人たちとどう向き合うか──難民問題から考える』青土社（Bauman, Z. (2016). *Strangers at our door*. Malden, MA: Polity.）

Sorrells, K. (2013). *Intercultural communication: Globalization and social justice*. Thousand Oaks, CA: Sage.

Chapter

4

海外から見た日本／
日本から見た世界

Section ▶ 1

Cool Japan

🔑 キーワード　シンボル、ポップカルチャー、ハイカルチャー(高級文化)、ソフト・パワー

🎬 エピソード　「知りたい日本、知ってほしい日本」

留学生から「日本のアニメに出てくる場所は現実の場所が多いと聞きました。たとえば、『千と千尋の神隠し』に出てくる温泉は長野県に本物があるそうです。他にもあれば紹介してください。」と聞かれました。「えっ。日本といえば歌舞伎や忍者、寿司じゃないの?　なんでアニメ?　この人、ホントの日本文化について知らないのかな…どうしよう…」と困ってしまいました。あなたならこの質問に対してどのように答えますか?

　エピソードでは、アニメの舞台やロケ地などの質問を留学生にされ困惑している学生の様子が描かれています。質問された学生のように、日本を歌舞伎や忍者、寿司といった文化的なシンボルや、技術先進国、経済大国としてイメージしていたら、留学生からの質問は意外だったことでしょう。

　シンボルとは、何かを理解しやすい形で表し、意味を与えるもののことです。もう少し詳しく説明するなら、以下のようになります。文芸批評家ケネス・バークによれば、シンボルとは、ある特定の状況下で経験したものを、特定の人 (たち) に向かって意味を持たせる (ことばや記号などの) 形のことです。シンボルは、このように具体的な局面で意味を持つために、何かをアピールする力を持ち、人々に (イメージや経験を) 理解させる性質を持っています (バー

58　　Part I　わたしたちとコミュニケーション

ク 1990, pp.132–133) [⇒ **7-3**]。

1. Cool Japanとは何か

　近年、海外ではアニメが日本文化として認識され、関心が寄せられています。また、アニメだけでなく、漫画やゲームなどの**オタク文化**やビジュアル系アイドル、渋谷・原宿発のファッションなど日本独自の**ポップカルチャー**が海外で評価され、**クールジャパン**と呼ばれています (宇野ほか2012)。クールジャパンという用語が使用されるきっかけになったのは、2002年にアメリカの外交専門誌に掲載されたダクラス・マクレイ (McGray 2002) の記事だといわれています (桑子 2009)。マクレイは、1980年代、日本は経済大国として世界に名を馳せていましたが、今日では文化大国として位置づけられるようになり、経済から文化へと評価される視点が移ってきていると指摘しました (浜野 2005)。

　この記事の指摘を裏付けるデータがあるので見ていきましょう。日本の外務省 (2023a) がアメリカとASEAN 9ヵ国 (2023b) で実施した対日世論調査によれば、アメリカの日本のイメージは伝統と文化を持つ国だそうです。また、日本語に興味を持つ人の学習動機は旅行、文化や生活様式への理解、漫画やアニメなどのコンテンツを楽しむためという理由が挙げられました。一方、ASEAN 9ヵ国の日本のイメージは経済力、技術力の高い国というイメージが最も多く、次に伝統と文化を持つ国でした。具体的には、和食や生活様式、考え方、アニメ、漫画、ゲーム、コスプレというイメージでした。これらの結果から、アメリカでもアジア諸国でも日本への関心は、経済や技術だけでなく、文化にも広がっていることがわかります。

　こういった世界の動向から、日本政府は外国人がクールと捉えるアニメ、マンガ、ゲームなどのコンテンツ、ファッション、食、伝統文化、デザイン、ロボット、環境技術などを日本文化として多義的に捉え、それらをクールジャパンと総称するようになりました (内閣府2017)。政府はクールジャパンをビジネスや外交に結びつけようと官民一体となって積極的に推進しています (内閣府 2024)。このように文化を国のブランドイメージを上げるために用

い、国の存在感を世界で示していくことを国際政治学者であるジョセフ・ナイ (2004) は**ソフト・パワー**ということばで説明しています。

2. 日本文化としてのポップカルチャー

一方、クールジャパンに対し、批判的な見方もあります。たとえば、日本文化とは美術や音楽、舞踊などの芸術、いわゆる**ハイカルチャー**(高級文化) のことをいい、大衆に親しまれているアニメや漫画などのポップカルチャーは文化に含まないという考え方があります。これは、従来、ポップカルチャーとは低俗で、無秩序、猥褻だということで、権力が禁止や規制の対象にしてきたからです (松浦 2014)。そのため、ポップカルチャーが日本の国民文化 (ナショナル・カルチャー)、国民芸術 (ナショナル・アート) として位置づけられることに違和感を覚える人もいます [⇒**3-3**]。

しかし、グローバル社会における文化の流れは**グローカル化**ということばで語られるように、グローバルなものがローカルな文脈に取り入れられる際、意味や用法が国や地域といったコンテクストによって変わることがあります (松浦 2014)。たとえば、日本国内でオタク文化は一部の人によって好まれるものであったとしても、世界では魅力的なものとして受容されているのがその一例です。そのため、みなさんが海外の人と交流するとき、興味がある、ないにも関わらず日本の国民文化・国民芸術として日本のポップカルチャーについて話題をふられる可能性が高いことを理解しておきましょう。わたしたちは、既存の**日本文化論**を更新する時期に差し掛かっており、クールジャパンをどのように捉え、発信したらいいのか検討することが求められているのです (宇野 2013、町口 2017)。

最後に、エピソードに登場した学生は名古屋が舞台になった漫画を留学生に紹介していました。もし、みなさんが地元を舞台にしたアニメや漫画、ドラマがあるかどうか質問されたら何を紹介しようと思いますか?

引用文献

宇野常寛・尾原和啓・濱野智史・古川健介（2012）「日本的情報社会のポテンシャル」宇野常寛編『PLANETS』8, pp.6–23. 第二次惑星開発委員会

宇野常寛（2013）『日本文化の論点』筑摩書房

外務省（2023a）「米国における対日世論調査結果」『海外における対日世論調査』<https://www.mofa.go.jp/mofaj/files/100635541.pdf> 2024.6.16

外務省（2023b）「ASEAN における対日世論調査結果」『海外における対日世論調査』<https://www.mofa.go.jp/mofaj/files/100635543.pdf> 2024.6.16

桑子順子（2009）「クール・ジャパンの起源—演劇的コミュニケーションからの考察」『文京学院大学外国語学部文京学院短期大学紀要』9, pp.247–263.

ナイ・ジョセフ（2004）『ソフト・パワー—21世紀国際政治を制する見えざる力』山岡洋一訳　日本経済新聞社（Nye, Joseph S., Jr. (2004). *Soft power: The means to success in world politics*, Perseus Books Group.）

内閣府（2017）「コンテンツを活用したインバウンド・アウトバウンドの促進」『大阪クールジャパンセミナー議事次第』<http://www.cao.go.jp/cool_japan/local/seminar1/pdf/siryou1-1.pdf> 2024.7.30

内閣府（2024）「新たなクールジャパン戦略」『首相官邸』<https://www.kantei.go.jp/jp/singi/titeki2/chitekizaisan2024/pdf/siryou4.pdf> 2024.6.16

バーク・ケネス（1990）『文学形式の哲学』森常治訳（改訂版）国文社（Burke, Kenneth. (1973). *The philosophy of literary form*. University of California Press.）

浜野保樹（2005）『模倣される日本—映画、アニメから料理、ファッションまで』祥伝社

McGray, D. (2002). "Japan's gross national cool." *Foreign Policy, 130*, May/June pp.44–54.（神山京子訳（2003）「ナショナル・クールという新たな国力　世界を闊歩する日本のカッコよさ」『中央公論』第118巻第5号 pp.130–140）

町口哲生（2017）『教養としての10年代アニメ』ポプラ社

松浦雄介（2014）「文化と権力」井上俊編『現代文化を学ぶ人のために』pp.81–96. 世界思想社

Section ▶ 2

Kawaii／かわいい

キーワード　かわいい（Kawaii/Cawaii）、クールジャパン政策、文化的無臭性

エピソード　「花はかわいい」

イブミさんは夏休みが終わり久しぶりの大学です。夏休みの間、台湾に帰国していた留学生の王さんと授業で再会しました。

王	久しぶり。元気？
イブミ	うん。元気。あっ、そのワンピースかわいいね。似合ってる。
王	ありがとう。これ、お土産 (包み紙を差し出す)。ジャスミン茶。
イブミ	ありがとう。
王	このお茶、香りもいいし、おいしいよ。
イブミ	うん。いい匂い (お茶の包装紙を見ながら)。この花、牡丹かな？　かわいいね。
王	えっ？　花は「かわいい」じゃなくて、「きれい」でしょ？
イブミ	えっ？　かわいくない？

考えてみましょう。あなたにとって花は「きれい」ですか？　それとも、「かわいい」ですか？

62　　Part I　わたしたちとコミュニケーション

1. 日常使いの「かわいい」

　エピソードの会話の中に頻繁に「**かわいい**」ということばが出てきます。ここで使用されている「かわいい」は、ワンピースの色やデザインがいい、花がきれいだという意味で使われています。「かわいい」には、きれいだ、面白い、美しい、素敵だ、素晴らしい、見事だ、楽しい、やさしいといった多くの意味があるといわれています (山根 1986)。わたしたちが使っている「かわいい」には**文脈** (コンテクスト) によってさまざまな意味があり、わたしたちはそのことばを意識的、無意識的に日常で使っているのです。ここでいう文脈 [⇒**1-2**] とは、「かわいい」という会話を交わす状況や会話の前後関係を指します。

2. 世界には「かわいい」があふれている

　「かわいい」ということばの語源は平安時代の『枕草子』に遡り、従来、子どもや女性 (少女) に対して使われてきたといわれています (山根 1986、四方田 2006)。しかし、そのことばの意味は近年多様化してきており、子どもや女性 (少女) に対してだけではなく、動物や季節、色、花、飲み物、乗り物、文字など幅広く使用されていることが調査で明らかになっています (古賀 2009)。「かわいい」の使用方法を挙げると、愛知県岡崎市の非公式キャラクターであるオカザえもんは、見た目の印象が気持ち悪いもののどことなくかわいらしさも感じられることから「キモかわ・キモかわいい」といわれたり、犬種のパグは顔が不細工にもかかわらず、かわいらしいさまから「ブサかわ・ブサかわいい」といわれたりしています。一見、かわいくないことをかわいいという矛盾するような表現ですが、「かわいい」の新しい意味として1990年代前半頃から使われているそうです (阿部 2015)。

　四方田 (2006) は、平安時代から現代へと受け継がれている「かわいい」という感性を21世紀の日本の美学として位置づけています。そして、その美学は、美学の枠を超え、全世界にまたがるイデオロギーとして蔓延しつつあると述べています。つまり、「かわいい」という感性は日本だけに留まらず、そ

の現象が世界にも広がっていると指摘しているのです。具体例としては、「**Kawaii/Cawaii**」という国際語ができたり、90年代以降、キティちゃんやドラえもん、ポケモン、スーパーマリオなど日本のアニメ、漫画、ゲームのキャラクターが世界に広がり、受け入れられたりしていることが挙げられます。こういった「かわいい」キャラクターが世界に爆発的に広がった背景には、日本のコンテンツを海外に積極的に展開する**クールジャパン政策** (Cool Japan)の影響があると指摘されています (東 2010) [⇒**4-1**]。たとえば、日本由来の「かわいい」キャラクターに関連した累積収入はポケモンが900億ドル、ハローキティが800億ドルで世界ランキングの一位、二位を独占しているそうです (内閣官房 2024)**¹**。

　このように「かわいい」がグローバルに展開したのは日本のコンテンツ産業の特徴であるメディアミックス**²**という手法も大きく影響していると考えられます。この数字から、「かわいい」という21世紀の日本の美学が日本に限られたことではなく、世界にも広く浸透していることがわかるでしょう。

3.　文化として「かわいい」を考える

　しかし、日本の21世紀の美学として「かわいい」を捉え、**日本特有の文化**(文化特殊：culture-specific) だとする考えがある一方で、日本のアニメや漫画、ゲームのキャラクターには日本らしさがない、**文化的無臭性**という考えもあります (岩淵 2007)。たとえば、日本のゲームのキャラクターであるスーパーマリオは見た目では日本らしさがないのでアメリカのキャラクターだと思っていたという意見をよく聞きます。また、「かわいい」キャラクターに扮するコスプレ、VTuber (バーチャルYouTuber) が急速に普及してきています。たとえば、VTuber の数は2018年には1000人程度でしたが、2022年には国内外で2万人ほどが確認されています (ユーザーローカル 2022)。このブームから、「かわいい」が日本に限られたものではないことがわかります。こういった背景から、「かわいい」を日本特有な文化として容易に評してもいいのかどうか、さらなる議論が必要となるでしょう (四方田 2006) [⇒**3-3**]。

　最後に、エピソードを振り返ってみましょう。エピソードでは留学生の王

さんがイブミさんの「かわいい」ということばの使い方に困惑しているようです。ここまで読んできたことをふまえ、あなたが王さんに「かわいい」を説明するならどのようにしますか？　考えてみましょう。

1　キャラクターが誕生してから2018年度までの累積収入（内閣官房 2024）。
2　メディアミックスとはある作品を映像化、ゲーム化したりするだけでなく、登場するキャラクターのグッズが販売されるなどして同時多発的に様々なメディアに展開することを指し、大きな経済効果があるといわれています（スタインバーグ 2014、葉口 2022）。

引用文献

東浩紀編（2010）『日本的創造力の未来』日本放送出版協会
阿部公彦（2015）『幼さという戦略』朝日新聞出版
岩淵功一（2007）『文化の対話力—ソフト・パワーとブランド・ナショナリズムを越えて』日本経済新聞出版社
古賀令子（2009）『かわいいの帝国』青土社
スタインバーグ・マーク　中川譲訳（2014）『なぜ日本は〈メディアミックスする国〉なのか』KADOKAWA
内閣官房（2024）「基礎資料（10月25日の第23回新しい資本主義実現会議の基礎資料の再編・改訂・追加版）」『内閣官房 新しい資本主義実現本部事務局』<https://www.cas.go.jp/jp/seisaku/atarashii_sihonsyugi/kaigi/dai26/shiryou1.pdf> 2024.6.14
葉口英子（2022）「日本アニメ産業におけるメディアミックスの進展と最近の動向：『鬼滅の刃』のメディア戦略とプロモーションに着目して」『ノートルダム清心女子大学紀要　人間生活学・児童学・食品栄養学編』46（1）, pp.68–86.
山根一眞（1986）『変体少女文字の研究』講談社
ユーザーローカル（2022）「VTuber（バーチャルYouTuber）、ついに2万人を突破（ユーザーローカル調べ）」『プレスリリース』<https://www.userlocal.jp/press/20221129vt/> 2024.6.16
四方田犬彦（2006）『かわいい論』筑摩書房

Section ▶ 3

外国語としての日本語

⚷
キーワード　日本語学習者、外国語としての日本語、自文化（own culture）

🎞
エピソード　**「日本語ボランティア」**

アキラさんは日本語ボランティアに興味があり、地域の日本語教室に初めて見学に来ました。

教師	レオさん、「食べます」のない形は何ですか？
レオ	「食べない」。
教師	はい、そうですね。アキラさん「食べます」は何グループですか？
アキラ	グループ…？　ない形…？　何ですか、それ？

「食べます」のグループやない形とは何だと思いますか？

1. 世界の中の日本語

　世界には、言語が7,164語あるといわれています。その中で、第一言語として、最も多く話されているのは中国語で、スペイン語が次に続きます。わたしたちが日常で使用している**日本語**は、世界で8番目に話されているそうです（SIL International 2024）。

　次に、インターネット上で日本語がどれくらい利用されているか見ていき

ましょう。W3Techs (2024) によれば、ウェブサイトのコンテンツで最も多く使われているのは英語 (50.1%) で、次にスペイン語 (5.8%) と続いています。その中で、日本語は全体の4.8％を占め、世界で4番目に利用されていると報告されています。これらのデータから、日本語が話しことば (音声言語) としても、書きことば (文字言語) としても世界で利用されていることがわかります。

2. 日本語を学ぶのは誰か

　公用語として制定する国はないものの、多くの人が日本語を外国語の1つとして学んでいます。一方、継承語としての日本語教育もあります。海外の**日本語学習者**を見ると、1979年には12万人強でしたが、1993年には162万人を超え10年ほどで10倍以上に増加しています。2012年には398万人に達し、過去最高の学習者数を記録しました。その後、伸び率は鈍っているものの379万人が海外で日本語を学んでいるといわれています (国際交流基金 2021)。

　日本語学習者を地域別に見ていくと、中国が105万人で最も多く、次にインドネシアが71万人、韓国が47万人と続きます。この結果から、日本語学習者の多い上位3ヵ国は東アジア、東南アジアの国々であることがわかります。また、2015年の同調査によれば、日本語学習者がミャンマーやラオスで急速に増加し、注目されていました。当時、ミャンマーでは国内での民主解放路線が一気に進み、日系企業の進出や日本人観光客が増えたこともあり、学習者の急増につながったといわれています (国際交流基金 2015)。しかし、2021年度の同調査ではコロナ禍や社会の不安定化が要因となりミャンマーでは多くの民間日本語教育機関が閉鎖し、学習者数が大幅に減少したことが明らかになりました。このように、日本語学習者の増減は国や地域の情勢、外交、経済などグローバル社会の動向に大きな影響を受けているといえます。

　海外で日本語を学んでいる学習者は10代の若者が中心です。国際交流基金 (2021) によれば、全体の49.6% (188万人) が中等教育の学習者で占められていました。彼／彼女たちが日本語を学ぶのは、「日本語そのものへの興味」(60.1%) でした。また、「マンガやアニメ、J-POP等が好きだから」(59.9%) という理由もあり、日本のポップカルチャーが若者の日本語学習のきっかけになってい

ることも示されています。

3. 外国語としての日本語

　このように、**外国語としての日本語**は若い世代を中心に世界で学ばれているものの、母語として日本語を使用してきた日本語母語話者にとっては知っているようで知らない言語でもあります。たとえば、エピソードに出てくる日本語教室の場面では、「ない形」や「グループ」という用語が出てきます。これらの用語は、多くの読者にとって小・中学校で学んだ国文法（学校文法）では聞いたことがないと思ったのではないでしょうか。

　このエピソードの場面は動詞を教える授業の一部です。**日本語教育**は外国語として日本語を学ぶ人を対象にしています。学習者の学びやすさを考え、動詞は活用型を3つに分類し、教えています[1]。具体的には、学校教育で五段活用として学んだ活用を日本語教育ではⅠグループ、上一段活用、下一段活用はⅡグループ、カ行とサ行の変格活用はⅢグループとそれぞれ呼びます。エピソードに出てくる「食べます」という動詞は、下一段活用なのでⅡグループに分類されます。また、「ない形」は動詞の否定形のことを指します。

　このように、外国語としての日本語は学校文法とは違う体系が確立されており、学習者はそれに沿って学んでいるのです。日本語を外国語として再認識することで、わたしたちが今まで気づかなかった日本語や文化といった**自文化**（own culture）の特性について理解を深められるだけでなく、世界から日本がどのように見えるのか知ることができるでしょう。

　異文化コミュニケーションといえば外国語でするというイメージが強いかもしれませんが、世界にいる若い世代の日本語学習者は日本語でコミュニケーションすることに関心を寄せています。日本語での異文化コミュニケーションを通し、自文化への理解を深めてみませんか？

1 名称は教科書によってさまざまです。たとえば、国文法の五段活用に相当する動詞は五段動詞や –U動詞、動詞1グループ、–U verb、Regular I、子音幹動詞、強変化動詞などと呼ばれています （ハント蔭山2004）。

引用文献

国際交流基金（2015）「第1章 調査の結果概要」『海外の日本語教育の現状2015年度日本語教育機関調
　　査より』<https://www.jpf.go.jp/j/project/japanese/survey/result/dl/survey_2015/all.pdf> 2024.7.30

国際交流基金（2021）「第1章調査の結果概要」『海外の日本語教育の現状2021年度日本語教育機関調
　　査より』<https://www.jpf.go.jp/j/project/japanese/survey/result/dl/survey2021/all.pdf> 2024.6.1

ハント蔭山裕子（2004）「日本語の文法」『新・はじめての日本語教育1』pp.46–116. アスク出版

SIL International. (2024) "What is the most spoken language?" *Ethnologue: Languages of the World.* <https://
　　www.ethnologue.com/insights/how-many-languages/> 2024.6.28

W3Techs. (2024). "Usage statistics of content languages for websites" *World Wide Web Technology Survey*
　　<https://w3techs.com/technologies/overview/content_language> 2024.6.2

Section 4 観光立国ニッポン

キーワード インバウンド、観光、ツーリズム、聖地巡礼、オーバーツーリズム

エピソード「観光スポット岐阜！」
家族旅行で飛騨高山に行ってきました。週末だったというのもあるけど、思っていたより混んでいて驚きました。特に、飛騨古川駅あたりで外国からの観光客が熱心に写真を撮っていたのが印象的です。ただの駅なのに、なぜあんなに観光客がいたのだろう…

写真1
JR高山本線飛騨古川駅

国内外の観光客に人気の観光スポット。
人気の理由は何だと思いますか？

日本政府観光局 (2024) によれば、2023年に日本を訪れた外国人観光客数 (訪日外客数) は2,506万人で、新型コロナウイルス感染症拡大前の2019年の統

計と比べると8割程度回復したと報告されています。日本政府は、2003年から「ビジット・ジャパン・キャンペーン」を掲げ、訪日外国人観光客拡大に向けた**インバウンド・ツーリズム**に取り組んできました (小堀 2016)。しかし、コロナ禍により海外からの観光客数が大幅に減少したことから、2023年に「観光立国推進基本計画」を閣議決定し、インバウンドの回復に取り組んでいます (観光庁 2024a)。

1. 観光とツーリズム

観光とは、中国の四書五経の1つ「易経」の一説にある「国の光を観るは、もって王に賓たるによろし」いうことばが語源だといわれます。このことばには、他の国 (地域) を観光し、見聞を増やせばその知識が役立ち、国王 (または統治者) から重用される立場になる、という意味があるそうです (千 2016)。観光とは、遊びやレジャーだけでなく、学びの機会、人に体験を伝えるなど幅広い意味で捉えることができるといえます。

従来、観光と**ツーリズム** (tourism) は、同義語として用いられてきました。しかし、近年では物見遊山的な意味を持つ観光と、体験型の意味を持つツーリズムとを区別する傾向が強まってきています (増淵 2015)。2012年に閣議決定された「観光立国推進基本計画」においては、**ニューツーリズム**という概念が打ち出され、旅先での人や自然との触れあいが重視される新しいタイプの旅行スタイルが提示されたことからもその傾向が見て取れます。

2. コンテンツ・ツーリズムとアニメ

ニューツーリズムの中でも、注目されているのが**コンテンツ・ツーリズム**です。コンテンツ・ツーリズムとは、映画やドラマ、マンガ、アニメ、小説、ゲームなどポップカルチャー作品を構成する創造的要素 (物語、キャラクター、ロケーションなど) によって、全体的あるいは部分的に動機づけられたツーリズムを指します (山村 2017)。エピソードでは、新海誠監督のアニメ作品『君の名は。』[1]のロケ地となった場所に実際に足を運ぶ観光客の例が挙げられて

Chapter 4　海外から見た日本／日本から見た世界　　71

います (写真1)。このような行為を**聖地巡礼**といいます。聖地とは、アニメの舞台になった場所で、その地を巡礼するという遊びです (宇野2013)。作品の背景美術の素材になったという理由だけで、観光名所も特になく、今まで注目されてこなかった地域が、アニメのファンによって、特別な場所という**意味付け**がなされていくのです。

コンテンツ・ツーリズムが地域活性化と結びついた例としては、アニメ『らき☆すた』[2]の舞台になった鷲宮神社 (埼玉県鷲宮町・現久喜市) が挙げられます (写真2)。アニメ放送前は9万人程度 (2007年) の初詣客だったのが、放送後は約5倍の47万人程度 (2014年) に増加したと報道され、そのインパクトの大きさがうかがえます (岡本 2015)。日

写真2
鷲宮神社

本を訪れる外国人観光客の中には、映画やアニメのロケ地巡りを旅の目的の1つにしている人もおり、その体験は満足度が高いと報告されています (観光庁 2024b)。一見、何の脈絡もないようなサブカルチャーとツーリズムは、経済という視点から見ると、密接に結びついているといえます。

一方、先述した鷲宮町 (現久喜市) のように「聖地巡礼」を受け入れた地域もあれば、『涼宮ハルヒの憂鬱』[3]の舞台となった西宮市[4]のように最初は受け入れなかった地域もあり、コンテンツの聖地化をどう扱うかは地域によって様々です (谷村 2018)。近年では、一部の聖地化された地域に観光客が押し寄せる**オーバーツーリズム**[5]や観光公害などがメディアで取り上げられるようになり、地域に負の影響を及ぼす例も報告されています。アニメ、マンガという虚構の**仮想世界**と**現実空間**との重なりを、地域と観光客として訪れるファンとの間でどのように折りあいをつけていくのか更なる検討が求められるでしょう。

1 『君の名は。』は新海誠が作成した長編アニメーションです。出会うことのないふたりの男女が夢の中で入れ替わるという不思議なでき事を巡る物語で、美しい映像の中で展開されます（朝日新聞社 2017）。

2 『らき☆すた』とは2003年から雑誌で連載されている美水かがみの4コマ漫画作品です。4人の女子高生の生活を淡々とコミカルに描きアニメ、ゲーム、小説化されています。登場人物が鷲宮神社をモデルにした鷹宮神社の巫女という設定がされたため、鷲宮神社はアニメ聖地として広く知られるようになりました（岡本 2015）。

3 『涼宮ハルヒの憂鬱』は谷川流によるライトノベルを原作としたテレビアニメ作品で、2006年4月から6月にかけて放送されました。

4 現在はアニメ作品を活用した観光客誘致を積極的に行っています（谷村 2018）。

5 観光庁（2024c）は観光客の集中による過度の混雑やマナー違反への対応、地域住民と協働した観光振興の対策を公表しています。

引用文献

朝日新聞社（2017）『新海誠展』朝日新聞社

宇野常寛（2013）『日本文化の論点』筑摩書房

岡本亮輔（2015）『聖地巡礼』中央公論新社

観光庁（2024a）「観光立国推進基本計画」『観光政策・制度』<https://www.mlit.go.jp/kankocho/seisaku_seido/kihonkeikaku.html> 2024.6.8

観光庁（2024b）「訪日外国人の消費動向」『2023年　年次報告書』<https://www.mlit.go.jp/kankocho/content/001742979.pdf> 2024.6.8

観光庁（2024c）「オーバーツーリズムの未然防止・抑制に向けた取組」『観光政策・制度』<https://www.mlit.go.jp/kankocho/seisaku_seido/index.html> 2024.6.8

小堀守（2016）「インバウンドマーケティングの取組み」早稲田大学商学部監修・長谷川恵一編『観光立国日本への提言』pp.25–44．成文堂

千相哲（2016）「観光概念の変容と現代的解釈」『九州産業大学商経論叢』56 (3)，pp.1–18. <http://repository.kyusan-u.ac.jp/dspace/bitstream/11178/267/1/sen56-3.pdf> 2024.8.1

谷村要（2018）「コンテンツに<容易>に上書きされるセカイとどう向き合うか」神田孝治・遠藤英樹・松本健太郎編『ポケモンGOからの問い』pp.208–218．新曜社

日本政府観光局（JNTO）（2024）「訪日外客数（2023年12月および年間推計値）」『報道発表資料』<https://www.jnto.go.jp/news/20240117_monthly.pdf> 2024.6.6

増淵敏之（2015）「ツーリズム」渡辺潤編『レジャー・スタディーズ』pp.103–117．世界思想社

山村高淑（2017）「コンテンツツーリズムによるインバウンド誘致: 国の施策と地域が考えるべき基本的課題について」『都市問題』108 (1)，pp.38–42．公益財団法人後藤・安田記念東京都市研究所

Section ▶	**5**

なんちゃって和食

🔑
キーワード　なんちゃって和食、食の現地化（ローカライゼーション）、
文化本質主義（Cultural Essentialism）

🎬
エピソード　「ご飯にお醤油？」

フランスから来た交換留学生のトマさんと学食でランチをすることになりました。アキラさんはラーメン、和食が大好きなトマさんはA定食を選びました。席に座り食べようとしたら、トマさんが白米にしょうゆをドバドバとかけ始めました。アキラさんが驚いて見ていると、今度はごはんを食べながら困った顔をしています。

どうしてトマさんは困った顔をしたと思いますか？

1.　無形文化遺産としての和食

　「和食：日本人の伝統的な食文化—正月を例にして—」がユネスコ (国連教育科学文化機関) に**無形文化遺産**として2013年に登録されました (農林水産省 2024)。無形文化遺産とはユネスコが取り組む遺産事業の1つで、伝統工芸技術、社会的慣習、祭礼行事、自然に関する知識など「形のない文化」を対象にした保全活動です (原田・宮本 2015)。この遺産[1]は、未来の世代に受け継ぐ必要があると認められたもので、文化の伝承に重点を置くという特徴があります (カン 2013)。ユネスコに登録された**和食**は、素材の味をそのまま活かす調理技術や器、盛り付けに加え、正月などの年中行事で人々が育んできた慣習や食文化

を反映させたものです（農林水産省 2024）。

　世界では、和食が無形文化遺産に登録されたことで、日本の食への関心が高まっています[2]。たとえば、海外では18万7,000軒の日本食レストランがあり、その数は年々、増加しているそうです（農林水産省 2023）。この中には、日本から食材を空輸し日本料理の料理人が調理する正統な和食を扱う店だったり、日本食が現地化された**なんちゃって和食**と呼ばれる日本風の食事を提供したりするレストランも含まれています。エピソードに登場したトマさんの国であるフランスでは「しょうゆ」は焼き鳥のタレのような味がする甘口しょうゆ（Sauce soja sucrée）を指し、スーパーで販売されていたり、日本食レストランの卓上に置いてあったりして白米にかけて食べるスタイルが親しまれています（じゃんぼ〜る西 2011）。トマさんが困った顔をしたのは、学食に置いてあったしゅうゆが甘くなかったからだと考えます。これも、日本食が現地化された一例といえるでしょう。こういった**食の現地化**（ローカライゼーション）は、アメリカのテリヤキソースなど他の国や地域でも確認されています［⇒**3-4**、**4-1**］。海外で広がる和食の種類は、極めて多彩であることがこれらの例からうかがえるでしょう。

　海外での日本の食の広がりは、訪日外国人観光客の増加に貢献しているようです。観光庁（2024）の調査によれば、外国人観光客の83.2%が「日本食を食べること」を訪日前に期待していたことがわかりました。また、外国人観光客が注目していた日本食は、定番の寿司だけでなく、ラーメンや肉料理も挙げられました。この結果から、外国人観光客の多くが旅の目的として日本食を食べることに高い関心を持っていることがわかります。このように、外国人観光客の関心が日本の食に向くようになったのは、日本食レストランが海外で普及し、多彩な日本食に触れる機会が増えたからだと考えられます。食ビジネスの業界では、海外での日本食の広がりをビジネスチャンスとして捉え、更なる展開として、海外での日本食市場の拡大を目指しています（平出 2016）。

2. 本物の和食 vs.「なんちゃって和食」

　一方、海外での日本食ブームが日本に経済効果をもたらしていることを認

Chapter 4　海外から見た日本／日本から見た世界　　75

識しながらも、海外の「なんちゃって和食」から本物の和食を守り、適切に伝える必要性が指摘されています。こういった声を受け、国は海外の日本食の質の向上と「なんちゃって和食」の改善に乗り出しています（農林水産省2024）。

しかし、この「適切さ」に過度に固執していくと**文化本質主義**（Cultural Essentialism）に陥る可能性もあります［⇒**3-3**］。文化本質主義とは、各々の文化は絶対的に変わることのない要素を持っているという文化観のことです（馬渕2010）。日本食の正統性を極めすぎると海外で普及している「なんちゃって和食」の存在を否定していくことになり、反発を招きかねません。実際、2006年に農林水産省が行った日本食レストランの認証制度は「正しい日本食を押しつけてくる」と批判され、スシポリス（Sushi Police）と海外のメディアで揶揄されました（Sakamoto and Allen 2011）。このように、日本の食の伝統を守るべきなのか、自由に楽しむことを受け入れるべきなのかという食文化の真正性（authenticity）はときに摩擦を引き起こすこともあります（江口・太田 2024）。

ここまでの内容を踏まえ、「なんちゃって和食」をあなた自身はどう考えますか。答えの出ていない問いについてぜひ考えてみましょう。

1 国連教育科学文化機関（ユネスコ）の世界遺産は文化遺産と自然遺産に分類されます。世界遺産は「形のある文化」を対象にしていることが無形文化遺産との大きな違いです。

2 和食と日本食の定義については、まだ定番となるものは確立されていませんが、一般的理解としては、日本食のなかに和食が含まれると考えられています（田林2017）。

引用文献

江口崇・太田和彦（2024）「ローカライズされた日本食に対する真正性の認識と評価：ブラジル・日本に長期滞在経験を持つ日系ブラジル人の視点から」『アカデミア . 社会科学編』(26), pp.39–59. 南山大学

観光庁（2024）「訪日外国人の消費動向」『2023年　年次報告書』<https://www.mlit.go.jp/kankocho/content/001742979.pdf> 2024.6.8

カン・ボルテール（2013）「世界遺産」石井敏・久米昭元編『異文化コミュニケーション事典』p.558. 春風社

じゃんぽ～る西（2011）『パリ愛してるぜ』飛鳥新社

田林葉（2017）「文化の移動と翻案：海外における日本食を事例として」『政策科学』24 (4), pp. 237–250. 立命館大学政策科学会

農林水産省（2024）「「和食」がユネスコ無形文化遺産に登録されています」『食文化のポータルサイト』<http://www.maff.go.jp/j/keikaku/syokubunka/ich/> 2024.6.9

農林水産省（2023）「海外における日本食レストラン数の調査結果（令和5年）の公表について」『報道発表資料』<https://www.maff.go.jp/j/press/yusyutu_kokusai/kikaku/231013_12.html> 2024.6.8

農林水産省（2024）「海外における日本料理の調理技能の認定に関するガイドライン」の改正の概要」『海外における日本料理の調理技能認定制度』<https://www.maff.go.jp/j/shokusan/syokubun/tyori.html> 2024.6.8

原田保・宮本文宏（2015）「ユネスコ無形文化遺産認定食のスタイルデザイン」一般社団法人地域デザイン学会監修・原田保・庄司真人・青山忠靖編『食文化のスタイルデザイン―"地域"と"生活"からのコンテクスト転換』 pp.310–324. 大学教育出版

平出淑恵（2016）「 SAKEから観光立国」早稲田大学商学部監修・長谷川恵一編『観光立国日本への提言』pp.211–236. 成文堂

馬渕仁（2010）『クリティーク多文化、異文化―文化の捉え方を超克する』東信堂

Sakamoto, R., & Allen, M. (2011). There's something fishy about that sushi: How Japan interprets the global sushi boom. *Japan Forum, 23*(1), 99–121.

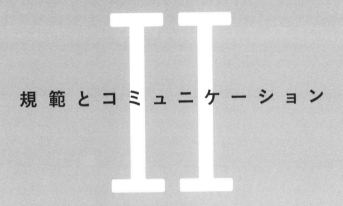

Part II
規範とコミュニケーション

Chapter
5

メディアと社会と
わたしたち

Section ▶ 1
作られる価値観

キーワード　フィルターバブル、ステルスマーケティング、摂食障害、ボディイメージ

エピソード　「理想の体型」

同じクラスのユリは、体型を気にしている。しかもパーツに分けて、いつもファッション誌のモデルや周りの人と比べている。

「身長160センチだから、ウエストはあの女性ぐらいがいいな。」
「足の長さと形はナミちゃんのが綺麗。」
「二の腕はモデルのハルのが理想。」

モデルって、ああいう体型をしている人が滅多にいないから、希少価値で仕事が成り立っていると思うのだけどな。

みなさんの周りにもこのような理想の体型のイメージを持つ友人はいるでしょうか？　みなさん自身は自分の体型をどう考えていますか？

1. メディアと「理想」の創造

「Standard Of Beauty & Photoshop｜Model Before and After」(美しさの基準とフォトショップ：モデルのビフォー・アフター、globaldemocracy.com) という動画がありま

す。1分11秒の短い動画ですが、一見隣にいるような普通の白人女性が、雑誌で見るようなグラビアアイドルへと変身します。その手順はこうです。まずメイクをし、金髪巻き毛でロングヘアーのかつらをつけ写真を撮影します。次に、画像編集ソフトのPhotoshopでその写真をレタッチします。具体的には、お尻やお腹をサイズダウンして細身にし、首と足を長く伸ばし、目を大きくします。そして、あごのたるみをとり、全体の肌の色を明るくします。特に顔は、しみやしわがなく、透明感があるよう調整してでき上がりです。

「メディアの影響を気にしすぎないように」というのはたやすいのですが、マスメディアの発展の歴史においても、その影響力は時代によって強いといわれたり、それほどでもないといわれたりしてきました (Rogers et al. 1989)。インターネットの発達した現代では、どうでしょうか？　マスメディアとソーシャル・メディアが連動して人々の関心事について回り、好みや価値観が強化されます。ソーシャル・メディアは、検索エンジンの履歴から個人の好みを予測し、望むであろうモノを提供します。その人の好みの情報 (泡) で包み込み、それ以外の情報を締め出してしまう**フィルターバブル**という現象が指摘されています (パリサー 2012)［⇒**9-4**］。

また、商品にもよりますが、相場は1フォロワーにつき3円程度で、フォロワー数の多い投稿者に、広告とわからないように商品の紹介をさせる**ステルスマーケティング**もあります (津田 2017)。このマーケティングに対して規制がなく「ステマ天国」とも言われていた日本でも、ようやく2023年10月から「不当景品類及び不当表示防止法 (景品表示法)」が施行され、事業者がインフルエンサーに依頼した場合は広告と分かる形の表示が義務付けられました。違反すると、事業者には、広告の指し止めや再発防止の措置命令が出されます。しかし、その規制対象にはインフルエンサーなどの第三者は含まれていません。まだまだ個人の好みや価値観が市場に合わせて恭順化される仕組みが残っているのです。

2.　メディアと社会

このような情報の包囲網に対し社会と個人はどのように対峙できるのでしょ

うか？　フランスでは2017年10月から、加工した写真には“Photographie retouchée（画像は編集されています）”との表記が義務づけられ、違反すると約3万7,500ユーロ（約500万円）、もしくは、広告制作費の30%が罰金として課されることになりました（ギズモード・ジャパン 2017）。メディアの提供する非現実的な体型を若い女性が目指し、**過食**や**拒食**などに繋がるような**摂食障害**を患う可能性が高いからです。摂食障害とは、心身症の1つであり「特別身体的（器質的）な理由はないのに、心理的な原因によって食行動に異常を起こす病態の総称」を指すことばです（青木 2013：98）。フランスでは、15歳から24歳の死亡原因は、摂食障害が交通事故に続き第二位となっています（Dardorph 2017）。

　日本でも、メディアに出てくるモデルのBMIが理想だと受け止められていますが（鈴木 2014）、現代の日本人女性は、20代で約4人に1人、30代で約7人に1人が「痩せ」（BMI 18.5以下）に分類されています。このような状態が続けば、本人の健康が損なわれ骨粗しょう症のリスクが高まります。また、出産時に子どもが低体重で生まれる確率が高まり、その子が将来2型糖尿病や高血圧など生活習慣病を発症するリスクも高くなります（日本経済新聞 2014）。人々は自分の健康だけではなく次世代にも及ぶリスクについて知る必要があります。すなわち、社会全体で法的な対策をとることや、個人がより意識してレタッチなどのメディア技術についての情報や現状を知ることが必要なのです。

3.　メディアとわたしとコミュニケーション

　少し古いのですが、興味深い調査があります。Parkerら（1995）は、自分の体型をどのように認識しているのかという**ボディイメージ**について、白人と黒人の10代女子を対象に調査をしました。白人女子たちは、メディアに登場する元スーパーモデルの体型を理想として、自分は太めだと思ってダイエットをし、摂食障害を抱えている者もいました。しかし、調査対象の黒人女子たちは自らの体型に満足していました。18%はやや太り気味であったにもかかわらずです。それは、周りの家族や友人らが彼女たちの内面を褒め、同年代の黒人男子もふくよかな人が好きだと表明していたからです。周囲の前向きな接し方が黒人女子たちのボディイメージに良い影響を与えることがわかっ

たのです。

　メディアの価値観や現実がどうであれ、周りにいる人々の言動が個人の考える美しさの基準に影響するのです。あなたは、エピソードのユリさんのように体型を気にしている友達にどう声を掛けますか？

引用文献

青木紀久代（2013）「摂食障害」木村涼子・伊田久美子・熊安貴美江編『よくわかるジェンダー・スタディーズ』pp.98–99．ミネルヴァ書房

ギズモード・ジャパン（2017.10.6）「『このモデル写真は加工済です』レタッチ写真に表示義務：フランス」『livedoorNEWS』<https://www.gizmodo.jp/2017/10/fr-photoshoped-iamge.html> 2024.7.31

鈴木公啓（2014）「新しいシルエット図による若年女性のボディイメージと身体意識の関連についての再検討」『社会心理学研究』30(1), pp.45–56．日本社会心理学会

津田六平（2017.5.2）「ゆがむ事実4　コピペ記事月収350万円」朝日新聞、朝刊27頁

日本経済新聞（2014.10.12電子版）「妊婦さんやせすぎにご用心、子どもの病気リスク高める」『NIKKEI STYLE（健康・医療）』<https://www.nikkei.com/article/DGXMZO77271820Z10C14A9000000/> 2024.7.31

パリサー・イーライ　井口耕二訳（2012）『閉じこもるインターネット―グーグル・パーソナライズ・民主主義』早川書房（Pariser, Eli.(2011) *The filter bubble*. London: Penguin.）

Dardorph, B. (October 2, 2017). New French law says airbrushed or Photoshopped images must be labelled. *France 24*. <http://www.france24.com/en/20170930-france-fashion-photoshop-law-models-skinny> 2024.7.1

globaldemocracy.com (n.d.). "Standard Of Beauty & Photoshop | Model Before and After." <https://www.youtube.com/watch?v=tRoCH9j5QmI> 2024.6.28

Parker, S., Nichter, M., Nichter, M., Vuckovic, N., Sims, C., & Ritenbaugh, C. (1995). Body image and weight concerns among African American and White adolescent females: Differences that make a difference. *Human Organization: Summer*, 54(2), pp.103–114.

Rogers, E. M., Mohammed, S. N., Carr, H. A., Matsushima, A., Scott, K. L., & Sorrells, K. (1989). *Communication workbook*. Dobuque, IA: Kendall/Hunt.

Section ▶ 2

メディア・リテラシー

キーワード ブラックフェイス、メディア・リテラシー、社会的現実、学び直し

エピソード 「国境を超えてしまったテレビのネタ」

ヒナタ	ねえ、あの番組見た？　今、ネットで話題になっている…
アカリ	あ、知ってる。「ブラックフェイス」ってやつでしょ。芸人が顔を黒く塗ったの。
ヒナタ	炎上したね。韓国でも少し前にあったらしいよ。
アカリ	でも、あれはバラエティだし、笑いが取れれば良いんじゃない？
ヒナタ	でもさ、顔を黄色く塗って、目を細く吊り上げて「日本人」とか言われたら、どう？
アカリ	…

アカリさんになって、ヒナタさんと会話を続けてみてください。

1.　メディアに潜む人種問題

　みなさんはテレビ番組や広告などを見て、何か引っかかりを感じて、その理由について考えた経験はありますか？　**ブラックフェイス** (blackface) のテレビ番組での使用は、歴史的背景から人種差別行為と捉えられています。エピソードの「あの番組」への批判は日本国内にとどまらず (朝日新聞 2018)、The

New York Times でも取り上げられました (Specia 2018)。日本では、以前にも女性アイドルグループが黒塗りの顔でパフォーマンスを行ったことが問題視され、日本国内外で報じられたことがあります (J-cast ニュース 2015、Lee 2015)。

　また、テレビ番組だけではなく、広告の中の差別的表現に批判の目が向けられたこともあります。2014年、全日本空輸 (ANA) が羽田空港から国際線を増便したCMでは、パイロットに扮した日本人男性2名が登場します。国際化する空港を表現するかのように、「日本人のイメージ変えちゃおうぜ (Let's change the image of Japanese people)」と1人が言った直後に、相手が金髪に高い付け鼻という様相に変わりました。このような「典型的な白人」をあからさまに真似る行動は**ホワイトフェイス** (whiteface) と呼ばれ、人種差別行為です [⇒**Column 5**]。このCMは取り止めになり、TIME や The Telegraph といった海外メディアでも取り上げられました (Attwooll 2014, Stout 2014)。メディアの中の人種問題は国内にとどまらず、メディアよって国境を越えるのです。

2.　メディア・リテラシーとは

　誰がどのような意図や背景でメディアメッセージを作っているのか、そして人々がどのように受け止めるのかを分析し、評価するスキルを**メディア・リテラシー** (media literacy) といいます (鈴木 1998、2013)。メディア・リテラシーの学校教育への導入はカナダのオンタリオ州で始まりました。カナダでは1987年に世界で先駆けて中学・高校のカリキュラムにメディア・リテラシーを取り入れたのです。1990年代になると、ヨーロッパ諸国、ラテンアメリカ諸国、アメリカでも学校教育で取り上げられるようになりました (鈴木 1998)。

　日本では、総務省のホームページにメディア・リテラシーへの言及はありますが、2017年に公開された「新しい学習指導要領の考え方」(文部科学省 2017) にも依然として記載がありません。日本の中等教育へのメディア・リテラシーの導入は、まだ先になりそうです。

3. メディア・リテラシー獲得のための注目すべきポイント

　これまでの事例が示すように、日本におけるメディア・リテラシー教育は喫緊の課題です。鈴木 (2013 : 18–21) は、カナダの教育機関で使用されているポイントを以下の8つにまとめました[1]。

　①メディアはすべて構成されている。
　②メディアは「現実」を構成する。
　③オーディ[エ]ンスがメディアを解釈し、意味を作り出す。
　④メディアは商業的意味を持つ。
　⑤メディアはものの考え方 (イデオロギー) と価値観を伝えている。
　⑥メディアは社会的・政治的意味をもつ。
　⑦メディアは独自の様式、芸術性、技法、きまり・約束事をもつ。
　⑧クリティカルにメディアを読むことは、創造性を高め、多様な形態で
　　コミュニケーションを作り出すことへとつながる。

　TVなどのマスメディアのコンテンツは、それを制作する人々による綿密な計算で作られています (①)。人は言語や非言語シンボルを使用し [⇒**1-1**、**4-1**]、その組み合わせの結果、真実や正しさなどの**社会的現実**を生み出そうとします (②) [⇒**6-1**、**7-4**]。ただ、送り手の意図に関わらず、受け手 (オーディエンス) がそのシンボルを解釈することで、コンテンツの意味が生まれます (③)。すなわち、オーディエンスの年齢や性別、教育歴、収入、興味や関心などの特性が、メディアが生み出す意味の構築に関わっているのです。
　また、資本主義の社会では、メディア・コンテンツは企業の営利に貢献するためのものです (④)。スポンサーや発信者の意に沿うコンテンツが作られます。そして、そのコンテンツは「望ましさ」や「正しさ」などの社会的・政治的な意味や価値を持ち始めます (⑤、⑥)。コンテンツには独自の決まり事や技法 (効果音やテロップなど) が使用され、特定の意味を生み出します (⑦)。
　メディア・コンテンツを構成するさまざまな要素に注目し、分析することで、各自がようやくメディアに対峙することが可能になります。8つ目の「ク

リティカル」という表現は、**学び直し**の態度といえるでしょう。これまで当然のものとして受け取っていたコンテンツを、別の視点から読み解き、データの用い方や解釈の仕方が適切か確認する姿勢が重要なのです（⑧）。

では、ブラックフェイスというシンボルや、それを採用した番組をどのように学び直すことができるでしょうか？　多様性に開かれた、より良い社会を創りだすためには、わたしたちはメディア・コンテンツをどう読めばいいのでしょうか？

1　FCTメディア・リテラシー研究所（http://www.mlpj.org/index.shtml）では、鈴木（2013）のPDFファイルを公開している（http://www.mlpj.org/pb/pb-sho/com07.shtml）。

引用文献

朝日新聞（2018.1.19）「顔黒塗りのネタ　批判を考える」朝刊30頁

J-castニュース（2015.2.15）「ももクロ「黒塗りメーク」にNYタイムズ記者批判　「罪のないパフォーマンス」ではすまされない？」『J-CASTニュース』<https://www.j-cast.com/2015/02/15227869.html?p=all> 2024.7.1

鈴木みどり（1998）「メディア・リテラシーとは何か」『情報の科学と技術』48, 7, 388–395.

鈴木みどり編（2013）『最新Study Guideメディア・リテラシー［入門編］』リベルタ出版

総務省「放送分野におけるメディアリテラシー」<https://www.soumu.go.jp/main_sosiki/joho_tsusin/top/hoso/kyouzai.html> 2024.7.1

文部科学省（2017）「新しい学習指導要領の考え方─中央教育審議会における議論から改訂そして実施へ─」<http://www.mext.go.jp/a_menu/shotou/new-cs/__icsFiles/afieldfile/2017/09/28/1396716_1.pdf> 2024.7.1

Attwooll, J. (2014.1.20). Japanese airline sorry over 'racist' commercial. *The Telegraph*. <https://www.telegraph.co.uk/travel/destinations/asia/japan/articles/Japanese-airline-sorry-over-racist-commercial/> 2024.7.1

Lee, L. (2015.5.17). Japan's blackface problem: The country's bizarre, troubled relationship with race. *VOX.com* <https://www.vox.com/2015/3/17/8230783/japan-racism-blackface> 2024.7.1

Specia, M. (2018.1.4). Japanese comedian who used Blackface comes under fire online. *The New York Times*. <https://www.nytimes.com/2018/01/04/world/asia/japan-comedian-blackface.html> 2024.7.1

Stout, D. (2014.1.21). Japan's All Nippon Airways to amend 'Whiteface' commercial. *TIME*. <http://time.com/1502/japans-all-nippon-airways-to-amend-whiteface-commercial/> 2024.7.1

Section ▶ 3

メディア史
—NHK紅白歌合戦から

🔑 キーワード　マスメディア、メディア史、メディアはメッセージである

🎬 エピソード　「NHK紅白歌合戦は時代遅れ?」

ヒカルさんは、おじいちゃんとTV番組について話しをしています。

> **ヒカル**　NHKの紅白歌合戦って、そんなに面白いのかな?　昔の
> 歌手のことよくわからないし。世代別にチャンネルを分
> ければ良いのに、総合と教育でさ。
>
> **祖父**　紅白は大晦日に家族みんなで一緒に観るのが良いんだよ。
>
> **ヒカル**　うちは家族で紅白を観たけど、同級生たちは、いろいろ
> だな。自分が観たいところだけを観た友達もいたし、海
> 外で年末年始を過ごした友達もいたよ。
>
> **祖父**　そうかい、そうかい。この時代に、家族で紅白なんて
> ね、時代遅れなんだね。

さて、おじいちゃんは、なぜ「時代遅れ」と言ったのでしょうか?
理由も含めて答えてみましょう。また、あなたも「時代遅れ」だと
思いますか?

1. 紅白歌合戦が「国民的番組」であったころ

　1953年からテレビ中継されたNHKの紅白歌合戦（以下、「紅白」）は、最盛期には視聴率が80％を超えていた時代もあり、まさしく国民的な番組でした（最高は1964年の81.4%）。現在、視聴率は落ち込み、2023年は31％となっています（それでも、超高視聴率です）。

　エピソードを吟味するためには、テレビという**マスメディア**を取り巻く社会関係や技術革新に触れる必要があるでしょう。ヒカルさんのような若者にとって、テレビの存在は、おじいちゃんの世代とは、全く異なるものなのです。おじいちゃんの世代にとってのテレビとは、まず街頭で観るもの（1950年代）、そして1964年の東京オリンピックあたりまで「**三種の神器**」の1つとして位置づけられた、あこがれの家電製品だったのです。各家庭の部屋数も少なく、食事をする居間に1台だけ置かれたのです（その後、テレビの普及は1969年には90％を突破しました）。

　このため、テレビは家族団らんと深い関係を持ちました。「紅白」は家族向けコンテンツを盛り込み、「理想の家族」を「可視化」するようになりました（太田 2013：66–68）。この時期、家族向けの番組が多数登場したのです。たとえば『サザエさん』（1969年〜）、ザ・ドリフターズの『8時だョ！全員集合』（TBS、1969〜1985年）などです。「紅白」は、家族が自宅で新年をそろって迎えるための場を作り、高視聴率をたたき出したのです。

　そんな「紅白」が、大きな変化を経験するのが80年代以後です。日本人の所得も一気に上がりました。子ども部屋も作られました。テレビは技術革新を遂げ、廉価になりました。1つの家庭で複数所有するようになり、それぞれが好みに応じた番組を観るようになります。たとえば、歌謡曲は依然人気がありましたが、世代別に趣味趣向が分かれていきました。『ザ・ベストテン』（1978〜1989年）のような番組が登場し、若者の心をつかみます。普段はテレビに出ない歌手も登場しました。この潮流の中で、「紅白」にぶつけて大晦日にコンサートを開催する歌手も登場しましたし、「紅白」と視聴率を競うために裏番組も登場するようになったのです。年末に、家族で「紅白」という時代では必ずしもなくなってきたのです。

2. メディア史研究の射程

メディア研究の中の**メディア史**という領域は、番組コンテンツだけを研究対象とするのではありません。「紅白」は、メディア史研究の典型的事例となりますので、以下に、考察の対象をまとめておきます。

①技術革新がコンテンツに与える影響：テレビという技術が発達するにしたがって、コンテンツである歌番組も変化を余儀なくされたこと。
②メディアと**社会的実践**との相互的関係：テレビが家族団らんを要求しつつ（社会的実践）、番組コンテンツも影響を受けることや、番組コンテンツが家族のあり方を変化させること。

マーシャル・マクルーハン (1987) は、かつて「**メディアはメッセージである**」と言いました。メディアとは、技術そのものや番組コンテンツだけを指すのではなく、わたしたちの生活や家族の形態の変化などを含めた社会的実践にも変化を促すメッセージである、という意味です。メディアとは、技術革新や社会的実践と番組コンテンツが複合的に関連し合う「**場**」のことを指すのです（吉見 2004：3）。

さて、テレビの現在ですが、YouTube などのネット動画を楽しむ人たちが増えたことで、その不便さが際立ってきました。第一に、テレビは番組全体を視聴することを要求しますが、ネット動画は観たいものだけを選択することができます。第二に、テレビは視聴する場所や時間帯に制限がありますが、ネット動画はいつでもどこでも視聴可能です。スマホやタブレットを一人ひとりが持てば、テレビというハコや自宅という場所に縛られる必要はありません。しかも、それぞれの趣味趣向を際限なく満足させることができるのです（渋谷 2013）。

もはや、家族でそろって、居間で番組コンテンツを楽しむ時代は終わりを告げ、テレビと家族との関係が希薄な時代に突入したのです。この意味で、「時代遅れ」なのかもしれません。

引用文献

太田省一（2013）『紅白歌合戦と日本人』筑摩書房

渋谷明子（2013）「「好き」を選択的に胸中するモバイル世代―中学生へのインタビュー調査」荻原滋
　　編『テレビという記憶　テレビ視聴の社会史』pp.177–196．新曜社

マクルーハン・マーシャル　栗原裕・河本仲聖訳（1987）『メディア論―人間の拡張の諸相』みすず書
　　房（McLuhan, Marshall. (1964) *Understanding media: The extension of man*. New York: McGraw-Hill
　　Book.）

吉見俊也（2004）『メディア文化論　メディアを学ぶ人のための15話』有斐閣

Section ▶ 4
ポスト真実

キーワード ポスト真実、フェイクニュース、オルタナティブ・ファクト、ファクトチェック

エピソード 「ネット社会の「真実」とは」
ヒカルさんの独り言です。

今日授業で「ポスト真実」、「フェイクニュース」、「オルタナティブ・ファクト」について習った。最初は、「なんなのそれ」って感じだったけど、要は「真実」のようなものがたくさんあるってことみたいだ。じゃあ、自分が都合悪くなったら「ネットには別のことが書いてあったよ。」って言い返せば逃げられるってこと？ でも、こんなんじゃ、嘘つきだらけの世の中になっちゃう気がする。

みなさんの身の回りにあるフェイクニュースを2つ挙げてみましょう。

1. ポスト真実の時代

　「**ポスト真実** (post-truth)」という語が、2016年のオックスフォード辞典のThe Word of the Yearに選ばれました。これは日本での「新語・流行語大賞」に相当します。世論を形成するのに「客観的な真実」よりも「感情」や「個人の信念」の方が説得力を持ち得る時代を言い当てた語が、これです。以前か

ら使用されていましたが、2016年に"post-truth politics"と後ろに「政治」という名詞がつき、イギリスのEU離脱の国民投票やアメリカ大統領選挙という世界的にも影響が大きいでき事の報道で使用が増えたことが選定の理由でした。"post"という接頭語は「〜以降」の意味があり、「真実」に対して人々の信用が揺らいだ現象や時代を象徴します。

　ポスト真実は**フェイクニュース**とも関連があります。そもそも「真実」とは何か？　という問いもあるかと思いますが、いったん脇に置いておきます。フェイクニュースとは日本語にすると「嘘のニュース」です。それが大量にソーシャル・メディア上で流れ、人々がアクセスをするという事態がおきています。Vosoughiら (2018) は、2006年から2017年間の300万人による12万6,000件のTwitter (現、X) 上の投稿を分析しました。その結果、偽情報の方が、正しい情報よりも、より多くの人に閲覧され、リツイートされていることを確認しました。また、正しい情報は1,000人以上に広まることはほぼなかったのに対し、上位1%のフェイクニュースは1,000人から10万人ほどに届いていたといいます。大量のフェイクニュースにより、情報のかく乱がおき、既存のジャーナリズムや真実への信頼が揺らいでいることがうかがえます。

2. メディアの技術革新とフェイクの流行の関係

　トランプ前大統領 (2017.1–2021.1) は、ジャーナリストによる報道を「フェイクだ」と批判し、自身のTwitterで発信し続けていました。公式な記者会見ではなく、自分のパーソナルなメディアから発信することで、記者から面と向かって質問や批判を受けることなく、一方的に自分の主張だけを発信することがSNSにより可能となりました。そして、大統領の発言が嘘ではないのかと指摘を受けても、大統領の高官は「**オルタナティブ・ファクト**だ」、すなわち「もうひとつの真実」だと答えています (NBC News 2017)。こうなると、何が真実なのかだんだんわからなくなってきますね。

　しかも、フェイクニュースは国境を越えてグローバルに発信されます。実際に、2016年のアメリカ大統領選でも、旧ユーゴスラビアの構成国であるマケドニアの少年らが、トランプ氏支持者のアクセスで広告収入を得るために、

対立候補者のクリントン氏の批判記事をねつ造して流していました（日比 2017）。また、これまでPhotoshopなどの画像編集ソフトで可能であった画像の加工が、**生成AI**の発展により、いまや文書や画像、音声、動画まで作成や改ざんが容易になっています。このような生成AIにより作成されたり、改ざんされたりしたメディアは「**ディープフェイク**」と表現されています（シック 2021）。金融セキュリティの分野では2023に前年の31倍のフェイクメディアが報告され、また別の調査では500人強のうち4分の1の参加者がフェイクの音声を識別できなかったことが報告されました（Skim AI 2024）。メディアの技術革新を乱用する者により、社会がかく乱されています。

3. わたしたちにできること

イギリスやアメリカの事例ばかりなので、日本は大丈夫だとみなさんは思っていませんか？ 日比（2017）は、安倍元首相による「（福島第一原発の事故は）完全にコントロールされている」と東京オリンピック招致のためのプレゼンで述べたことばもフェイクニュースの典型例として挙げています。また、メディア研究者の津田大介は、多くの保守的書き込みやまとめサイトなどに掲載されるニュースは、安価な賃金で業者に請け負われ、ネットの中で広く拡散されていることを報告しています。ネットの中では、保守や右翼的発言の量が増えるのはこのためです（津田 2017）。

さて、このような時代にわたしたち一人ひとりは何ができるのでしょうか？「メディア・リテラシー教育を充実させる」と声が上がりそうですが、奥村ら（2017）はネット時代ゆえの特性があり、メディア・リテラシー教育の効果には懐疑的です。情報技術の進化が速く情報が広まる規模と速度が圧倒的で、リテラシー教育の準備やNPO団体による真偽を確認する**ファクトチェック**が追いつけないためです。

また、フィルターバブルでお気に入りの情報だけで自分を取り囲み、他の情報を遮断するような状況では［⇒**5-1**］、ファクトチェックで検証された情報すらその人には届きません（奥村ほか2017）。つまり、ポスト真実やフェイクニュースは、ネット時代に固有に生まれた現象だといえるでしょう［⇒**5-3**］。

そして、ネット時代にこそ必要なリテラシーが求められています。たとえば、メディア技術の革新についてのニュースに気を配り、安易に「いいね！」ボタンなどを押してシェアしないようにすることも大切です。そのまえに、そのニュースがフェイクでないのか否か、まず、判断する能力として、信頼できる情報源を特定し、情報を収集し検証するスキルを身に付ける必要があるのです。

引用文献

奥村倫弘・津田大介・藤代裕之・平和博（2017）「特別公演座談会　ネットメディアの本質的問題は『広告』プラットフォーム企業の役割を問い直せ」『Journalism』(11) 330, pp.6–24.

シック・ニナ（2021）『ディープフェイク ニセ情報の拡散者たち』日経ナショナル ジオグラフィック

Skim AI (2024) "5 Deepfake Stats You Need to Know for 2024" <https://skimai.com/5-deepfake-stats-you-need-to-know-for-2024/> 2024.6.12

津田大介（2017.12.26）「ソーシャルメディアの影響力拡大　負の側面　具体的対策を」『東京新聞』4面

日比嘉高（2017）「『ポスト真実Post-Truth』とは何か」津田大介・日比嘉高編『「ポスト真実」の時代』pp.13–50．祥伝社

NBC News. (2017). Conway: Press secretary gave 'alternative facts.' <https://www.nbcnews.com/meet-the-press/video/conway-press-secretary-gave-alternative-facts-860142147643?v=raila&> 2024.7.1

Vosoughi, S., Roy, D., & Aral, S. (2018). The spread of true and false news online. *Science, 359*(6380), 1146–1151. <https://doi.org/10.1126/science.aap9559> 2024.8.2

Section ▶ 5
ジェンダーとフェミニズム

キーワード
ジェンダー・ギャップ指数（Gender Gap Index：GGI）、ジェンダー、セックス、
フェミニズム（feminism）

エピソード 「「**女子力**」は、女性が活躍する社会をつくるのか」

ユウ 2024年6月、世界経済フォーラム（The World Economic Forum 2024）が発表した**ジェンダー・ギャップ指数**（Gender Gap Index：GGI）で、日本の順位がかなり低かったの知ってる？

ケイ ああ、女性の政治や経済分野なんかへの進出の度合いを数値にして、どの程度女性が平等な扱いを受けているのかを国別に測るやつね。で、日本の順位は、どのくらいなの？

ユウ 146ヵ国中118位。かなり低いし、何年間も続いてるんだよね。

ケイ なんでなんだろう。不思議だな。日本では、映画館なんかで「レディース・デー」があったりして、日本の女性は恵まれていると思っていたんだけどな。それに、女子力もすごいんだから！

ユウ …

ユウさんになったつもりで、ケイさんに応答してみましょう。

98　　Part II　規範とコミュニケーション

最近、「女子力」という表現が頻繁に使われるようになり、女性に固有に求められる役割や資質があるかのような表現に抵抗感が少なくなりました。「女子力が高い」とは、「マイナビウーマン」に掲載された記事によれば、「料理上手」、「バッグの中に気が利くアイテム」、「身だしなみが細部までキレイ」、「気遣いができる」、「体型や健康のために努力する」などを意味するようです（マイナビウーマン 2023）。

1.　「ジェンダー」の意味を問い直す

　このネット記事が、『マイナビ』という学生の就職活動を支援するサイトに掲載されていることを考えれば隔世の感があります。というのも、今から約40年前（1985年）には、**男女雇用機会均等法**が施行され、職場における性差に基づく処遇を是正しようとしていたためです。ここでの**性差**とは、生物学的な差異を表すことばです。この生物学的な性差を無効にするための一環として**ジェンダー**（gender）ということばが使用されるようになりました。大学にも『ジェンダー論』などの科目が配置されたのも、このころからでした。

　ジェンダーとは、性差が社会的に創られたものでしかないことを言い当てたことばです。それは、生物学的な性差を表現することばである**セックス**（sex）の持つ権力作用を明らかにして、**フェミニズム**（feminism）を担ってきたのです。したがって、ジェンダーとは、セックスと対になったことばではなく、それを乗り越えていくための政治的な意味が込められた名称なのです。

2.　ジェンダーとコミュニケーションの関係

　ジェンダーとは、コミュニケーションが深く関係する概念です。生物学的性差が、人々が交わすさまざまなコミュニケーションやメディアによって、あたかも客観的に存在しているかのごとく作用を行使しています。わたしたちが暮らす社会は、男と女しかいないかの認識に基づいてできていますが、実は、その2つの属性の間にある境界線は、思ったよりもあやふやなものでしかないことがわかってきました。外性器、生殖器、ホルモンなどを医学的

Chapter 5　メディアと社会とわたしたち　　99

に検査しても、差異を決定的に判別することなどができないのです（長谷川 2014、Faust-Sterling 2012）。医学的見地に立って、男女を分類する決定的基準が存在しないことを踏まえれば、わたしたちが考える男女という分類は、恣意的で社会的にできたものでしかないことがわかります。

それにもかかわらず、セックスによって家事や仕事内容を分ける作用、つまり**性別役割分業**（gender roles）はなかなか強大です。そして、現在「女子力」なることばも説得力を持っています。たとえば、先の『マイナビ』の記事によれば「女子は料理ができたり、男性の好きそうな服装をしたり」、「細かいところに気がついたりすること」が求められるとのことですが、これらが男性に求められることはありません。「にこにこと笑顔で対応すること」も、男性に求められてはいないのです。

一方、男性もまた大変です。男というだけで、上司の命令で夜遅くまで仕事や飲み会に付きあわされたり、会社に長くいることを求められます。性別に基づく抑圧、差別、搾取から解放されることの重要性は、すべての人によって共有される必要があるでしょう。そして、これが、フェミニズムの目指すものなのです（フックス 2003：8）。

3. 女性が活躍する社会

現在、右肩上がりの経済成長の時代が終わり、男女関係なく、低賃金で不安定な雇用条件の中で働くことを余儀なくされるようになりました。保育園不足も解決しなくてはならない大問題ですが、男性の協力が期待できないとき、結局、保育園の送迎も含む家事全般は女性が担うことになります。

ここでの「女性が活躍する社会」の内実とは、いったいどのようなものなのでしょうか？　そして、日本の女性は、果たして恵まれているのでしょうか？　ケイさんの（日本の女性は恵まれているという）考えはどこから来るものでしょう？

引用文献

長谷川奉延（2014）「性分化疾患の基礎と臨床」『日本生殖内分泌学会雑誌』19, pp.5–9．日本生殖内分
　　泌学会

フックス・ベル（2003）『フェミニズムはみんなのもの─情熱の政治学』新水社

マイナビウーマン（2023.3.23）「女子力とは？男子が思う女子力が高い人の特徴5つ」<https://woman.
　　mynavi.jp/article/170216-6/> 2024.7.1

Faust-Sterling, A. (2012). *Sex/gender: Biology in a social world*. New York: Routledge.

The World Economic Forum. (2024). Global Gender Gap 2024. <https://www3.weforum.org/docs/WEF_
　　GGGR_2024.pdf> 2024.7.1

COLUMN 3

「らしさ」ってなんだろう──エマ・ワトソンのスピーチから

　映画『ハリー・ポッター』シリーズでも有名なエマ・ワトソン（Emma Watson）さんが2014年にUN Womenの親善大使に選ばれ、**ジェンダー平等**の連帯運動を訴える "HeForShe" というキャンペーン発足に際して国連でスピーチを行いました。そのスピーチで彼女は、性別に固定された「らしさ」の弊害を語り、男女の協働を通じてすべての人にとって政治的・経済的・社会的に平等な世界へと変えていこうと語ったのです（ワトソン2014）。女性、男性にかかわらず、多くの人に、特に学生のみなさんには是非聞いてもらいたい力強いスピーチです。

　らしさとは、誰かや何かに対して「ふさわしい」、「そのとおり」と人が判断するために使われることばです。**女らしさ**（femininity）、**男らしさ**（masculinity）といった場合には「女／男とはかくあるべし」という社会の期待や前提に基づいた判断が隠れています。これは自分に関しても同じです。「自分らしさ」ですら自分で選び取っているようで、社会に埋め込まれた規範、時代の影響を受けつつ、他者との関係性の中で生成されているのです（前田2006：82-86）。つまり、らしさは個人的なようで社会的なものなのです〔⇒**1-3**、**Column 1**〕。

　だからこそ、らしさは時にステレオタイプとして周りから一方的に押し付けられたり、排除の道具として使われたりすることがあります。エマ・ワトソンさんは先ほどのスピーチで例を挙げています。自分が8歳の時、両親に見せる学校のお芝居を仕切ろうとしたら、女なのに「生意気だ（bossy）」と言われたこと。14歳の頃、あるメディアから性的な対象として報道されたこと。15歳の頃、女友達が筋肉質になるのを嫌がり所属するスポーツチームを辞めていったこと。18歳の頃、男友達が人前で感情を表出できなくなったこと。また、男らしくないと思われたくないために、若い男の子が精神疾患にかかっても支援を求めないこと。結果として、イギリスの統計では20歳から49歳の男性の死亡原因のトップが自殺であること。

　これらの例には、女性は黙っておとなしく、そして（男性からの）魅力的な性的対象であるように、男性は強くリーダーシップを発揮し、弱さを見せるような感情表現は控えめにするように、という**ジェンダー・バイアス**（gender bias）が見られます。エマ・ワトソンさんが訴えるように、このような性差にもとづく偏見は許容されるべきではありません。こうした考えや発言は今や人権問題として受け止められ、ジェンダーの平等は世界で作り上げていこうと取り組まれています。

　単純化され、固定化されたイメージを「らしさ」として他者と接するのでは平等な社会を築くことはできません。だからこそ、目の前の人を多面的に理解しようと努めること、自分の立場や社会的な状況を意識すること、これらを通じて偏見や差

別を繰り返さないことが、コミュニケーションの与えてくれる可能性なのです（アッシュクラフト 2012：444、河合 2017：3-4）。

引用文献

アッシュクラフト・カレン・リー（2012）「ジェンダー、ディスコース、そして組織─転換する関係性のフレーミング」高橋正泰・清宮徹監訳『ハンドブック組織ディスコース研究』pp.435–459. 同文館出版（Ashcraft, K. L. (2004) Gender, discourse and organization: Framing a shifting relationship. In Grant, D., Hardy, C., Oswick, C. & Putnam, L. (Eds.), *The Sage handbook of organizational discourse*, pp. 435–471. Thousand Oaks, CA: Sage.）

河合優子（2017）「多文化社会と異文化コミュニケーションを捉える視点としての『交錯』」河合優子編 『交錯する多文化社会』pp.1–27. ナカニシヤ出版

前田尚子（2006）「アイデンティティの問い─コミュニケーション学からの応答」池田理知子編『現代コミュニケーション学』pp.75–90. 有斐閣

ワトソン・エマ（2014）「エマ・ワトソン UN Women 親善大使 国連でのスピーチ（日本語字幕）」『YouTube.com』国連広報センター（UNIC Tokyo）<https://www.youtube.com/watch?v=jQbpLVI6DwE> 2024.6.28

COLUMN 4

あなたの肌は黄色いですか？―人種とは

「**人種**（race）」ほど悩ましいことば・概念はありません。というのも、わたしたちは、**人種差別**は良くないと教えられてきた一方で、「人種」にリアリティを感じているからです。たとえば、「あなたは何人種ですか？」と質問されたとします。たぶん、多くの人が「黄色人種」と答えるでしょう。どこかで自分を、白、黒、黄色（時には赤）と分類することにリアリティを感じるからこそ、そのどれかに自身を当てはめるのではないかと思います。

さて、この**人種分類**は誰によって生み出されたのか知っていますか？　おそらく、知らないでしょう。この分類にわたしたちがリアリティや説得力を感じるのなら、これを作った人は天才なのかもしれませんね。なぜなら、みなさんは誰が作ったのかもわからないものに対して勝手に説得力を感じ、その分類方法におもねるわけですから。

人種分類について考えるとき、注目すべきポイントがいくつかあります。第一に、人種分類は誰の利益に貢献しているのか、そして誰の視点からのものなのかを考えることの大切さです。たとえば、上記の人種分類を生み出した中の1人で、18世紀の自然科学を牽引したことでもよく知られるカール・リンネという人がいます。彼が、それぞれの人種に対して説明をしていますので、引用してみます。「黒いアフリカ人は（中略）狡猾、なまけもの、ぞんざい、無気力、主人の恣意的な意思にもとづいて統治されている」、「白いヨーロッパ人は（中略）創意性に富む、発明の才に富む（中略）法律に基づいて統治されている」。前者に対して差別的というだけでなく、奴隷制を正当化するための分類であることがわかると思います（ポリアコフ 1985：214）。

その後、この人種分類と特徴付けは、ジョセフ・ゴビノーなどに引き継がれていきます。ゴビノーの著作は、「**白人の責務**」を唱え、自分たちが奴隷を管理することの正義を強調したために、ヨーロッパや北米で広く愛読されました（ちなみに、アジア人は「高慢、貪欲（中略）黄色っぽい、憂鬱、世論によって統治されている」と記されています）。

第二に、人間は必ず交じりあうものであるという前提です。つまり、純粋な人種とは虚構にしか過ぎないのです。にもかかわらず、人々が強く**人種の純粋性**に執着することで、このような人種分類は定着してきました。たとえば、アメリカの奴隷制下では、**混血児**がたくさん生まれました。なぜなのか知っていますか？　ひどい話ですが、プランテーション経営者が奴隷をレイプすることが頻発したからです。この子どもたちは**混血**となるはずで、今でいう「ハーフ」などなのですが［⇒2-4］、純粋性に固執する白人プランテーション経営者たちはそれを嫌い、有色人種・奴隷として扱ったのです。生まれた子どもも奴隷になるなら、「財産」としての奴隷

104　Part II　規範とコミュニケーション

が増えるため好都合ですよね（そのため、レイプは犯罪にもなりませんでした）。したがっ
て、奴隷の数が増えていく一方、混血は存在しないものとして定着してきたのです。

　これは、人種分類から利益を得る人たちがいるために、架空の分類そのものを維
持させることに意味があったことを示しています。そして同時に、混血は架空の純
粋分類の中に押し込められ、存在しないものとされることで、より説得力が出てく
るのです。人種分類とは、一部の力のある人に強く必要とされたために、定着して
きた概念であることがわかりますね。

　さて、「**日本人**」についても考えてみましょう。この人たちは、果たして「黄色人
種」なのでしょうか、また純粋な分類に収まるような人種なのでしょうか？　そも
そも、この人たちは、多種多様な民族との混交などなかったほど、移動や（他の人々
との）接触がなかったのでしょうか？　もしも、純粋な「日本人」なるものが存在す
るとしたら、その説得力は何に起因していると思いますか？［⇒**4-2**］

引用文献

ポリアコフ・レオン（1985）『アーリア神話　ヨーロッパにおける人種主義と民族主義の源泉』法政大
　　学出版局

Chapter
6

レトリックが作る
コミュニティ

Section ▶ 1 レトリックとは

キーワード レトリック、広告、説得、同一化

エピソード 「脱毛クリニックの広告」

大学の同級生であるユウさんとカイさんは、電車内でとある脱毛クリニックの広告を目にしました。

> **ユウ** 脱毛かあ。やったほうがいいのかな。予約しちゃおうかな。意外と安いし。
> **カイ** 確かに安いね。でも安すぎて怪しくない？
> **ユウ** 大丈夫でしょ。このモデルの人、結構有名だし。
> **カイ** ちょっと口コミ検索してみたけど、あんまり評判良くないみたいだよ。
> **ユウ** えーそうなの？　じゃあ違うクリニックも調べてからにしようかな。
> **カイ** その方がいいんじゃないかな。
> **ユウ** (スマホで検索しながら) 色々な会社があるんだね。こっちのクリニックの方が良さそうかも。やっぱりツルツル肌の方がいいよね。早く予約しよ！

あなたがカイさんの立場ならば、どのような反応をしますか？

1. 説得技法としてのレトリック

　コミュニケーション研究では、ことばが人の心を動かす力のことを**レトリック**と呼んでいます。広告はレトリックの代表的なものです。広告は様々なことばや視覚効果を駆使し、消費者の購買意欲を掻き立てます。消費者はこうした広告のレトリックにより、商品やサービスを購入するよう動かされています。別の言い方をすれば、広告は特定のものを買うようわたしたちを説得しつづけています。

　レトリックの源流は古代ギリシャで王政に代わって始まったと言われる直接民主政であり、その時期にはソフィストと呼ばれる演説の専門家が数多く活動していました (青沼 2018)。国の政策や法律は、民会と呼ばれる集会で、演説と投票により決められていました (橋場 2016)。当時のレトリックは**説得技術**であり、ことばの持つ力で政治が動いていたのです。

　こうした説得技術としてのレトリックは、社会を良い方にも悪い方にも動かしてきました。たとえばアメリカ合衆国のキング牧師による演説は人種差別問題への注目を高めたとして評価されている一方、ドイツのヒトラー総統による演説は聴衆を戦争・虐殺の道へと導いたとされ批判されています。

　広告は、社会・文化・時代を映し出す鏡だと言われています (妹尾 2015)。消費社会と言われる現代では、広告のレトリックが経済、そして社会を動かしているのかもしれません。エピソードにあった脱毛クリニックの広告は、ユウさんを説得してサービスを購入させることには失敗したようです。しかし、この広告はある重要なメッセージをユウさんとカイさんに伝えていたのです。

2. 同一化のレトリック

　実は、レトリックの持つ力は説得だけにとどまらないのです。柿田 (2006) は、レトリックの 2 つの定義として**説得**と**同一化**を挙げ、同一化のレトリックとは無意識に聞き手が反応してしまうような価値観を伴った呼びかけであると説明しています。たとえば脱毛クリニック広告の同一化レトリックは、読み手を「毛のない肌＝美しい肌」(小林 2023) という 1 つの価値観に同化させ

ようとします。実際にそのクリニックで脱毛をしなくとも、体毛を忌み嫌う価値観がわたしたちの無意識下に呼びかけてくるのです。

「ムダ毛」という表現は脱毛広告でよく使われています。主に男性をターゲットにした「ヒゲ脱毛」も普及してきています。しかし、体毛は本当に無駄なものなのでしょうか。体毛を忌み嫌う価値観は世界共通というわけではありません。たとえばイスラム教徒の男性にとってヒゲは非常に大切で、「ヒゲを剃るぞ」という言葉は男性に対する脅迫を意味するそうです (牧野 2022)。

これらを踏まえ、街中にある脱毛広告に注意を向けてみましょう。どのような説得技術が使われ、そこからどのような価値観が読み取れますか？ [⇒**2-2**]

引用文献

青沼智（2018）「言語コミュニケーション：レトリックのカノンとメディアとしてのことば」青沼智・池田理知子・平野順也編著『メディア・レトリック論：政治・文化・コミュニケーション』pp.15–27．ナカニシヤ出版

柿田秀樹（2006）「レトリックと権力」池田理知子編著『現代コミュニケーション学』pp.91–110．有斐閣コンパクト

小林美香（2023）『ジェンダー目線の広告観察』現代書館

妹尾俊之（2015）「ホリスティックな広告理解のために」水野由多加・妹尾俊之・伊吹勇亮編『広告コミュニケーション研究ハンドブック』pp.1–11．有斐閣ブックス

橋場弦（2016）『民主主義の源流：古代アテネの実験』講談社学術文庫

牧野アンドレ（2022）「イラクとヒゲを巡る過去と今」ニューズウィーク日本版 <https://www.news-weekjapan.jp/worldvoice/makino/2022/07/post-37.php> 2024.6.10

| Section ▶ | **2** |

ことばが作る所属意識

キーワード
象徴、表象、アイデンティフィケーション（同一化）、コミュニティ、
想像の共同体、所属意識

エピソード 「ゴミ拾いボランティア」

今日は日曜日。ヒカルさんは近所に住むアキラさんに誘われて河川
敷のゴミ拾いのボランティアへ出かけました。

ヒカル ゴミ袋がいっぱいだ。こんなに沢山ごみが捨てられてい
たなんて、なんだか悲しいよ。

アキラ こっちのゴミ袋もいっぱいだよ。この河川敷だけでこん
なにゴミがあるなんて、日本中、世界中にはどれだけゴ
ミが捨てられているんだか。

ヒカル 世界中のゴミか、想像もつかないよ。わたしの力なんて
ちっぽけだな。

アキラ Think Globally, Act Locallyって言うじゃない。わたしたち
は地球市民、地球のためにまずは自分たちのできること
からやらなくちゃ。

ヒカル 地球市民か、そう言われると確かに世界中の人と繋がっ
ている気がしてくるよ。でもさ、地球市民ってことばは
知っているけれど、具体的にどんな人のことなんだろう。

アキラ うーん、たとえば…

112　　Part II　規範とコミュニケーション

アキラさんになったつもりで、「…」に入れることができるセリフを
3つ考えてみてください。

1. レトリックとしての地球市民

　文部科学省日本ユネスコ国内委員会 (2015) によると、地球市民とは国際的
な諸問題に向き合い、その解決に向けて地域レベル及び国際レベルで積極的
な役割を担い、平和的で寛容で、包括的で安全な持続可能な世界の構築に貢
献する人のことを指します。登場人物たちは自分たちが地球市民であると認
識することで、地域のゴミ拾いも地球の環境保全の一部であると考えるよう
になりました。しかし、地球市民ということばを自分たちで考えたわけでは
なく、その起源も知らないようです。つまり、「誰が言ったのか」よりも「ど
んなことばが使われたか」がここでは重要です。ことばにはわたしたちの考
え方や行動を導く力があり、そういったことばの持つ力をコミュニケーショ
ン研究ではレトリックと呼びます［⇒**6-1**］。

2. コミュニケーションと象徴

　レトリックということばを辞書で引くと、修辞 (美しく巧みな言語表現) と訳さ
れています。「彼は太陽のような人だ」といった比喩表現は修辞の一例です。
ここで言う「彼」は人間であって実際に太陽ではありませんが、太陽のよう
に明るい人柄が比喩によってより生き生きと表現されます。こうしたレトリッ
クは文学、言語学、哲学、法律、心理学など様々な分野で研究されています
(菅野 2007)。

　しかし、人間がコミュニケーションを取る時に、常に美しく巧みな表現を
しているわけではありません。そこでコミュニケーション分野でのレトリッ
ク研究は、修辞だけに限らないコミュニケーション手段の持つ力を分析しま
す。人間は他の動物と違い、たくさんの**象徴** (=シンボル：言葉、絵、写真、映像な
ど) を介して他人とコミュニケーションを取ります［⇒**4-1**］。そういった、
わたしたちの頭の中にあるイメージを、象徴を使って表現する行為を**表象**と

Chapter 6　レトリックが作るコミュニティ　　113

呼びます。たとえば、時間とともに失われていく風景を写真に収める、絵に描く、人に語り継ぐ、といった行為です。(松本 2011)。人間はテレパシーを使って意思疎通を図ることはできません。また、すでにことばを習得した人間は、ことばを使わずに考えることができませんし、ことばなしに自分の考えを誰かに伝えることもとても難しいです。人間のコミュニケーションは、すべて言語をはじめとした象徴を介した表象行為で成り立っているのです。

3. ことばによるアイデンティフィケーションとコミュニティ構築

地球市民は、同一化のレトリックの具体例です。地球市民ということばを知らなかった子どもの頃からわたしたちは地球に住んでいます。しかし、それを日常生活ではなかなか意識しません。エピソードのヒカルさんのように、地球市民ということばによって、わたしたちは自分が地球という星に住んでいるのだと認識します。そういった特定のことばによって共通の感覚や態度を共有している気持ちになることを**アイデンティフィケーション** (同一化) (バーク 1994) [⇒6-1]、また、言葉によって作られたグループのことは**コミュニティ**と呼びます (Charland 1987)。地球市民ということばが、わたしたちは国籍、文化、さらには生きる時代までを飛び越えた「地球」というコミュニティの構成員であると認識させます。政治学者のベネディクト・アンダーソン (2007)は、「国民」というのは心の中に想像された共同体、つまり、**想像の共同体**であると説明しています。つまりわたしたちが「地球市民である」、「〇〇人である」、といった**所属意識**は実在するものではなく、ことば (象徴) によってわたしたちの頭の中にイメージ (表象) されているのです。

そして、ことばによって作られた所属意識は、コミュニティの構成員に政治的、社会的、もしくは経済的な行動を求めます (Charland 1987)。地球市民の例で言えば、わたしたちは地球市民として毎日ゴミを減らす努力をしたり、環境保護団体に寄付をしたり、地球環境保護を訴える政治家を支持したり、などといった行動を取ることが求められます。また、そうした理想の行動に背いたことが構成員に知られると (SNSにゴミをポイ捨てする動画をあげるなど)、批判にさらされることもあるでしょう。「〇〇ならば△△すべき (するべきではな

い)」という規範は、コミュニティへの所属意識を強めていきます。

　社会で生きる限り、わたしたちは複数のコミュニティに所属しています。コミュニティには、それぞれ歴史、価値観、目標、求められている行動などがメンバー内で共有されているものです。みなさんはどのようなコミュニティに所属していますか？

引用文献

アンダーソン・ベネディクト（2007）『定本　想像の共同体：ナショナリズムの起源と流行』白石隆・白石さや訳　書籍工房早山

菅野盾樹（2007）『レトリック論を学ぶ人のために』世界思想社

バーク・ケネス（1994）『象徴と社会』ジョーセフ・R・ガスフィールド編、森常治訳、法政大学出版局

松本健太郎（2011）「第7章　表象」日本コミュニケーション学会編『現代日本のコミュニケーション研究：日本コミュニケーション学の足跡と展望』pp.306–314，三修社

文部科学省日本ユネスコ国内委員会（2015）「参考5 GCED: Global Citizenship Education（地球市民教育）について」<http://www.mext.go.jp/unesco/002/006/002/003/shiryo/attach/1356893.htm> 2024.6.11

Charland, M. (1987). Constitutive rhetoric: The case of the peuple québécois. *Quarterly Journal of Speech*, *73*(2), 133–150.

Chapter 6　レトリックが作るコミュニティ　　**115**

Section ▶ 3

集合的記憶と異文化

キーワード 終戦記念日、個人的記憶、集合的記憶、歴史

エピソード 「留学生との終戦記念日についての会話」

夏休み中の8月15日、ケイさんは大学のラウンジを通りかかりました。どうやら留学生たちが交流会を開いているようです。その中に同じ授業を取っていた韓国人留学生のチャルさんを見つけたので、一緒に交流会に参加してみることにしました。ラウンジにあるテレビでは終戦記念日の式典が生中継されていました。

ケイ　　そういえば、今日は終戦記念日だったな。

チャル　韓国では8月15日は日本からの「独立記念日」で、国民の祝日なんだよ。

ジョン　そうなんだ。アメリカでは9月2日がVJデー、Victory Over Japan Dayだと習ったよ。

エリー　フランスでも9月2日だと教わりました。ねえケイさん、どうして日本では8月15日を「終戦記念日」って呼ぶの？

ケイ　　えーっと…

あなたがケイさんの立場なら、どのように答えますか？　ケイさんになったつもりで、「…」に入れることができるセリフを3つ考えてみてください。

116　　Part II　規範とコミュニケーション

日本で**終戦記念日**とされている1945年8月15日は、昭和天皇がポツダム宣言受諾と日本の降伏をラジオで「玉音放送」として日本国民に直接語りかけた日です（松本2015）。メディアで毎年必ず追悼行事の様子を放送していたり、第二次世界大戦を題材にしたドラマや映画を取り上げたりするので、馴染みがある人も多いでしょう。

1. 記憶と表象

では、日本は戦争に負けたのにどうして「終戦記念日」という名前が付いたのでしょう？ 「敗戦の日」や「降伏の日」ではないのはどうしてでしょう？

まず、誰の視点から見た「記念」なのかを考えてみましょう。終戦を迎えて記念するほど嬉しかったのは、おそらくは物資不足や空襲などで苦しんだ日本国民でしょう。戦争の被害者であるという視点から考えると、8月15日は苦しい戦争が終わった記念すべき日です。別の言い方をすると、「終戦記念日」ということばで表象されているのは、戦争被害者としての日本がやっと苦しみから開放されたというポジティブな経験です［⇒**6-1**］。

これが「敗戦の日」や「降伏の日」という名前だったとしたら、日本人は8月15日に対してどんなイメージを持つでしょう。おそらくは、敗北した弱い国としての日本、戦場で亡くなった多くの日本兵、うなだれる軍幹部の姿といった、よりネガティブなイメージを持つのではないでしょうか。このように、8月15日を「終戦記念日」と呼ぶことは日本人が戦争に対して持つイメージと深く関わっています。

一方で、当時日本が占領支配していた国にとって8月15日は解放・独立の日です。エピソードの中でチャルさんが言っていたように、韓国では8月15日を日本からの「独立記念日」として祝います。しかし、日本軍による東アジア諸国の占領は「侵略」ではなく欧米の植民地支配に苦しむアジアの人々を独立に導いた「解放」だったと語る人々もまた存在します（小神野2015）。歴史的事実は変わらなくても、どんなことばを用いるかで日本軍が行った行為に対するイメージは大きく変わります。

また原爆投下などで日本降伏へ大きな役割を果たしたといわれるアメリカ

では、日本がポツダム宣言に調印し、当時の大統領トルーマンがアメリカ国民に向けて正式に宣言をした1945年9月2日を第二次世界大戦終了の日 (Victory Over Japan Day) としています (松本 2015)。1945年8月15日に日本が降伏を受け入れたというのは歴史的事実ですが、それぞれの国の人たちがその事実をどのようなことばを使い、どのように記憶しているかはさまざまです。

2. 集合的記憶

記憶にはわたしたち一人ひとりの頭の中で起こる**個人的記憶** (例：暗記をする、旅行の写真を見て思い出を蘇らせる) と、特定の集団が共有する**集合的記憶** (例：昔から語り継がれる民話、戦争体験) があります。**歴史**と集合的記憶は異なります。フランスの社会学者モーリス・アルヴァックス (1989) は、歴史と集合的記憶の違いを説明しています。アルヴァックスによると、歴史とは歴史家が証拠資料を積み重ねて書き上げた過去についての正確な記録であり、集合的記憶とは集団に所属している人たちが語り継ぐ中で徐々に変化をしていく記憶です。

歴史研究が過去に起きたことを正確に記録することを目的とするのに対して、集合的記憶の研究は「過去について、現代を生きるわたしたちがどのように語るか」を分析することを目的としています (Blair, Dickinson, and Ott 2010)。集合的記憶はわたしたちのことばによって作られ、徐々に変化していきます。だからこそ、わたしたちが違和感を覚えたときには、別のことばや表現方法を使って作り直すことができます。たくさんの違和感や失敗も記憶しておくことで、さらなる記憶を生み出すことができるのです (藤巻 2015)。

では、みなさんがケイさんのように日本の終戦記念日について他の国の人から聞かれたら、どのように答えますか？

引用文献

アルヴァックス・モーリス　小関藤一郎訳（1989）『集合的記憶』行路社（Maurice, Halbwachs (1950) *La mémoire collective*. Paris: Les Presses universitaires de France.）

小神野真弘（2015）『アジアの人々が見た太平洋戦争』彩図社

藤巻光浩（2015）『アメリカに渡った「ホロコースト」―ワシントンDCのホロコースト博物館から考える』創成社

松本利秋（2015）「日本人だけが8月15日を「終戦日」とする謎―各国の思惑で終戦日はこんなにも違う」『東洋経済オンライン』<http://toyokeizai.net/articles/-/80286> 2024.7.31

Blair, C., Dickinson, D., & Ott, B. L. (2010). Introduction: Rhetoric/memory/place. In G.Dickinson, C. Blair, & B. L. Ott (Eds.), *Places of public memory: The rhetoric of museums and memorials* (pp.1–54). Tuscaloosa, AL: University of Alabama Press.

Section ▶ 4

象徴としての身体

キーワード　身体、社会的規範、家父長制

エピソード　「ヒジャーブ」

大学生のナオさんは、アルバイト先のコンビニで、同じアルバイトでインドネシアからの留学生であるシャーリーさんと仲良くなり、途中まで一緒に帰ることになりました。

> **ナオ**　　　シャーリーはいつもスカーフをしているね。
>
> **シャーリー**　そうよ、イスラム教の戒律で、女性は顔と手以外を隠さないといけないの。スカーフは地域や宗派によって違うのだけど、わたしが身に着けているのは「ヒジャーブ」よ。
>
> **ナオ**　　　うーん、なんだか大変そうだね。
>
> **シャーリー**　そんなことないよ。わたしはヒジャーブで自分を表現しているの。今日のヒジャーブの柄は特にお気に入りよ。ナオはどうしてヒジャーブが大変そうだと思ったの？
>
> **ナオ**　　　それは…

あなたがナオさんの立場ならば、どう答えますか？

120　　Part II　規範とコミュニケーション

1.　メッセージ発信手段としての身体

　わたしたちは何か他の人に伝えたいことがある時、直接話したり、SNSで
メッセージを送ったりと、ことばを使ってコミュニケーションをします。し
かし、ことばが効果的なコミュニケーション手段でない場合もあります。た
とえば、国籍、宗教、性別、社会的地位などの理由で差別され、発言の機会
すら与えられない人たちがいます。また、自分の言語が通じない人たちにメッ
セージを伝えたい場合もあるでしょう。**身体**を象徴（＝シンボル）［⇒**6-2**］とし
て考えることで、身体自体をコミュニケーション手段として扱うことができ
ます。たとえばハンガー・ストライキは自らの身体を（自分の主張が聞き入れられ
るまで）絶食して痛めつけることで、周囲にメッセージをより強烈に伝えてい
ます。コミュニケーション研究者のデルーカは、身体はただ注目を集めるた
めのものではなく、それ自体が議論をするものであると論じています（DeLuca
1999：10）。多数の身体が集まることで存在感を示すデモ活動などを筆頭に、
身体はその存在自体がメッセージを発信するものなのです。

　象徴としての身体が伝えるのは上の例のような政治的メッセージに限りま
せん。より身近な例でいえば、自己表現も身体が伝えるメッセージのひとつ
です。服装、化粧、肌の色、体型、髪型などを通じて、身体はわたしたちが
どのような生活を送っているのかを他者に知らせます（池田 2010：64）。エピソー
ドで取り上げたシャーリーさんにとっての**ヒジャーブ**は、戒律であると同時
に自己表現の手段でもあるようです。近年インドネシアでは、ヒジャーブが
イスラムの教えに従った現代的なファッションとして若い女性達の間で広が
りを見せ、ムスリムファッション業界も急速に発展しています（野中 2015）。日
本ではまだ馴染みが薄いムスリムですが、日本人女性とサウジアラビア人女
性の日常と友情を描いた『サトコとナダ』という漫画（ユペチカ 2017）など親し
みやすい読み物も徐々に増えており、異文化や象徴としての身体を考える多
くのヒントを与えてくれます。

2. 意図を超える身体

　身体を象徴として考える際に注意したいのは、自分の身体を使ったメッセージや自己表現が、常に自分の意図通りに周囲に受け入れられるとは限らない点です。たとえば、イスラム教徒の女性が自分の信仰と文化の象徴としてヒジャーブを身に着けていても、西洋文化はヒジャーブや他のスカーフを一緒くたに「ヴェール (身体を隠すもの)」と呼び、女性抑圧の象徴であると解釈することもありました。アフガニスタンの女性は全身を覆うブルカを身に着けていることから、タリバン政権による女性抑圧の象徴としてアメリカによるアフガニスタン侵攻の正当化に利用されたといわれています (DeFrancisco and Palczewski 2007：232)。

　さらにアメリカのジェンダー研究者であるジュディス・バトラーは、わたしたちの身体は**社会的規範** (例：男は人前で泣くべきではない、女は足を閉じて座るべき、など) によって作り出された物質であると論じています (Butler 1993：2) [⇒**Column 1**、**7-2**]。わたしたちの身体は常に社会や文化の影響を受けていて、完全に自由ではありません。近年フランスで起きた、公立学校でのイスラム少女の**ヘッドスカーフ着用禁止令**に関する論争を例に考えてみましょう。禁止派から「ヴェール」と呼ばれたスカーフは、もはやただの布ではなく、女性抑圧の象徴として許容できないものとされました。スカーフを巻いた少女の身体は、個人を超えて、(西洋社会に) 統合され得ないムスリム文化の象徴となったのです。そしてスカーフのみに注目することで、**家父長制**や女性抑圧は (西洋社会にも存在しているにも関わらず) あたかもムスリム特有の現象であるかのように語られることになりました (スコット 2012) [⇒**5-5**]。

　このように身体を象徴として考える際には、自分の身体が作り出す意味は (身体の持ち主である) 自分でも完全にはコントロールすることができないことを念頭に置く必要があります。これらを踏まえ、あなたがナオさんの立場ならば、シャーリーさんとヒジャーブについてどのような会話をしますか？

引用文献

池田理知子（2010）「第4章　非言語コミュニケーション―不自由な体と「身体改造」の意味」池田理知子・松本健太郎編著『メディア・コミュニケーション論』pp.51–66．ナカニシヤ出版

スコット・ジョーン・ウォラック　李孝徳訳（2012）『ヴェールの政治学』みすず書房（Wallach, Joan Scott (2010) *The politics of the veil*. Princeton: Princeton University Press.）

野中葉（2015）『インドネシアのムスリムファッション―なぜイスラームの女性たちのヴェールはカラフルになったのか』福村出版

ユペチカ（2017）『サトコとナダ1』西森マリー監修　星海社COMICS

Butler, J. (1993). *Bodies that matter*. New York, NY: Routledge.

DeFrancisco, V. P., & Palczewski, C. H. (2007). *Communicating gender diversity: A critical approach*. Thousand Oaks, CA: Sage Publication.

DeLuca, K. M. (1999). Untuly arguments: The body rhetoric of Earth First!, Act up, and queer nation. *Argumentation and Advocacy, 36*(Summer), 9–12.

Section ▶ 5
公共圏とよそ者

キーワード 公共圏、コミュニケーション的行為、よそ者

エピソード 「隣人外国人とのコミュニケーション」
大学生のケイさんは、夏休みを利用して祖母の家に遊びに行きました。

祖母	ケイ、あんた大学で英語を勉強してるんだって？
ケイ	まあね（実は英語には自信あるんだ）。
祖母	実は最近お隣に越してきた外国の人、ゴミ出しの曜日を守ってくれなくて困っているのよ。日本語はわからないみたいで話が全然通じないの。ちょっと注意してきてくれない？
ケイ	わかった、じゃあ行ってくる。
	（隣の家のチャイムを鳴らして）
ケイ	Hello! Can we talk about our trash pickup schedule?
外国人	Schedule...? I don't... What...? Check...?
ケイ	（英語だけど、アクセントが強くて全然聞き取れない…どうしよう…）

あなたがケイさんの立場ならば、どういった対応をしますか？

1. 議論の場としての公共圏

　朝起きてから夜眠るまで、わたしたちはさまざまな人とさまざまな場所でコミュニケーションをしています。そういったコミュニケーションの範囲 (sphere) には、家族や友人などとのコミュニケーションを指す私的領域 (personal sphere)、仕事に関わる専門的なコミュニケーションを指す技術領域 (technical sphere)、公の場でのコミュニケーションを指す**公共圏**（＝公的領域：public sphere）、の3つがあります (Goodnight 1982)。ゴミ出しの曜日という公共のルールを家族でも友人でも仕事仲間でもない隣人と話しているケイさんのエピソードは、「公共圏」でのコミュニケーションに当たるでしょう。

　公共圏についてさらに詳しく見ていきましょう。アメリカの社会学者リチャード・セネットによると、18世紀のヨーロッパ都市にはパブ、劇場、公園など誰もが自由に入って楽しめる空間がいくつも作られました。以前は身分によって断絶されていた人々が1つの場を共有し、おしゃべりや議論をすることができるようになり、「公共」の場が生まれたのです (武田 2010：133–134)。

　ドイツの哲学者ユルゲン・ハーバーマス (1973) は、私人が集まって作る公的な空間が公共圏であり、支配者が存在しない場であると説明しました。さらに、公共圏での議論は私人の経験に裏打ちされた理論によって行われると主張しました。こういった公共圏での言語コミュニケーションをハーバーマスは**コミュニケーション的行為**と呼びました。コミュニケーション的行為とは、「参加している行為者の行為計画が、自己中心的な成果の計算を通してではなく、了解という行為を通じて調整される場合である」(ハーバーマス 1986) とされています。つまり公共圏では、話しあいの参加者全員がお互いの利益を尊重して、全員が納得しあう合意を、ことばによるコミュニケーションによって得ることが必要だということです (尾関 1995：50–52)。

　ハーバーマスが論じる公共圏の特徴は、（1）参加者はみな平等であるという前提に立ち、（2）権威に頼ることなく話しあい、（3）議論を通じて生まれた情報や知識、そして考え方を自分たちの財産として共有しあう、という点です (ハーバーマス 1973)。個人の自由と権利の保証や、武力ではなく話しあいによる解決など、現代日本社会の理想と通じるところが多いですね。

Chapter 6　レトリックが作るコミュニティ　　125

2. 公共圏の多様化

　しかし、現実の公共圏は理想通りにはいかないものです。話しあいでは結論が出なかったり、そもそも発言権が平等に与えられていなかったりといった経験はみなさんにもあるかと思います。また、上で紹介した公共圏の理論は、実際の社会を分析する為には排他的すぎるという意見があります。たとえば、女性は公共の場での議論から排除されてきた歴史があり、参加者が皆平等であるという公共圏の前提に当てはまらないということです。現代日本での公共圏を考える際にも、こういった多様性を考慮に入れることは必要です。エピソードで取り上げた外国人住民もこういった多様性の一部でしょう。

　ドイツ出身の哲学者・社会学者ゲオルク・ジンメルは、**よそ者**とは「今日来て明日去っていく人」ではなく「今日来て明日とどまる人」であると論じています。そしてよそ者は日本社会という共同体の一員であり、日本人が無関係・無関心でいるべき他者ではないとされています (石森 2016：25)。つまり、公共圏を考える際には、日本社会で生活している外国人住民も公共圏の参加者として扱うべきだということです。たとえば近所のカレー屋さんを経営しているネパール人、時々近所で挨拶をする日本人と結婚して日本に住んでいるモロッコ人、大学で友達になったペルーからの留学生など、身近にいる外国人住民はさまざまな社会的問題に対して、議論を通じた合意を形成していく公共圏の構成員なのです。

　このように、ハーバーマスが唱えた公共圏は、現在多様化してきています。現代の日本では異なる文化背景を持った市民が増加してきていて、かつての根回しや阿吽の呼吸といったものが機能しなくなってきています。これらを踏まえて、あなたがケイさんの立場ならば、祖母の隣人である外国人住民にどのようなコミュニケーション的行為を行いますか？

126　Part II　規範とコミュニケーション

引用文献

石森大知（2016）「第二章　異質な他者とのつきあい方─異文化コミュニケーションから考える共生社会」大屋幸恵・内藤暁子・石森大知編『文化とコミュニケーション』pp.16–31．北樹出版

尾関周二（1995）「コミュニケーション的行為と人間・社会観の基底」吉田傑俊・尾関周二・渡辺憲正編『ハーバーマスを読む』pp.45–86．大月書店

武田和彦（2010）「パート3・17章　群衆、公衆、大衆」渡辺潤監修『コミュニケーション・スタディーズ』pp.132–138．世界思想社

ハーバーマス・ユルゲン　細谷貞雄訳（1973）『公共性の構造転換』未来社（Habermas, Jürgen (1962) Strukturwandel der Öffentlichkeit: *Untersuchungen zu einer Kategorie der bürgerlichen Gesellschaft.* Berlin: Luchterhand.)

ハーバーマス・ユルゲン　藤澤賢一郎・岩倉正博訳（1986）『コミュニケイション的行為の理論（中）』未来社（Habermas, Jürgen (1981) *Theorie des kommunikativen Handelns Band 2.* Frankfurt am Main: Suhrkamp.)

Goodnight, T. (1982). The personal, technical, and public spheres of argument: A speculative inquiry into the art of public deliberation. *The Jounal of the American Forensic Association, 18*(4), 214–227.

Chapter

7

知識が力を持つとき

Section ▶ 1

ロゴス、パトス、エトス

キーワード　弁論、ロゴス、パトス、エトス

エピソード　**「選挙演説って、もう古いの?」**
以下は、アキラさんの話です。

選挙前になると、駅前ではいろいろな人が演説をします。人によっては共感できることを言うので、ビラなどと併せて考えて、投票先を決めました。昔高校の先生がそうやって、情報を比べたりして投票先を決めなさいって言ったから。でも、ニュースを見ると、外国ではSNSが選挙結果に直結するという話がたくさん出てきます。わたしは、友達などの身近な人と連絡を取る時しかSNSを使いません。政治の話は流れてきませんし、流れてきてほしくもないと思っています。でも、わたしのような投票先の決め方ってどうなんだろう、とも思います。

もしアキラさんからこのように話を持ち掛けられたら、あなたならどう答えますか?

1.　説得の三要素

　わたしたちは選挙で投票するときは、テレビや街頭の演説を聴き比べたり

130　　Part II　規範とコミュニケーション

新聞やインターネットで手に入る公約を見比べたりして、一番良さそうだと思う人に投票します。アキラさんのように、先生にそう指導されたり、指導された内容をきちんと実践したりする人は多いと思います。このように投票先を決めているとき、立候補者とアキラさんのような投票者との間に何が起きているのでしょうか。

これを考えるヒントを与えてくれるのが、古代ギリシャの哲学者アリストテレスです。アリストテレス (1992) は、弁論術としてのレトリックに不可欠の、説得に必要な3要素を述べています。それによると、説得的な弁論は、ロゴス、パトス、エトスという3つを備えている必要があります。1つ目は「個々の問題に関する納得のゆく論」を創り上げる技法、**ロゴス**です。2つ目は、「言論に導かれて聞き手の心がある感情を抱くように」させる**パトス**です。そして、3つ目は「論者を信頼に値する人物と判断させるように」言論を語る技術、**エトス**です (アリストテレス 1992 : 32–33)。このように、**弁論**は旧来よりその技術を重んじるよう説いてきました。

わたしたちは、話している人に納得できるかどうかを判断するときに、今もこれら3つの基準をもとにします。学校の生徒会選挙やクラブの部長などの役職を選ぶとき経験したことがある人も多くいるでしょう。国会や地方議会の議員立候補者を選挙で選ぶ時も同じです。古代から続くレトリックの伝統は、このように弁論を中心として、人を説得する術を指していました。

2. メディアとレトリックの伝統

現代社会でも、このような伝統的なレトリックの考えはもちろん息づいています。学級委員や生徒会役員、会社の役員などの人を選ぶとき、多くの場合は立候補者によるスピーチや、関係者との質疑応答がおこなわれます。選挙前には、街頭に立候補者が立って演説をしたり、公共放送で立候補者による演説が流されます。そして、投票者はその内容をもとに考え、投票を行うことが期待されます。

ただ、選挙の規模が大きくなるにつれて、こうした伝統的なレトリックの考えは刷新しなければならないという考えが広まっているようです。特にメ

ディア技術が広まってからその考えは顕著になってきているようです。これを、近頃のアメリカ合衆国大統領選挙から考えてみましょう。

　わたしたちは、ロゴス、つまり表現や内容の論理性をもとに説得されているでしょうか。「Make America Great Again（アメリカをもう一度偉大にする）」といった**ワンフレーズ政治**や**人格攻撃**など、よくよく論理的に考えようとすれば候補者の政治家としての能力と関係ないところで投票率が左右してしまうことがあります。

　また、パトスへの働きかけについても同様です。かつては弁論の妙を巧みに操り、聞き手を倫理的に正しいと信じる方向に導くことが前提とされていました（アリストテレス 1971：18–20、アリストテレス 1992：33–34）。政治の立候補者にとっての倫理的に正しい感情の操作とは、たとえば、現状の由々しき事態を憂い、候補者とともに歩む未来に対して明るく前向きな希望を効果的に抱かせることです。なぜこれが正しい操作かというと、こうした感情の動きから、市民共同体の結束や国を繁栄させるための基盤が築かれるからです。しかしながら、メディア技術が広まってから、候補者はますます対抗者への敵対心や仮想敵（それが国であれその国籍を有する人たちであれ）に対する**ヘイトスピーチ**が先立っています。そうした感情操作のありかたは、上で述べたような倫理性をともなっているのかという点には注意が必要なようです。

　エトスは、弁論の中で創り出される話し手の信頼性を意味していましたが、現代では大きく変わっています。かつて、大統領は公職（弁護士や政治家、軍人など）経験を活かして、国に尽くす人が良いとされましたが、ドナルド・トランプ氏が大統領に就任した時、この伝統は無くなりました。その時の選挙が特に象徴的でしたが、候補者の信頼性はいかに多くの「いいね！」をもらい「リツイート（現在はリポスト）」されたかにより決定されていったように思います。つまり、SNS ではこのようにして拡散されたメッセージこそが多くの人の目にふれるべきものとみなされ（これまた「いいね！」されたコメントと共に）より多くの人の目にふれ、そうでないものは人の目にふれることなく過去のものとなっていく、という現象です（ケパート 2017）。

　アメリカほど極端ではないかもしれませんが、日本の選挙でも SNS が多くつかわれ、それにより結果が左右されるということもよくあります。みなさ

んは、アキラさんのような選挙への参加の仕方をしますか。それとも、SNS
を積極的に活用しますか。みなさんは、どのようなSNSの活用の仕方をし
て、どのように参加するのが良い、とアキラさんにアドバイスするでしょう
か。

引用文献

アリストテレス（1971）『ニコマコス倫理学（上）』高田三郎訳、岩波書店

アリストテレス（1992）『弁論術』戸塚七郎訳、岩波書店

ケパート・ジョン M.（2017）「2016年度アメリカ大統領選のソーシャル・メディア、フェイク・ニュ
　　ース、パブリック・アーギュメント」田島慎朗訳『神田外語大学グローバルコミュニケーション
　　研究所キャンパスレクチャー』<https://www.kandagaigo.ac.jp/kuis/labo/gci_top/activities/back
　　number_cl.html> 2024.7.1

Section ▶ **2**
権力

🔑
キーワード　権力、生-権力（bio-power）、規律権力、真理、知

🎞
エピソード　「好きになる人」

ケイ	ねえ、彼女いないの？
ザイオン	いや、僕は、まぁ。
ケイ	「まぁ」ってさぁ。彼女作りなよ。楽しいよ。ほら、同じクラスの○○さんとか良いんじゃない？
ザイオン	そうかなぁ。
ケイ	どんなタイプが好きなの？
ザイオン	まあ…ここだけの話…あぁ…やっぱり言えないや。
ケイ	え、なに？　なんかヤバい系なの？　ロリコンとか？
ザイオン	え？　いや…その…
ケイ	ウソだぁ。それってヤバくない？
ザイオン	…

あなたがザイオンさんだったら、ケイさんの問いかけにどう対応しますか？

1.　誰がマイノリティを作る？

日本社会は、性自認や性的指向の多様なあり方を、限定的ではありますが

134　　Part II　規範とコミュニケーション

許容できるようになってきています。この動きは**セクシュアル・マイノリティ**（性的少数派）の権利を理由としているように思います。つまり「人間は男性と女性という2つの性に分かれ、片方がもう片方を愛するというかたちしか認めないのはマイノリティの人たちに不平等だから」という理由で既存の制度がわずかながらも見直されようとしています［⇒**5-5**］。

　他方、ザイオンさんのような人は、今も異端視されることがあります。さまざまなかたちのフェティシズム（いわゆるフェチ）や不倫にいたるまで、ある一定の「型（かた）」に当てはまらない人に対して、このまなざしは嫌悪感や違和感、時に罵倒というかたちで表明されます。これはワイドショーやバラエティ番組でよく見るでしょう。また、様々な性的「嗜好」については、現実世界やフィクションで見聞きしたことがある人も多いでしょう。

2.　フーコーの権力論

　この「型」は何なのかを考えるとき、大きなヒントを与えてくれるのが思想史家のミシェル・フーコー(Michel Foucault) の権力についての考えです。**権力**といえば、時の権力者がふるうものと考えると思います。しかし、フーコーは近代以降の権力のあり方を**生–権力**(bio-power) と呼び、人々を殺す（＝罰する）のではなく、生かすことで人の生に積極的に関与して秩序づけるものだと述べています。フーコーは生–権力の現れ方は2つあると述べました。1つは個々人の身体に働きかけて、規律正しく従順なものへと調教しようとするときです。学校や軍隊、会社などの組織で発揮されるこの種の権力は**規律権力**とも呼ばれ、学校や会社でわたしたちが経験するものです（フーコー 1977）。もう1つは統計学や人口工学の知見に基づいて対象の全体に働きかけ、健康や生活向上、国家の繁栄に訴えることで国家の運営を円滑にしようという**統治の技法**です（フーコー 2000）。

3.　権力／知／真理／言説

　ケイさんの「それってヤバくない？」というセリフが産み出すかもしれな

い効果は、上記の権力の2つの形態から理解することができます。「ヤバい」人だと名指しされるザイオンさんは、おそらくそのような視線を常日頃から感じていたことでしょう。それを**言説化**［⇒**2-1**］するケイさんは、ザイオンさんが上記の「型」に入らないことを確認するだけでなく、ザイオンさんのふるまいを「正す」ことが「良い」ことであり、そうすべきと説得するというコミュニケーションとして機能します。つまり、ケイさんのセリフは、ザイオンさんに対する規律権力の行使と考えられます。また、このような「型」にはめようとすることは、「正しい家族の一員」であり「正しい国民」でなければならないという規範を**真理**として正当化し、ザイオンさんにそうあるべしと命令する統治の技法の行使でもあります［⇒**Column 3**］。また、その前のケイさんの「え、なに？」というセリフにも注意が必要です。好みを言うことを強要しているとザイオンさんに聞こえてしまったら、嗜好を告白することを強要することになるからです。

　「ケイさん1人のセリフがなんでそんなに重要なの？」と思われるかもしれませんが、フーコー(1986)はわたしたち一人ひとりが行使する個々のコミュニケーションにおける微細な次元の中にこそ権力は発動するのだ、と考えます。わたしたちには、法律や先生の説教、宗教の教義など、教育の過程で「教わってきた」**知**（識）のほうが圧倒的に大きく正しいものに映ります。しかし、それら大きく正しそうなものは、決してそれ自体が権力を行使するわけではありません。権力は上からわたしたちに行使されるのではなく、わたしたち一人ひとりのコミュニケーションが微細なレベルで下から行使することで権威を支えているのです。そういう意味で、権力は中心が不在である、という言い方をよくします (藤巻・柿田・池田 2006)。

　たとえば、裏で「どうしようもない」と噂される先生は、何かを裏で操れる権限（通知表や親・校長への告げ口など）を盾にしない限り、その先生独自の説得力で児童や生徒を従わせるのは難しいものです。言い換えると、先生が生徒・児童を説き伏せて従わせられるかどうかは、生徒・児童が微細なレベルで下からおこしている先生に対する無数のうわさや評価、学校での望ましい・望ましくないふるまいのルールといった言説の結びつきの中で決定してくるのです。

この例と同じように、ケイさんの「ヤバくない？」というセリフは、既存のタブーを承認・追認することでそれを下支えする効果をもつと考えることができます。エピソードに戻りましょう。あなたがザイオンさんだったら、ケイさんにどう返答しますか？

引用文献

フーコー・ミシェル　田村俶訳（1977）『監獄の誕生―監視と処罰』新潮社（Michel, Foucault (1975) *Naissance de la Prison, Surveiller et Punir*. Paris: Gallimard.）

フーコー・ミシェル　渡辺守章訳（1986）『性の歴史 I ―知への意志』新潮社（Michel, Foucault (1976) *La volonté de savoir (Histoire de la sexualité, Volume 1)*. Paris: Gallimard.）

フーコー・ミシェル（2000）『ミシェル・フーコー思考集成7―知　身体』蓮實重彦・渡辺守章監修、筑摩書房

藤巻光浩・柿田秀樹・池田理知子（2006）「コミュニケーションと権力」『現代コミュニケーション学』pp.1–17. 有斐閣

Section ▶ 3

記号論

O━
キーワード 記号（sign）、表現（シニフィアン：signifiant）、内容（シニフィエ：signifié）、
言語名称目録観、対象（object）、解釈項（interpretant）

■
エピソード

アキラ ケイさん、そのiPhoneで何聞いてるの？

ケイ これ？ Awichとかが出した、「Bad B*tch美学」のリミックス。この前お母さんが紹介してくれたんだよ。

アキラ お母さん？ ふーん…。（じゃあ、良く知らないけど私もいけるかな…）ちょっと良い？「スケジュールも…メチャタイト」って、え、ヤバくない？

ケイ イルだよね〜！ Awichさんの誇り、って感じだよね。

アキラ イル…？ 誇り…？ あ、そう…。次の人、NENEっていうんだね。

ケイ そう、あのゆるふわギャングの！

アキラ え、はあ…。（ゆるふわって…）"I'm your mother"って、どういうこと？ 「お薬手帳に書いたリリック」…？ なんかエグいね（しばらく聞いて）この人AI？ あれ、これ、ゆりやん？ （聞き終わって）これ、どういうところが良いの？

ケイ え〜、まあ、とにかく雰囲気だよ！ 雰囲気！

Awich (feat. NENE, LANA, MaRI, AI & YURIYAN RETRIEVER) の「Bad B*tch美学 Remix」を聞いてみましょう。わかりにくいと思ったラインがあったら、調べてみましょう。どの"Bad B*tch"に魅力を感じ

---

138 Part II 規範とコミュニケーション

ましたか。自由に話してみましょう。

1. 記号と意味

　ラップはリリック（歌詞）を重厚的に重ねるのが特徴的です。また、歌い手の人生を前面に出すところにも特徴があります。アキラさんはこのあたりの背景理解とリリックの解説がなかなか難しかったようで、ケイさんとの会話がうまくいかなかったようです。

　リリックの読み取りを行うときに役に立つのが、フェルディナン・ド・ソシュールという言語学者が提唱した**記号**（sign）という概念です。ソシュールによると記号は**表現**（シニフィアン：signifiant）と、表現が指し示す**内容**（シニフィエ：signifié）に分けられます。ソシュールは、表現は一定方向に内容を指し示すだけで、表現と内容は本質的に一体として結びついているものではありません（ソシュール 2016）。つまり、まったく違う表現から同じ内容を指し示すこともあるし、表現を同じくして違う内容を意味することもあります。わたしたちは、主に学校教育を通じて、ことばと意味をセットで覚えてきました。その時、ことばというものには意味が常に存在して、2つは分かちがたく結びついていると考えています。これを**言語名称目録観**と言いますが、この観点でリリックを読み込んでみても、表現の洪水にたちまち混乱してしまうかもしれません（土田・青柳・伊藤 1996）。

　記号論を考えるうえでもう一人の重要人物はチャールズ・サンダース・パースです。ソシュールが記号を表現と内容という2つに分けて論じたのに対して、パース（1986）は記号の機能を**対象**（object）と**解釈項**（interpretant）との関係の中で捉えました。解釈項は習慣によって獲得され、記号の意味を決定する役割を負いますが、その「意味」自体がまた新しい記号となる可能性を含んでいます。もしそうなったら、そこにはまた新たな解釈項が生まれ、対象の解釈の可能性を増やしたり変えたりすることがあります（パース 1986：10–16）。

　たとえば、ある有名な漫才のボケに「赤信号　みんなで渡れば怖くない」という一節があります。赤信号という記号の元々の解釈は「停止」です（『三省堂国語辞典』：12）。ただ、ボケの人は「注意一秒怪我一生　車に飛び込め元気

Chapter 7　知識が力を持つとき　　**139**

な子」という他の標語も立て続けに出していきます。ネタ全体が交通法規を面白おかしく変えることで成立しているため、交通法規は守るべきものという解釈項は次第に崩れ、ボケの人にとっての赤信号という記号は「停止」という元来の意味から外れていきます。あえてことばにするならば「体面上の停止」、「バカ正直な人だけが守るルール」、あるいは「一人で守って信号の前で突っ立っている姿が愚かしいルール」という解釈項を生み、それが交通法規や当時の社会規範（交通量が増えて交通事故が多くなり、子どもは絶対に信号を守るように言われていた）から大きく外れていることで笑いを生みました。

2. ラップの意味

ここで、前述の会話に出てきたリリックの意味を考えてみましょう。「メチャタイト」と表現される2つの対象は、1つ目はAwichがスターであることの誇示であり、2つ目は彼女が中途半端な男性とは付きあわないという意思をそれぞれの内容として表しているでしょう。つまり、「わたしは一流ラッパーだし、あなたのような安い男と釣りあうような女ではない」ということを短く強烈に言い当てています。さらに、前後のライン（「暇ないの/hima naino/」、「メチャタイト/mecha taito/」、「back right ho/bak rait ho/」の下線の脚韻）をふまえると、彼女のラッパーとしてのスキルが垣間見えるかもしれません。

そのうえでリリック全体を聞くと、"Bad B*tch"、つまり「大胆不敵」で「最高」な（親しみを込めた）「女ども」が次々と登場することで、記号としての"Bad B*tch"は様々な解釈項を生み出しているのがわかるでしょう。このように提示されるリリック全体が、各々の"Bad B*tch"の「美学」であるという全体像を浮かび上がらせます。

ある内容を言うとき、様々な表現を用いることができます。特定の表現に対して、わたしたちはケイさんのようにクールであると好意的な評価をしたり、あるいはアキラさんのようにまったく逆の反応をすることがあります。このように、表現と内容との間の恣意的な結びつきを明らかに、その成り立ちや構造を分析するための考え方を教えてくれるのが記号論です。

ここで、『Bad B*tch 美学 Remix』を聞いてみましょう。わかりにくいと

思ったラインがあったら、調べてみて表現と内容の関係を考えましょう。どの "Bad B*tch" に魅力を感じたのか、自由に話してみましょう。

引用文献

『三省堂国語辞典』(2022) 見坊豪紀他編、第8版、三省堂

ソシュール・フェルディナン・ド (2016)『新訳 ソシュール一般言語学講義』町田健訳、研究社

土田知則・青柳悦子・伊藤直哉 (1996)『現代文学概論―テクスト・読み・世界』新曜社

パース・チャールズ・サンダース (1986)『パース著作集2 記号学』勁草書房

Section ▶ 4

転義法、
ターミニスティック・スクリーン

キーワード 転義法（trope）、換喩（metonymy）、ターミニスティック・スクリーン（terministic screen）、言語論的転回（linguistic turn）

エピソード 「グローバル人材」

アサヒさんは就職活動セミナーに参加した後、一緒に出席した友人のユウさんと話しました。

> **ユウ** 「グローバル人材」になるために、とか、会社の人材とか、「人材」っていうのになんか違和感あるな。人は会社のための材料ではないと思うんだ。
>
> **アサヒ** え、そんなこと思わなかった。別に良いんじゃない？
>
> **ユウ** 企業の人が話すんだったら、まあね。でも、学校の職員の人がそのことば使ってたよね。そういうのを聞くと、なんだろうっていうか。世間ってこうなの？　って思う。

あなたがアサヒさんなら、ユウさんにどう答えますか？

1. 「人材」という表現

　エピソードでは、人材（human resource）という表現が焦点になっていました。そもそも人はさまざまな側面をもつ多層的な存在と考えることができますが、人材という表現は利益団体である企業にとっての資源・材料（resource）に焦点

142　Part II　規範とコミュニケーション

をあて、「就職活動中の大学生」を指して使われました。このように対象の一部を切り取ってそっくりそのまま置き換える表現法は、古典レトリックの中では**転義法**(trope)の1つの**換喩**(metonymy)と呼ばれます(佐藤 1992、野内 2002)。モノを人に置き換える表現を擬人法(たとえば、このコンピューターは「頭がいい」、この組織は「病んでいる」)と呼ぶことがありますが、対照的に、「人材」という表現は人をモノに置き換えるので擬物法と呼ばれることもあります。

　ユウさんは、人材という表現に対する違和感を表しています。これは嫌だと思うのも当然だ、人をモノに喩えるなんて何事か、と思うかもしれません。しかし「君は荒野に咲く一輪の野バラ」、「あの人はこの町の生き字引き」、「キケロはローマ法廷の孤高の闘犬」といった表現のように、ただ「美しい」、「物をよく知っている」、「1人で勇敢に立ち向かった」というよりも存在や行為のあり方をより惹きたてるものもあります。つまり、擬物法そのものが悪いというわけではないのです。

2.　ことばの働き

　そもそもことばというのは、対象を「置き換え」て表現するものです。つまり、ことばは対象に代／替わってそれを表象／代表する(represent)ので、ことばは対象を「喩えた」もの、つまり「比喩的(metaphorical)」な関係を取るものです(レーコフ・ジョンソン 2013)。ここで問題になるのが、ことばの対象のとらえ方です。ケネス・バーク(Burke 1966 : 45)は、ことばを使うということは現実をそのまま「反映(reflection)」するのではなく、現実の一部を「選択(selection)」し、「偏向(deflection)」させる行為であると述べています。使用された表現は、社会の中にすでにある象徴システムの中に組み入れられ、新たな意味世界が形成・変容されます[⇒**4-1**]。たとえば、以下の文を考えてみましょう。

　　　　いよいよシーズン「天王山」、立浪ドラゴンズはホームのバンテリンドーム ナゴヤで伝統の巨人戦を迎えました。「立ち上がり」の一回、「大黒柱」の根尾は、巨人のバッターを三人で「打ち取ります」。その

後の三回、打撃主要部門で「リード」する細川が「値千金」のスリーランホーマー。結局この3点を「鉄壁」のリリーフ陣が守り抜き、ドラゴンズは3対0で勝利、シーズン優勝に「王手」をかけました。

　一見よく見るニュースと思うかもしれませんが、ここにはさまざまな転義法が使われているのがわかると思います。これは試合の認識をドラマチックに演出するだけでなく、ドラゴンズの各選手に対する評価を与えたり、ドラゴンズというチームに味方するような認識、ドラゴンズは強いチームだという現実を作っていると言えます。

3. 「人材」という表現を普通にするもの

　ここでエピソードの例に戻りましょう。ユウさんが納得いかなかった人材という表現は、大学という（かつては）独立した学問探求の場において、職員が市場的交換価値概念を前提とした表現で自分たちを名指ししたことに違和感があったのかもしれません。そうであるならば、ユウさんの「意味世界」は戦後の日本の大学が基調としてきた理念と無関係ではありません。これはフンボルト理念と呼ばれ、そのもとでは学生は学問の探究者として研究者である教員とともに切磋琢磨する存在と規定されます（金子 2007）。大学は学問探求のためのいわば聖域で、学生はその探求のメンバーとしてカウントされています。卒業後「人材」になるかどうかは、大学を卒業した後の個人の判断に委ねられます。

　反して、人材という表現を自然化する言説も日本の大学では昨今よく聞かれます。政府や資本からの強い「改革」の圧力をうけ、各大学はミッションの再定義を行い、学部・学科の再編を進め、企業の要求をカリキュラムの内部に組み込むようになってきました（池内 2015）。こうした動きの中で学生は社会人予備軍としてのあり方をより強く求められるようになってきたとともに、人材という表現が多く使われるようになりました［⇒**1-3**］。アサヒさんのような人たちが形成してきた「意味世界」はこうした動きを当然と思い、その中で活躍することを目標に置いているので、「人材」という表現を素直に受け

入れたのかもしれません。あるいは、疑問を持つことなく流していたのかもしれません。

　アサヒさんの例のように、「人材」という表現はわたしたちがどう自分自身の存在を解釈できるかという選択肢を与え、他の可能性から遠ざけているように思います。このようなことばの作用を、バーク（Burke 1966）はわたしたち一人ひとりと対象との間にかかった**ターミニスティック・スクリーン**（terministic screen）と呼びました。意味世界を形成することばなどのシンボルは、現実と自分の認識を隔てるスクリーンのようなものです。これは、わたしたちの現実はことば（=term）によって作られていることも意味しており、言語名称目録観からは大きく見方が変わっていることに気づいた人もいるでしょう［⇒**7-3**］。この大きな見方の変化を、リチャード・ローティ（Rorty 1967/1992：9）は**言語論的転回**（linguistic turn）ということばであらわしました。

　さて、ここで、考えてみましょう。もしあなたがアサヒさんだったら、エピソードの最後でユウさんに何と答えてあげますか？

引用文献

池内了（2015）「『大学改革』と日本の将来」『現代思想』43（17）: pp.42–48．青土社

金子元久（2007）『大学の教育力』筑摩書房

佐藤信夫（1992）『レトリック感覚』講談社

野内良三（2002）『レトリック入門―修辞と論証』世界思想社

バーク・ケネス　森常治訳（2009）『動機の修辞学』晶文社（Burke, Kenneth. (1969) *A rhetoric of motives*. Berkeley: University of California Press.）

レーコフ・ジョージ、ジョンソン・マーク　橋本功・八木橋宏勇・北村一真・長谷川明香訳（2013）『メタファに満ちた日常世界』松柏社（Lakoff, George and Mark Johnson. (1980) *Metaphors we live by*. Chicago: University of Chicago Press.）

Burke, K. (1966). *Language as symbolic action*. Cambridge, UK: Cambridge, University Press.

Rorty, R. M. (1967/1992). Metaphilosophical difficulties of linguistic philosophy. In R. M. Rorty (Ed.), *The linguistic turn: Essays in philosophical method* (pp.1–39). Chicago: University of Chicago Press.

COLUMN 5

レトリックの発展──発信者中心からメッセージとその周縁へ

レトリック（Rhetoric）は、表現の技法と実際に使われたことばの持つ効果や影響を研究する学術領域として発展してきました。人々がどのように説得するか・されるかに主な関心があり、アメリカに限っては20世紀半ばごろまでそれが研究の中心でした。**説得**ということばには、特定の意図を持った発信者がその意図通りに、受容者の心を動かす、というニュアンスがあります。この概念は、現在あまり使用されていません。その理由はどこにあるのでしょうか？

1つ目に、説得ということばがもつ一方向的なコミュニケーションが見直されたことがあります。日々、わたしたちが関わるコミュニケーションにはいろいろな価値観やものの考え方が含まれていて、わたしたちはすでに特定のものにある程度共感・賛同したり、反感を持っていたりします。したがって、特定のコミュニケーションにおける説得的な役割は何かといえば、既存の価値観やものの考え方に対して、どのように親和性を誘発したり、異質性を刺激するのかにあるのです［⇒**6-1**］。決して発信された情報が無条件に人々に受容されるというモデルに依拠していないのです。

2つ目に、マスメディアの発展に伴う説得方法の複雑化があります。ラジオ・テレビ以前の時代、発信者は論理やことばの巧妙さや身振り・手振りなどを駆使して説得を試みました。しかしメディア環境が変わった今、誰が発話し、どのように説得力を行使したのかは非常に複雑でわかりにくくなりました。

たとえば、首相の演説や国会答弁について、わたしたちは「直に」その話しを聞くという機会はほとんどありません。ほとんどの報道番組は、（1）弁論や質問・応答の一部を抜粋し、（2）テロップ、解説、他の専門家からの意見、（3）「街角の意見」などを挿入し、（4）全体として1つのストーリーに編集します。（5）さらに、それにキャスターやコメンテーターが話しをかぶせます。ここでの説得力は、どこで固有に生じたのか、個別に分析しないとわかりませんね。

したがって、受信者が視聴者を効果的に説得する構図を前提とするのではなく、どのようにして受信者が説得力をメディアによって持たされ、どのような場や文脈が発信者のことばに説得力を持たせたのかが分析の対象となるのです。この考え方の中で、レトリックという学術領域は、発信者中心的考え方から、それを可能にするメディアのあり方や文脈・思想を研究する方へと変化してきたのです［⇒**5-3**］。パブリック・スピーキングやディベートは、レトリックにおける基礎科目の1つですが、話すスキルそのものを磨く方に力点があるのではなく、それが遂行されるメディアの特質や文脈・思想の方に分析の力点が置かれるようになったのです。

Part III

対人関係とコミュニケーション

Chapter

8

"わたし／わたしたち"と "あなた／あなたたち"

Section ▶ 1

ひとりぼっちは良いこと、
それとも悪いこと？

キーワード 関係ダイアレクティックス理論（Relational Dialectics Theory）、
文化的自己観（相互独立的、相互協調的自己観）、評価懸念

エピソード 「ぼっち席」
朝日新聞デジタル版2013年7月29日の記事「視線気にせずおひとりさま　京大学食『ぼっち席』人気」によると、京都大学の学生食堂にできたひとり用席が静かな人気だということです。大きなテーブルに間仕切りをおいて、周りの視線を気にせずに食事できることから、「ぼっち席」と呼ばれているそうです。ぼっち席を使う理由を、ある男子学生は「大きなテーブルにひとりで座っていると、友達がいないみたいで恥ずかしい」からだと答えています。

みなさんはひとりで学食で食事をすることに抵抗感がありますか？その理由も考えてみましょう。

1.　ひとりでの学食は恥ずかしいこと？

　社会的存在であるわたしたちは、他者とのコミュニケーションは不可避ですので、ひとりぼっちになりたくない、誰かとかかわりたいという欲求があることは自然なことです。一方、わたしたちにはひとりでいたい気持ちになることもあります。ひとりでいることを表すことばには「おひとりさま」、「ぼっち」などがあり、ひとりでカラオケをするという「ヒトカラ」やひとり

150　　Part III　対人関係とコミュニケーション

で焼き肉を食べる「ひとり焼肉」ということばも若者を中心に使われている
ようです。このように「ひとり○○」という表現には、なんとなく肯定的な
意味があるのに対して、「ぼっち」というと、否定的な意味が含まれています。

　では、ひとりで過ごすのと友人と過ごすのではどちらが良いかという問い
に対して、みなさんはどう答えるでしょうか？　ややもすると、日本の若者
社会においては、友人との関わりの大切さばかりが強調される傾向があるの
で (菅野 2008)、友人と過ごすほうが良いと答える人が多いかもしれません。し
かし、ひとりの時は誰かと一緒にいたいと思うし、友達や恋人と過ごすとひ
とりでいたいと思うこともあるという矛盾した意識があることにも気づくで
しょう。つまり、どちらが良いか悪いかということではなく、その状況に応
じて、2つの概念 (「つながりたい」―「ひとりでいたい」) の間を行ったり来たりしてい
るということに気づきます。

2.　関係ダイアレクティックス理論

　このような矛盾をはらむ対人関係を示すコミュニケーション理論に、**関係
ダイアレクティックス理論** (Relational Dialectics Theory) (Baxter and Montgomery 1997) が
あります。ダイアレクティックスとは、弁証法と訳され、相対する概念の矛盾
に対する緊張状態を指す概念です。対人関係では、自分の考えを相手にオー
プンに伝えようとする欲求と、自分のプライバシーは守りたいという2つの
真逆の欲求が働きます (開放性―閉鎖性：openness–closedness)。同様に、相手とつな
がりたいという欲求と共に、自分は他者とは独立した存在だという欲求もあ
ります (結合性―分離性：connectedness–separateness)。この他、相手をもっと知りた
いという欲求と、相手の行動は予測できるようになりたいという相対する欲
求もあります (新規性―予測可能性：novelty–predictability)。本理論は、対人関係を構
築、維持、発展する際に、他者との関係性から、相対する概念の一方を強め
たり、バランスをとったりしながら、わたしたちはコミュニケーションをし
ていることを示唆してくれます。以上から、一概に友達と過ごすことが良く、
ひとりで過ごすのは寂しいなどとはいえないことに気づくでしょう。

3. 周りの目が気になるのは？

　ひとりで昼食を学食で食べるのが恥ずかしいのは、「周りの人はわたしを否定的に判断しているのではないか」という思い込みも影響していそうです。周りの目が気になってしまうのは、それだけ他者の存在を気にしているからです。

　ここで文化的自己観という概念から、この特徴を説明してみましょう。**文化的自己観** (self-construal) とは、自己の認知・感情・行動の根底となる自己観は、社会的環境や文化が影響を及ぼしているという特徴を表しており ［⇒**6-2、6-4**］、他者との関係性の視点から**相互独立的自己観**と**相互協調的自己観**という概念で説明されます (Markus and Kitayama 1991)。相互独立的自己観は、自己とは他者とは切り離された独立した自己であり、一方、相互協調的自己観は、自己は他者との関係性によるという特徴を表しています。議論の余地はありますが、一般的に日本人は欧米人と比較すると、相互独立的自己観の程度は相対的に低く、相互協調的自己観は高いことが指摘されています (高田 1999)。ひとりで食べることを恥ずかしく思う人は、この相互協調的自己観が高く、周りの人からの評価を気にするという**評価懸念**の程度も高いと考えられます。

　エピソードを振り返ると、この大学生の恥ずかしさも理解できますが、「友達といることも、ひとりでいることも自然なこと」、「周りの目をさほど気にする必要はない」と考えれば、きっと「ひとりで昼食をとるのは恥ずかしいことでもない」という気持ちになるかもしれません。どのように他者や社会とかかわるのかを考えることを通して、自己や他者とのコミュニケーションのあり方について見つめられるのではないでしょうか？

引用文献

菅野仁（2008）『友だち幻想』筑摩書房

高田利武（1999）「日本文化における相互独立性・相互協調性の発達過程―比較文化的・横断的資料による実証的検討」『教育心理学研究』47, pp.480–489.

Baxter, L. A., & Montgomery, B. M. (1997). Rethinking communication in personal relationships from a dialectical perspective. In S. Duck (Ed.), *Handbook of personal relationships* (2nd ed.) (pp. 325–349). New York: John Wiley.

Markus, H. R., & Kitayama, S. (1991). Culture and the self: Implications for cognition, emotion, and motivation. *Psychological Review, 98*, 224–253.

| Section ▶ | **2** |

他者とのつながり

キーワード　社会関係資本、結束型、橋渡し型、アイデンティティ資本

エピソード　「**町内会が生むつながり**」

町内会について、2人の子育て中のお母さんたちの会話です。

轟　　　　町内会の定期的な清掃活動とか防災訓練の行事って負担なんですよ。数年ごとに組長とか〇〇委員とかもまわってくるし。来年、うち組長。

久保田　それは大変。いろんなしがらみがありますね。でも、この辺がきれいであるのも、保健委員さんとか、町内会の人たちがきれいにしてくれているからだし。行事を通して、お互いの顔がわかっていると、災害の際にお互いに助けあえるし、子ども同士が遊んでいても安心だし。

轟　　　　確かにそういう側面もあるけど、町内会費払わなくてはいけないし、なかなか大変ですよね。

久保田　…

みなさんは近隣住民とのつながりをどう感じますか？　また、一般的に人とのつながりをどう考えますか？　久保田さんになって轟さんに応答してみてください。

Part III　対人関係とコミュニケーション

エピソードでは、町内会の活動に対して複雑な気持ちを轟さんと久保田さんは吐露していますが、近隣住民とのつながりだけでなく、他者とのつながりのあり方について、ソーシャル・メディアの発達や震災復興、高齢化社会との関連から、近年特に注目されています。

1. 社会関係資本

他者とのコミュニケーションを通してつながっていくことはどのような意味があるのでしょうか。近年では、どの程度人とのつながりを持っているのかを表す概念として**社会関係資本**(social capital) ということばを耳にする機会が多くなりました。稲葉 (2011) によると、社会関係資本とは①他者に対して抱く信頼、②「情けは人の為ならず」に代表される互酬性の規範、③他者との社会的ネットワークの広さ、という3つの概念から構成されます。一般的には、社会関係資本は社会のあらゆる側面 (経済活動や市民活動など) に影響を与えるとされています。社会関係資本が豊かであると、人々の精神的健康を高めるだけでなく、地域も安定し、企業の経済的活動も活発になるなどの肯定的な効果があることが見いだされています (稲葉 2011)。

本概念が注目されるようになったのは、1950年代以降の人とのつながりが希薄化していくアメリカ社会の様子を『孤独なボウリング』に著したパットナム (2006) によるところが大きいです。本著は、家族や友人で行っていたボウリングを1人で行う人が増えたというアメリカ社会をさまざまなデータを使用して描いていますが、日本社会においても社会関係資本が低下しているのではないかという危惧から、その必要性が再認識されているようです。

2. 結束型と橋渡し型

他者とのつながり方には少なくとも2種類あるとされています。仲間内の結束を高める**結束型** (bonding) と新しい関係性を構築する**橋渡し型** (bridging) です (稲葉 2011)。結束型は同質の者同士の絆を深める効果があり、その代表として大学の同窓会、商店会、消防団など地縁的な組織などがあります。一方、

橋渡し型は共通の関心をもったさまざまな年齢や経歴の人々やコミュニティによる連携や連帯を図り、橋渡しするような機能を果たす社会関係資本です。

どちらの社会関係資本を持つことがより重要でしょうか？　結束型の社会関係資本については、すでに自身の所属している集団内の結束を高めるような関係性を構築する資本であるので、チームのパフォーマンスが向上し、また凝集性も高まるという効果がみられるでしょう。また、橋渡し型関係資本では、新しい他者との関係性を構築することを通して、社会の一員であることを感じたり、社会的問題の解決の糸口が見つかるなどするかもしれません。特に、20代の人々にとっては、自分の**アイデンティティ資本** (identity capital) を構築する時期でもあり、ある特定の人々と結束型の資本を構築するより、社会とのゆるやかなつながりのほうがより必要との指摘もあります (ジェイ 2014)。社会の動向が予測しづらくなっている現在、結束型の社会関係資本に加えて、今まで以上に橋渡し型関係資本が注目されています。

3. 社会関係資本のダークサイド

これまで社会関係資本の素晴らしさばかりを強調してきましたが、社会関係資本は信頼や互酬性規範に基づく概念であるので、それが強調されすぎてしまうと、負の側面 (ダークサイド) もあるという指摘もあります (稲葉 2011)。エピソードのように町内会活動に「しがらみ」を感じてしまい、その集団から抜けようとすることもあるでしょうし、集団規範が強くなりすぎると、規範を守らない人に対して**村八分**のように集団から排除する現象も起こります。

社会関係資本は社会や関係性の中に埋め込まれたものと考えると、社会関係資本の量も価値も変化してきます。たとえば子育て世代や介護が必要な世代では、より社会関係資本が望まれると考えられますが、自立した社会人ではむしろ自由さを重んじてしまうかもしれません。みなさんはどのように他者とつながっているのか、また今後みなさんの生きていく社会はどう変化していくのかについて考えてみましょう。

引用文献

稲葉陽二（2011）『ソーシャル・キャピタル入門―孤立から絆へ』中央公論新社

ジェイ・メグ（2014）『人生は20代で決まる』小西敦子訳　早川書房（Jay, M. (2013). *The defining decade: Why your twenties matter-and how to make the most of them now*. New York: Twelve.）

パットナム・ロバート（2006）『孤独なボウリング―米国コミュニティの崩壊と再生―』柴内康文訳 柏書房（Putnam, R. (2001). *Bowling alone: The collapse and revival of American community*. New York: Simon & Schuster.）

Section ▶ 3

家族コミュニケーション

🔑 キーワード　家族コミュニケーション・パターン理論、アタッチメント理論、家族システム論

🎞 エピソード　**「家族の会話のあり方」**

大学生のユウさんは、幼い時からお父さんは夜遅くまで働いており、平日はお父さんとはほとんど顔をあわせません。休日も、お父さんは平日の疲れから休んでいることが多くほとんど話しができません。一方、お母さんとは毎日のことや、将来のことについてよく話しあっています。現在、留学しようかと迷っており、両親の了解を得たいと思っていますが、お父さんにどのように話しを切り出していいのかわかりません。

　わたしたちの日常のコミュニケーション場面において、学校や職場の他に、**家族**も重要な位置を占めています。家族とのコミュニケーションの質は、家族関係だけでなく、わたしたちの日常の満足感や心理的健康状態にも影響を及ぼします。**家族コミュニケーション**のあり方について、ここでは 3 つの理論から検討しましょう（Braithwait and Baxter 2006, Turner and West 2018）。

1. 家族コミュニケーション・パターン理論

　家族コミュニケーションには一定のパターンがあることを想定し、その親子のコミュニケーション・スタイルを説明した理論に、**家族コミュニケーショ**

ン・パターン理論があります。Koerner and Fitzpatrick (2002) によると、家族コミュニケーション・パターンは、親子でどの程度会話をしているのかという**会話志向性**と親のメッセージに対してどの程度従っているのかという**従順志向性**の2軸からなるとされています。この2軸の程度の高低によって、4つのコミュニケーション・パターンがあると分類されます（図1）。

まず1つ目の両志向性が高いパターンは**合意型**です。親とコミュニケーションを密にしつつ、親との考えを共有するパターンです。2つ目は**多元型**であり、親との会話の量は多い一方で、親とお互いの考えを議論し、違いは違いのまま理解するというパターンです。3つ目は**保護型**

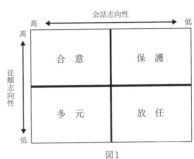

図1
家族コミュニケーション・パターン

といわれ、親子の会話の量は相対的に少ないですが、子どもは親の言うことに従い、家族として調和を保っているパターンです。最後の4つ目は、両志向性が低い**放任型**であり、親も子どももお互いに対する関心が薄く、感情的なつながりが薄いとされています。

家族のあり方をめぐって、必ずしもどのタイプがもっとも優れているのか決めることはできませんし、上記のタイプの他にもさまざまなパターンがあります。たとえばアメリカでは、確かに合意型、多元型が相対的に多いとされています。しかし、大学生の子どもを心配して、ヘリコプターが同じ場所の上空を旋回するように、親が常に子どもの様子を見守っているという「ヘリコプター・ペアレンツ」の存在が指摘され、子どもが成功するように他者に対して過度の要求をするなど、過干渉型の養育スタイルがあることも指摘されています (Schiffrin et al. 2014)。日本においても、子どもの行動や考えを先回りするなど**過保護型**のタイプもありそうです。

2. アタッチメント理論

　心理学、精神医療では、幼児の対人関係発達は養育者との関係性が重要であると理論化され、幼児の養育者との**アタッチメント** (愛着) という感情的な絆のタイプから長年研究されてきました。幼児が新たな対人関係を築いたり、新たな環境を探索できるようになるには、養育者が**安全基地**として機能することが大切だとされています (Bowlby 1988)。アタッチメントのタイプも複数あり、たとえば**安定型**の幼児は、養育者との分離後に養育者と再会したときに積極的に身体的接触を求め安心した後、すぐに別の遊びに移ります。一方、**回避型**の幼児は、養育者との分離に対して混乱した表情をしないほか、再会に対しても感情的な表出が少ないといわれています。このようなアタッチメントの違いは、成人になって他者との恋愛関係や家族関係を築く際にも少なからず影響を与えるとされており (Hazan and Saver 1987)、それによって家族コミュニケーションのあり方が異なってくるとされています。

3. 家族システム論

　これまで見てきた2つの理論は自己と他者といった二者間の関係性について主に検討しているものですが、家族全体を1つの有機体と捉え、その影響関係を検討する**家族システム論**があります (Tree 2006)。**システム**とは、システムの一部が全体の組織体に影響を与えると同時に、全体がその一部に影響を与えるという相互作用性を指すだけでなく、「全体は、部分の総和以上である」という関係性も含意しています。たとえば、両親の不仲という二者間の関係性が子どもに影響を及ぼし、家族全体として不全という場合や、夫婦間の葛藤は父親と娘の関係悪化から生じている場合など、家族関係をシステムから捉えると、これらの問題に対する対処法の糸口が見つかる場合もあります。

　このように複数の視点から家族コミュニケーションについて見つめてみることは、家族コミュニケーションの複雑性や多面性についても気づくことになるでしょう。エピソードのユウさんの家族は、3つの理論からはどのように説明できるでしょうか？　また、国際結婚、同性婚、離婚など家族形態の

多様性がますます高まる社会において、家族とのかかわり方についても考えるきっかけとなってもらえればと思います。

引用文献

Bowlby, J. (1988). *A secure base: Parent-child attachment and healthy human development*. New York: Basic Books.

Braithwait, D. O., & Baxter, L. A (Eds.), (2006). *Engaging theories in family communication: Multiple perspectives*. Thousand Oaks, CA: Sage.

Hazan, C., & Shaver, P. (1987). Romantic love conceptualized as an attachment process. *Journal of Personality and Social Psychology, 52*, 511–524.

Koerner, A. F., & Fitzpartrick, M. A. (2002). Understanding family communication patterns and family functioning: The roles of conversation orientation and conformity orientation. *Communication Yearbook, 26*, 37–69.

Schiffrin. H. H., Liss, M., Miles-McLean, H., Geary, K. A., Erchull, M. J., & Tashner, T. (2014). Helping or hovering? The effects of helicopter parenting on college students' well-being. *Journal of Child and Family Studies, 23*, 548–557.

Tree, A. R. (2006). Attachment theory: The reciprocal relationship between family communication and attachment patterns. In D. O. Braithwait & L. A. Baxter, (Eds.), (2006). *Engaging theories in family communication: Multiple perspectives* (pp. 165–180). Thousand Oaks, CA: Sage.

Turner, L. H., & West, R. L. (2018). *Perspectives on family communication*. New York: McGraw-Hill.

Section ▶ 4

グループと組織における
コミュニケーションのあり方

キーワード　グループコミュニケーション、グループプロセス、社会構成主義、創発、
組織開発、共創

エピソード　「**グループプロジェクト**」

チハルさんとユウさんが『コミュニケーション論』の授業のグルー
ププロジェクトについて話しています。

チハル	グループプロジェクト進んでる？　今回は、先生が割り当てたグループだから、初対面の子ともやらなくちゃいけないから、勝手がわからず進みが遅いんだよね。
ユウ	わたしのグループは、テーマを決めて、今方向性を検討しているところ。いろんな視点がでてきて面白いけど、どうまとめていくのかが悩ましいかな。
チハル	へー、そうなんだ。「今日はバイトだから無理、ごめん」って、参加しない子もでてくるし。グループプロジェクトは難しいね。私はちょっと苦手だな。
ユウ	そういう面もあるかもね…

みなさんは、グループでのコミュニケーションや作業についてどう
感じていますか？　グループ活動の良さや難しさについてお互いに
聞きあってみましょう。

162　Part III　対人関係とコミュニケーション

1. グループのコミュニケーション

　わたしたちの日常生活のコミュニケーションでは、二人でのやりとりを思い浮かべやすいですが、3人以上でのコミュニケーションも多く行われています。特に、エピソードのようにグループプロジェクトやサークル、バイト先でのミーティングなどはその例でしょう。2者間のコミュニケーションより、グループでのコミュニケーションでは、人数が単純に増えるだけでなく、お互いの様々な感情、意図、行動が影響してきますので、より複雑になります。

　グループコミュニケーションでは、主に「何を (what)」を話しあうのか、達成するのかというタスク (課題) に関する側面と、「どのように (how)」そのタスクを進めるのかというプロセスという側面が関連してきます (Hirakawa 2023)。特にグループに関連する人間関係や心理的な側面のプロセスは、**グループプロセス**と呼ばれます。エピソードのチハルさんも懸念しているグループならではの難しさは、このグループプロセスに由来していると考えられます。

2. プロセス・ゲインとプロセス・ロス

　うまく機能しているグループにはどのような特徴があるのでしょうか。これまで社会心理学やコミュニケーション学では、その特徴を明らかにしようとしてきました。「3人寄れば文殊の知恵」ということわざがあるように、グループでは個人の能力の総和以上により高い能力を発揮できるというシナジー効果がみられます。一方、他人に任せて、能力を自ら発揮しないというただ乗り効果なども指摘されます。前者のようにうまく機能する場合をグループプロセスの利得 (ゲイン) と言い、一方グループだからうまく機能しない状況をプロセスの損失 (ロス) と言います (Schultz-Hardt and Brodbeck 2020)。

　プロセス・ロスが生じる場合にはどのような状況が考えられるでしょうか。エピソードに示されているように、初対面でまだ打ち解けていないグループの雰囲気、ミーティングに参加しない参加者の存在などがあてはまりそうです。こんなことを言って笑われないかという個人の心理的要因のほか、関係的要因やコミュニケーションの過多や役割分担の明確さなど様々なグループ

に関係する要因が考えられそうです。

　一方、プロセス・ゲインが生じる要因には、お互いに苦手な部分を補完しあったり、お互いの強みを生かしたりしながら効果的に目標を達成する状況がありそうです。共通の目標に向かって、メンバーが心を合わせて一致団結するグループの凝集性などもこの例にあてはまります。

　どのような状況や要因があればグループがより効果的に機能するのかについては、一概に処方箋のように示すことは難しいです。ブレインストーミングのような新たなアイデアを出す課題と、みんなで話しあったことを実行に移す課題とでは、その性質が異なります。状況や参加者、その関係性など様々な文脈を踏まえながら、その時々に応じたコミュニケーションをしていくことが重要になってくるのかもしれません。

3.　コミュニケーションと創発性

　グループでのコミュニケーションにはプロセス・ロスが伴いますが、できるだけプロセス・ゲインに注目していこうとする**対話**に基づくアプローチがあります。最初はお互いの誤解や偏見に基づくコミュニケーションが行われるかもしれませんが、対話を通して理解を深めることにより、社会的現実が構成されていくという**社会構成主義** (Social Constructionism) に基づく考え方です (Gergen, Gergen, and Barret 2004)。特に、グループや組織内のメンバー同士が相互作用することを通して、新たな概念が立ち現れることを**創発** (emergence) と呼びます (ホルマン 2018 : 239)。コミュニケーションは意思伝達の手段であるという特徴もあることも確かですが、新たな意味や現実が構築・創造されるという「創発」という過程に着目したコミュニケーションを行うと、参加者の所属集団に対する満足度も高まるだけでなく、グループや組織にとっても有効な解決策を提案できるとされます。

4.　組織開発──創発から共創へ

　組織コミュニケーション［⇒**11-1**］の創発性を重視している組織の取り組

164　　Part III　対人関係とコミュニケーション

みに**組織開発**（Organizational Development）という分野があります。中村（2015：81）によると、組織開発とは「組織のプロセスに気づき、よくしていく取り組み」であり、現在抱えている組織のあり方をさまざまな手法を通して、対話し、話しあい、将来に向けて行動していく一連のプロセスを指します。人と人との関係性やそこに生じるプロセスに光をあてながら、対話を通して意思決定していくことによって、その組織にとっての最善の解決方法や満足感、組織に対するアイデンティティが得られる可能性が高まります。

　このような創発性を重視するコミュニケーションを通して、新たな意味や現実が参加者間で共に構築するプロセスを**共創**（co-creation）といいます。時代のニーズや流行に敏感な企業活動にとり、組織内部のプロセスの向上とともに、市場に対して新たな価値を創造し、イノベーションを引き起こす重要性が増しています。そのためのコミュニケーションの方法として、本概念を意識することは重要であるとされています（プラハラード・ラマスワミ 2004）。

　さて、グループや組織でのコミュニケーションは、2者間のコミュニケーションよりもより複雑で難しい部分もありますが、グループだからこそ達成できることも多いのも事実です。みなさんもよりよいグループコミュニケーションのあり方について考え、実践してみてください。

引用文献

中村和彦（2015）『入門組織開発』光文社

プラハラード・C・K ＆ ラマスワミ・V　有賀裕子訳（2004）『価値共創の未来へ—顧客と企業のCo-Creation』(Prahalad, C. K., & Ramaswamy, V. (2004). *The future of competition: Co-creating unique value with customers.* Harvard Business School Press.)

ホルマン・ペギー（2018）「複雑性、自己組織化、創発」pp.207–246．ジャルヴァース・R・ブッシュ＆ロバート・J・マーシャック　中村和彦訳『対話型組織開発—その理論的系譜と実践』英治出版 (Bushe, G. R., & Marshak, R. J.(Eds.) (2015), *Dialogic organizational development: The theory and practice of transformational change.* Oakland, CA: Berrett-Koehler.)

Gergen, K. J., Gergen, M. M., & Barrett, F. J. (2004). Dialogue: Life and death of the organization. In D. Grant, C. Hardy, C. Oswick, & L. Putnam (Eds.), *The Sage handbook of organizational discourse* (pp. 39–59). Thousand Oaks, CA: Sage.

Hirakawa, R. (2023). Characteristics of successful groups and teams. In Reimer, T., Park, E.S., & Bonito, J.A. (Eds.), *Group communication: An advanced introduction* (1st ed.). Routledge.

Schultz-Hardt, S. & Brodbeck F.C. (2020). Group performance and leadership. In M. Hewstone & W. Stroebe (Eds.), *An introduction to social psychology* (7th ed.) (pp.526–564). John Wiley & Sons.

Section ▶ **5**
グローバルな人間関係

キーワード　社会アイデンティティ理論、内集団びいき、コスモポリタニズム

エピソード　**「授業の感想」**
『異文化コミュニケーション』の授業を履修しているある学生の授業感想です。

最近、ニュースで社会の分断が進んでいるというのをよく耳にします。ヨーロッパでは、移民排斥運動が激しくなり、アメリカでは自国の利益を優先する政策が実施されています。日本でも、ある集団や個人に対するヘイト・スピーチが問題になっています。このように、自分とは異なる人種、民族、文化、ジェンダー、階級などに属する人々に対して、否定的な見方が多いように思います。わたしも自分とは異なる人々に対して少し苦手意識があります。

みなさんは、この学生の感想についてどう思いますか？

1. 他者との関係性

　わたしたちは、あまりなじみのない人や集団を認識する時に、その人のユニークな特徴からではなく、集団にカテゴリー化することによって判断する傾向があります［⇒**2-1**］。その際、「わたしたち（we）」が所属する**内集団**を好

166　　Part III　対人関係とコミュニケーション

意的に評価し、「彼ら (they)」が属する**外集団**を過小評価する傾向があります。この傾向を、社会心理学の集団間の勢力関係を表した**社会アイデンティティ理論** (Tajfel and Turner 1979) では**内集団びいき**と呼んでいます。

　本理論からすると、内集団びいきはあくまでも自然に起こる一般的な認知傾向であり、内集団に対して好意的な評価をするのは、自尊心や自己評価を維持するためだと説明されています。この観点からすると、エピソードの状況は、地域固有の状況や文脈を丁寧に検討する必要はありますが、現代社会の特有な問題として、とりわけ分断が進んでいるということを示しているわけではなさそうです。ただし、この傾向が過度になると、他文化を過小評価する態度である**自文化中心主義**に陥ってしまい、偏見や差別につながるので、注意が必要です ［⇒**2-4**、**4-1**、**4-5**］。

2. 自文化中心主義を乗り越えるために

　「わたしたち」と「彼ら」の間に心理的な境界を引き、自文化中心主義に陥りやすいわたしたちは、この罠から脱却するにはどうしたらよいのでしょうか？　グローバル化が進む現在、異文化の人々との相互作用は不可避ですので、自文化中心主義から脱することが望まれます。このためには、簡単ではありませんが、相互に共存していく人間関係や社会の構築を目指していかねばなりません。

　この考えの1つに**コスモポリタニズム** (cosmopolitanism) があります。コスモポリスとは、cosmo (世界)、polis (都市) というギリシャ語由来のことばで、さまざまな国の人々が集まる都市 (コスモポリス) を指しています。そこに住む人々をコスモポリタンと呼び、国境を越えてさまざまな文化を持ちあわせて生きる人々に対する肯定的価値をコスモポリタニズムと呼ぶようになりました。歴史的には19世紀から使用されていることばということですので、時代背景や思想によって多様な意味があると同時に、あまりにも巨大かつ抽象的概念であるため、とらえどころがなく、実質的な議論ができないとする研究者もいます。しかし、異質な他者の存在を否定せずに、人間関係を結ぶことが可能であることを承認している思想だという指摘もあります ［⇒**6-5**］。

3. コスモポリタニズムとは

　Sobré-Denton and Bardhan (2013 : 26) の考えるコスモポリタニズムとは、世界に対して唯一の普遍的価値が存在することを絶対視することではなく、また他者との相違性を否定的にとらえることでもなく、その異質性がもたらす新たな可能性を信じ、対話を通して、自己と他者に生じる相違のはざま (in-between) の空間から社会正義に根差した意味を立ちあげようとするプロセスであるとしています。

　コスモポリタニズムの概念は十分説明しきれないところがあり、事実Sobré-Denton and Bardhan (2013 : 6) は、コスモポリタニズムの定義を定めないところに意義があるとさえ論じていますので、読者のみなさんはさらに混乱してしまうかもしれません。しかし、逆にコスモポリタニズムではないものを、van Hooft (2009) の例を挙げて明らかにしています。その例として、「唯一のグローバル文化、言語、宗教の存在を探し求めること」、「エキゾティックな商品、衣服、音楽等への消費者的な関心」、「世界規模のアジェンダに対する西洋的自由主義や西洋道徳観の押しつけ」などがコスモポリタニズムではないと指摘しています ［⇒**6-4**］。グローバリゼーションの中でどのように生きるのか、異文化の人々とどう関わるのかを考えさせられる例であると思います。

　みなさんが考えるグローバルな人間関係はどのようなものですか？　他者への一方的なあこがれや依存心を保持したり、逆に一方的に慈善的な施しを他者に与えてしまいたくなることもあるかもしれません。それは短期的には実利があっても、長期的には望ましい関係性を維持できなくなったりすることもあります。いずれにしても、異なる文化背景を持つ人々とどう公正かつ平等な関係を築いていくのかが問われています。

引用文献

Sobré-Denton, M. S., & Bardhan, N. (2013). *Cultivating cosmopolitanism for intercultural communication: Communicating as a global citizen*. NY: Routledge.

Tajfel, H., & Turner, J. C. (1979). An integrative theory of intergroup conflict. In W. G. Austin & S. Worchel (Eds.), *The social psychology of intergroup relations* (pp.33–47). Monterey, CA: Brooks/Cole.

van Hooft, S. (2009). *Cosmopolitanism: A philosophy for global ethics*. Montreal & Kingston: McGill-Queen's University Press.

Chapter
9

ソーシャル・メディアと
対人関係

Section ▶ 1

"ニュー"・メディアの発展

キーワード　ニュー・メディア、ソーシャル・メディア、インターネット、道具的／関係的利用

エピソード　「メディアがとりもつ対人関係」

友達が留学に行きました。海外とは縁遠いので、留学の話しも留学先の国も本当に別世界だけれど、スマホに届く写真や動画のお陰で身近に感じます。メッセージも送ろうと思えばすぐに送れるけれど、なるべく邪魔はしたくないから控えています。そんなことを親と話したら、昔は国際電話なんて特別で、電話も毎日かけるようなものじゃなかったって。

それに、実はこの「友達」もネットの趣味アカで知りあった人で、ビデオ通話はしたことあるけれど、実際に会ったことがある訳じゃないんだよな。スマホやインターネットの無い時代ってどんな風に知らない人と友達になったり、誰かと付きあったりしたんだろう？

1. "新しい"メディア

本書を手に取る多くのみなさんにとって、このエピソードは目新しさを覚えるほどのものではないかもしれません。このようなスマートフォンや携帯電話、そしてインターネットなどICT (情報通信技術：Information Communication Technology) を通じたコミュニケーションなしの生活は考えられないほどに、

170　Part III　対人関係とコミュニケーション

メディアはこれまでにない範囲と規模でわたしたちの人間関係を多様なものにしています。

　かつて、メディアということばはテレビ局、新聞社、ラジオ局、出版社などの四媒体マスメディアが行う情報発信、つまり「マス・コミュニケーション」を主に指すことばとして使われてきました (吉見 2004)。これらの"伝統的な"メディアは、世界情勢や国内のニュース、娯楽や生活に必要な情報を受け取るための手段であり、決して日常的な人間関係に用いられるようなものではありませんでした。90年代から2000年初頭の大きな変化を受けて、敢えて"新しい (new)"と呼ばれた**ニュー・メディア**研究は、マスメディア研究や情報技術としてのインターネット研究からの転換期を示すものであり、メディアによる大きな社会変化にさまざまな注目が集まりました (Lievrouw and Livingstone 2006：23)。

2.　ソーシャル・メディア

　かつて、インターネット空間 (バーチャル) と現実空間 (リアル) は切り離されて考えられていました。しかし、2000年代に入ってからはインターネット環境の拡充、ネットサービスの多様化、2007年に発売されたiPhone[1]から各種スマートフォンに至る通信機器の登場により**ソーシャル・メディア** (social media) の時代となります (藤代 2015)。SNSやデジタルプラットフォーム (たとえばInstagram、TikTok、LINE、X、Facebookなど) によって、メディア利用はより社会的、つまり対人関係的な活動となります。英語のソーシャル (social) には、「社会」を表す意味 (たとえばsocial problems：社会問題) のほかにも、「社交性」や「人間関係」を指す意味 (たとえばsocial skills：対人スキル) があります。かたまりとしての集団 (マス) への情報伝達の手段として (マス) メディアが機能していた時代から、人と人とを繋げ、人間関係にかかわるソーシャルなものへと変化していったのです。

　今や、ソーシャル・メディアは対人関係だけの範疇にすら収まらなくなりました。このような時代を捉える視点をソーシャル・メディア研究者は「**ソーシャル・メディア・パラダイム**」と呼んでいます。コミュニケーションや対人

関係だけではなく、政治、経済、公衆衛生、STEM研究など、多岐にわたる人間活動はソーシャル・メディアの影響抜きに考えられるものではなくなったのです (Burgess, Marwick, and Poell 2017)。

3. メディアの道具的利用から関係的利用へ

　メディアの変化を理解するために、大切なキーワードがメディアの個人化です。つまり、通信機器が個人で所有されるようになり、所有者にとって機器そのものが自己表現やアイデンティティの一部となったのです。メディアが個人化していく歴史的背景を理解する上で、重要な参照点となるのが、1995年のマイクロソフト社によるWindowsパーソナル・コンピューター(パソコン)の一般発売です。それまでのコンピューターとは、研究機関や企業などで働く知識と技術を持った専門家や、一部のコンピューターマニア(おたく)だけが扱うことのできる極めて専門性の高い「道具」でした。Windows PCの普及は、わたしたち個人というパーソナル (personal) な領域にコンピューター(computer) が広まった、つまりメディアとの関係が個人化したきっかけとなったのです。

　個人化したパソコンは、文章作成やプログラミングを行うための道具から、**インターネット**の普及を受けてさらに人間関係構築や対人コミュニケーションに用いられるようになります (杉山 2015)。このようにメディアの役割は実用的な目的で使われる**道具的利用**から、人と人を結びつける**関係的利用**へと変化しました。この拡がりは、パソコンの一般普及の前後に広まった移動端末も例外ではありません (Ling 2004) [⇒**9-2**]。たとえば、それまではビジネスや医療現場での呼び出しに使われていたポケベル(ポケットベル)は、数字や文字の液晶表示が可能になり、1990年代中頃には若者のコミュニケーションツールとして使われるようになります。音が鳴ったら現場に駆け付ける、というような実用的な仕事の道具としてではなく、「おはよう」、「げんき？」とメッセージを送りあう人間関係維持のために使われ始めたのです[2]。

　また、車載電話や肩にかけて持ち歩くショルダーフォンとして仕事に使われていた移動電話も、同じように関係的利用への広まりをみせます。1994年

から端末売り切りが開始され、1999年のNTTドコモのiモードによるインターネット接続サービスの開始を受けて、携帯電話は「**ケータイ**」として日常のコミュニケーションに用いられるようになります（富田 2016）。音声通話だけではなくデータの送受信が可能なケータイでは、文字メッセージのやり取りも端末間で行われ、コミュニケーションはより個人的なものとなります。ソーシャル・メディアの現在（いま）を理解するためには、こうした歴史的遍歴を知ることが非常に有効なのです。

　エピソードは時間的、空間的制約だけではなく、わたしたちの対人関係のあり様がメディアによって変化した好例なのです。現在、主流なソーシャル・メディアにはどのようなものがあり、それはどのような社会関係をもたらしたのでしょうか？　先輩や後輩、他の世代のメディア利用と自分たちの使い方にはどのような違いがあるでしょうか？

1　日本でのiPhoneの発売は2008年になってからでした。
2　ただし、ポケベル端末に発信機能はなかったので、メッセージは固定電話のテンキーを使って組み合わせで行われました。相手のポケベル番号に電話をかけたあとに、「おはよう」は「お（15）は（61）よ（83）う（13）」と数字入力をすることで相手のポケベルに文字表示されたのです。

引用文献

富田英典（2016）「メディア状況の概観とセカンドオフライン―モバイル社会の現在」富田英典編『ポスト・モバイル社会―セカンドオフラインの時代へ』pp.1–15．世界思想社

杉山あかし（2015）「インターネット」伊藤守編（2015）『よくわかるメディア・スタディーズ［第2版］』pp.48–49．ミネルヴァ書房

藤代裕之（2015）『第1章歴史―ソーシャルメディアの社会の誕生』藤代裕之編『ソーシャルメディア論―つながりを再設計する』pp.17–33．青弓社

吉見俊哉（2004）『メディア文化論―メディアを学ぶ人のための15話』有斐閣

Burgess, J., Marwick, A., & Poell, T. (2017). *The SAGE Handbook of social media*. Thousand Oaks, CA: Sage.

Lievrouw, L. A., & Livingstone, S. (2006). *The handbook of new media: Updated student edition*. Thousand Oaks, CA: Sage.

Ling, R. (2004). *The mobile connection: The cell phone's impact on society*. San Francisco, CA: Morgan Kaufmann.

Section ▶ 2

モバイル・コミュニケーション

キーワード モビリティ、モバイル・コミュニケーション、テレ・コミュニケーション、
技術決定論、技術構成論

エピソード「新しいスマホ、新しい料金プラン、新しい価値」

チハル	そういえばA社の新しいスマホの料金プラン良いよね。
ヒカル	うん、もう通信制限気にしなくて良いとか最高。
チハル	あー、ケータイ会社変えたいし、機種変もしたいなぁ。
ヒカル	自分プラン変える時に機種変もしたよ、ほら。
チハル	え？　ウソでしょ？　去年機種変したばっかりじゃん？
ヒカル	(苦笑) バイト代飛んでく。

決して安価ではないスマートフォンの機種購入や契約はなぜわたし
たちの日常でこれほど重要になったのでしょう？

1.　変わりゆく日常の風景

　移動端末が一般への広まりを見せ始めた1990年代は、パソコンによるイン
ターネット利用が主流だった北米よりも、アジアやヨーロッパ圏を中心に携
帯電話が普及しました。パソコンインターネットには電話回線など大きなイ
ンフラ整備が必要ですが、電波塔を作るだけで通信が可能となる携帯電話は、
とりわけ開発途上国での普及を後押ししたのです (Srivastava 2008)。
　また、日本での普及には社会的背景も影響しています。1995年に発生した

174　　Part III　対人関係とコミュニケーション

阪神・淡路大震災の際に非常連絡手段として活用されたことがきっかけとなり、その後、安全のためのツールとして全国的に加入者が増えました（総務省1996）。携帯電話は当初その通信方法からセルラー・フォン（cellular phone）もしくはセルフォン（cellphone）とも呼ばれていましたが、その移動性、**モビリティ**（mobility）によって社会のあり方を大きく変える**モバイル・コミュニケーション**（Mobile Communication）となっていくのです（藤本 2012）。

そして2008年の日本でのiPhoneの発売を機に、インターネット通信を基本としたスマートフォンは、わたしたちの行動や価値観にさらなる影響を与え続けています。このような変化に10代20代の若い世代は特に敏感であり、また時代の影響を否応なしに受けます。ニュー・メディアの登場、そして続く移動通信の発達は、その広がりからわずか20〜30年という極めて短期間で人々のコミュニケーションや行動様式といった日常の風景を大きく変化させたのです（松田・辻・土橋 2014）。

2. 個人化されるコミュニケーション

電話通信の発達の歴史とわたしたちのコミュニケーションへの影響をもう少し見てみましょう。電話網の発達は、その場にいない「遠く（tele-）」にいる相手との電話による**テレ・コミュニケーション**（tele-communication）を可能にしました（吉見 2004）。電話通信では、電話番号が電話回線を通じた固定電話（landline phone）の識別に用いられています。現在でも、携帯電話を除いた多くの電話番号は市外局番という「電話番号＝場所」を示す番号で管理されています。つまり、固定電話とはコミュニケーションが家庭や公共機関などの場所に紐付けられたものとして機能しているのです。

しかし、現在の電話番号はそれぞれの携帯端末、つまり所有者に「電話番号＝個人」として紐付けされています。これは単純に番号と個人が結び付くことだけを意味しません。個人と個人が常時結び付くモバイル・コミュニケーションの時代は、カッツ・オークス（2002）が「絶え間なき交信（perpetual contact）」と呼んだような、常に相手とのやり取りがいつでもどこでも可能な**コミュニケーションの個人化**を生んだのです（Ito, Okabe, and Matsuda 2005）。スマホの中、

アプリの中に、それぞれ異なる相手とのコミュニケーションの場があることも、個人化されたコミュニケーションの表れだといえるでしょう。

3. 変化を生み出すもの

　新しいコミュニケーションの広まりは常に予測不可能な側面を持っています。たとえば、新しい機器や技術が社会に提示されるたびに、ニュー・メディアによるコミュニケーションはそれまでの様式と比較され、質的に劣るものと考えられてきました。

　しかし、メディアが社会に及ぼす影響は、機器や技術そのものが社会のあり方やわたしたちの行動規範を決めるかのような**技術決定論**では十分に理解できません。さまざまな社会的要因が相互作用しあって意味が作られ、変容していく**社会構築主義**的なものであるという視点が、わたしたちとメディアの関係性をつかむ上で重要でしょう（天笠 2012）。エピソードの中でヒカルさんが新しい機種をすぐに購入したのも、優れた性能という技術的な側面だけではなく、最新機種を所有する価値や自己表現の一部など、社会構築的意味合いも大きいのです（Katz and Sugiyama 2005）。

　また、岡田（2016）はメディアと社会の関係性は技術決定論と社会構築主義の二項対立では捉えきれないと言います。カメラ付携帯電話の広がりは技術的要因と社会的要因の両側面があったとし、**技術構成論**的視点の重要性を訴えています［⇒**5-3**］。みなさんにはLINEの「既読」機能がわかりやすい例です。携帯電話が95年の震災を機に普及したように、LINE は2011年3月11日の東日本大震災がきっかけで開発され、同年6月に利用が開始されました（LINE公式ブログ 2016）。安否確認のために付けられた「既読」機能は、その後、本来の目的を超えて「既読無視」、「既読スルー」などの新しい対人関係の課題を生みました。開発担当者の稲垣あゆみ氏は、2016年に導入した「送信取消」機能も誤送信の対策がきっかけであるものの、利用者によってその意味づけが変わるかもしれないと話します（ハフポスト 2017.12.13）。

　みなさんにとって自分のスマホそのもの、またスマホでのコミュニケーションはどんな意味を持っていますか？

引用文献

天笠邦一（2012）「Column①　技術決定論から構築主義、そしてアクターネットワークへ」岡田朋之・松田美佐編『ケータイ社会論』p.17．有斐閣

岡田朋之（2016）「モバイル先進国を生んだ業界事情―モバイル・インターネットとカメラ付携帯電話の送り手たちに聞く」富田英典編『ポスト・モバイル社会―セカンドオフラインの時代へ』pp.39–55．世界思想社

カッツ・E・ジェームス、オークス・マーク編　立川敬三監修　富田英典監訳（2003）『絶え間なき交信の時代―ケータイ文化の誕生』NTT出版

総務省（1996）「(5) 非常災害・緊急事態における情報通信の役割」『平成8年版　通信白書』<https://www.soumu.go.jp/johotsusintokei/whitepaper/ja/h08/html/h08a03030205.html> 2024.7.27

ハフポスト（2017.12.13）「LINEの「送信取消」、いじめ悪用や証拠隠滅にはどう対応する？ 企画者に聞いた「決していたずらや遊び目的で使ってほしくありません」」『HUFFPOST』<https://www.huffingtonpost.jp/entry/line-interview_jp_5c5d5401e4b0974f75b17ebb > 2024.7.27

藤本憲一（2012）「ケータイの流行と「モビリティ」の変容」岡田朋之・松田美佐編『ケータイ社会論』pp.177–198．有斐閣

松田美佐・辻泉・土橋臣吾（2014）『ケータイの2000年代―成熟するモバイル社会』東京大学出版会

吉見俊哉（2004）「電話が誕生したのはいつだったのか」『メディア文化論―メディアを学ぶ人のための15話』pp.125–142．有斐閣

LINE公式ブログ（2016.3.8）「セキュリティ　災害時に役立つLINEの活用方法」<https://line-ja.official-blog.jp/archives/54801265.html> 2024.7.27

Ito, M., Okabe, D., & Matsuda, M. (Eds.). (2005). *Persona, portable, pedestrian: Mobile phone in Japanese life*. Boston: MIT Press.

Katz, J. E., & Sugiyama, S. (2005). Mobile phones as fashion statements: The co-creation of mobile communication's public meaning. In R. Ling & P. E. Pedersen (Eds.), *Mobile communications: Re-negotiation of the social sphere* (pp.63–82). London: Springer.

Srivastava, L. (2008). The mobile makes its mark (pp.15–27). In J. E. Katz (Ed.), *Handbook of mobile communication studies*. Massachusetts, MA: The MIT Press.

Section ▶ 3

コンピューターを介した
コミュニケーション

Oπ

キーワード 非対面コミュニケーション、コンピューターを介したコミュニケーション（Computer-Mediated Communication：CMC）、非同期性（asynchronisity）、手がかり濾過アプローチ（cues filtered out：CFO）

■

エピソード 「**若者のコミュニケーション**」

A　　　最近の若い人は、全部スマホですね。友達作りも、恋愛だって会わずに告白したり別れたりする。

B　　　そんなこと、昔では考えられませんね。

A　　　若者の人間関係はどんどん表面的になっています。

B　　　しっかり顔を合わせて、心が通うようなコミュニケーションが取れなくなっているんですね。だから気楽で簡単なスマホに逃げてしまう。

A　　　なんだか日本の将来が心配ですね。

番組を見ている「若者」のユウさんは、思い当たる節はありつつも、違和感を覚えました。「なんだか悪い所ばかり偏って取り上げてない？」

1.　非対面コミュニケーション

メディアがわたしたちの日常のコミュニケーションを形作るようになり、対人関係も大きく様変わりをしました。なによりも、お互いの顔が見えるフェイス・トゥー・フェイス（face-to-face：FtF）での対面のやり取りに加えて、メディアを介した非対面のコミュニケーションは今やあたりまえです。

178　　Part III　対人関係とコミュニケーション

対面コミュニケーションでは言語、準言語、非言語要素が複雑に意味生成にかかわります［⇒**1-1**］。これは人間関係の基本であるとも考えられ、研究の多くもこのコミュニケーションを前提としてきました。しかし、ニュー・メディアの誕生とともに増え続ける、**非対面コミュニケーション**は、かつての電話や手紙といったメディアのスピードを超えて、いつでもどこでも顔を合わせずともわたしたちの対人関係に作用し続けているのです。それは新しい社会現実の構築であるともいえるでしょう。

　とりわけ、インターネットはパソコンの家庭への広まりとともにコミュニケーションのあり方を大きく変えています。日本よりも先行して普及が進んでいたアメリカでは未だにその利用は増え (Pew Research Center 2024)、日本も同様に、パソコンだけではなくスマホやタブレットによるネット利用が盛んになっています (総務省 2024)。このように対面 (FtF) でのやり取りだけではなく、インターネットによって新しい非対面でのやり取りや人間関係が構築されていくコミュニケーションは**コンピューターを介したコミュニケーション** (Computer-Mediated Communication：CMC) と呼ばれるようになります。その研究領域も 1995 年に学術ジャーナルの設立とともに確立され (JCMC)、それまでの常識を次々に塗り替えながら、わたしたちの日常のありようを変えています (Thurlow, Lengel, and Tomic 2004)。

2. 非同期的なコミュニケーション

　ポケベルやケータイのモバイル・コミュニケーション、パソコンインターネットでのCMCなど、非対面でのやり取りを可能にするのが文字を媒介とした**文字コミュニケーション**です。音声通話のように場所やタイミングを選ぶ必要がなく、また料金も安価であった文字メッセージのやり取りは、急速に広まります。

　さらに、文字コミュニケーションの魅力は、対面ではリアルタイムで一定の規則性をもって進むと期待されるやり取りの同期性がない状態、つまり**非同期性** (asynchronysity) です［⇒**Column 1**］。メッセージが来ても、すぐに返信をする必要性や心理的負担が軽減されるのです。非対面であるがゆえに、そ

Chapter 9 ソーシャル・メディアと対人関係 **179**

れまでコミュニケーションの要だと思われていた非言語要素（cues）が濾し取られてしまう（filtered out）ことは、**手がかり濾過アプローチ**（cues filtered out：CFO）と呼ばれ、対人コミュニケーションには向かないと考えられていました。しかし、こうした環境から生まれる対人関係は、むしろこれまでの対面では起こりえない「ハイパーパーソナル」な人間関係を生み出していくようになりました（Walther 1996, Walther and Parks 2002）。

3. 社会問題と「わかもの」

　同時に、新しいコミュニケーション様式は、それまでの公共空間におけるマナー（社会通念）や礼儀のあり方に混乱を生じさせ、さまざまな社会問題を生み出しました（岡田・松田 2002、松田・岡部・伊藤 2006）。CMC などの非対面でのやり取りは、人の目が届きにくくなるネットいじめのような深刻な問題の温床となっています（荻上 2008）。特に若年層の「わかもの」と呼ばれるグループのメディア利用は、社会から懸念の声だけではなく、常に批判の目も向けられます。

　しかし、若者とメディアを取り巻く言説の多くは、若者の人間関係やコミュニケーションが自分達のものに比べて本質的に劣るものという、大人側の価値観を社会の基準とした技術決定論的［⇒**9-2**］な論調になってしまうのです。Thurlow はメディアと若者の関係性を論じる中で「今日において、人々の対人関係やコミュニケーションの差異を、人種、世代、性別などを用いて生物学的、解剖学的に説明しようとすることは、到底受け入れられるものではない」（Thurlow 2005：7 筆者訳）とし、「わかもの」というラベリングにもとづく差別的眼差しや言説を痛烈に批判しました。

　松田（2014：26）は、かつて「ケータイ依存」と呼ばれるほどに過熱した若者のコミュニケーションは「「特殊な世代」が登場したのではなく、特定の年齢層のコミュニケーションの傾向をケータイは強調した」に過ぎないと分析をしています。メディアによって目まぐるしく変化するコミュニケーションに社会が追い付けない不安は、「わかもの」をスケープゴートにすることでは解消しないのです（小寺 2023）。

ユウさんが感じた違和感は、「わかもの」というラベリング［⇒**1-3、7-4**］に潜む本質的な決めつけに対して向けられたものだったのでしょう。世代間の違いは時に大きなものがありますが、みなさんは自分よりも若い世代のコミュニケーションを見てどのように感じるでしょうか？　メディアを使ったコミュニケーションとの付きあい方を考えてみましょう。

引用文献

岡田朋之・松田美佐（2002）『ケータイ学入門―メディア・コミュニケーションから読み解く現代社会』有斐閣

荻上チキ（2008）『ネットいじめ―ウエブ社会と終わりなき「キャラ戦争」』PHP研究所

小寺敦之（2023）「語られる「若者」は存在するのか―若者論と社会調査」加藤裕康編著『メディアと若者文化』pp.75-105．新泉社

総務省（2024）「個人のデジタル活用」『情報通信白書令和6年版 インフォグラフィック』<https://www.soumu.go.jp/johotsusintokei/whitepaper/ja/r06/infografic.html> 2024.7.29

松田美佐（2014）「ケータイは人間関係を選択する道具」NTTドコモモバイル社会研究所編『スマホ・ケータイ社会白書モバイル・コミュニケーション―2014–2015』pp.25–28．中央経済社

松田美佐・岡部大介・伊藤瑞子編（2006）『ケータイのある風家―テクノロジーの日常化を考える』北大路書房

Pew Research Center (2024.1.31) Internet, Broadband Fact Sheet. *Fact Sheet*. Pew Research Center <https://www.pewresearch.org/internet/fact-sheet/internet-broadband/> 2024.7.29

Thurlow, C., Lengel, L., & Tomic, A. (2004). *Computer mediated communication: Social interaction and the internet*. Thousand Oaks, CA: Sage.

Thurlow, C. (2005). Deconstructing adolescent communication. In A. Williams, & C. Thurlow (Eds.), *Talking adolescence: Perspectives on communication in the teenage years* (pp.1–22). New York: Peter Lang Publishing.

Walther, J. B. (1996). Computer-mediated communication: Impersonal, interpersonal, and hyperpersonal interaction. *Communication Research*, *23*(1), 3–43.

Walther, J. B., & Parks, M. R. (2002). Cues filtered out, cues filtered in: Computer mediated communication and relationships (pp.529–563.) In G. R. Miller (Ed.), *The Handbook of Interpersonal Communication*, Thousand Oaks, CA: Sage.

Section ▶ 4

ソーシャル・メディアの光と影

キーワード ソーシャル・ネットワーキング・サービス（SNS）、承認欲求、エコー・チェンバー、炎上、政治的正しさ（political correctness）

エピソード **「ソーシャル・メディアとの距離感」**

自分は新しいアプリやSNSはあまり好きではありません。メッセージがたくさん来るのも大変だし、会ったこともない人と仲良くなるのもなんだか嫌です。炎上も怖いし。ただ、インスタで友達が楽しそうな写真を上げているのを見て、何も気にならないかと言えば嘘になります。XもLINEも無意識にチェックする癖がついています。ちょうどいい使い方ってなんなんだろう？

みなさんのSNSとの距離感は、このような学生のつぶやきに似ていますか？　異なりますか？

1.　変化するつながり

　「つながること」の意味はソーシャル・メディア以降大きく変化しています。**ソーシャル・ネットワーキング・サービス**（Social Networking Service：SNS）は、多様な人との出会いに開かれた一方で、サービスごとに利用者が特化されていく傾向もあります。モバイル社会白書 (2023) からは、家族や友人などの近い関係性ではLINEを、Instagramでは自分からの発信よりも情報収集や暇つぶしなど、それぞれのサービスに特有なつながりと、メディアの意味が

182　　Part III　対人関係とコミュニケーション

生まれていることが見て取れます［⇒**5-3**］。

　また、ソーシャル・メディアでは、個人的（personal）なものだけではなく、同じ興味や関心を共有する集合的（collective）なつながりが生まれています。たとえば、ファンコミュニティがその好例です。アイドルや俳優などの「推し」に対して行われる「推し活」は、ファン一個人の活動ではなく、ファン同士が「推し」のアイドルとの多面的なつながりの中で**ファンダム**を生み出す活動です（大尾 2022）。インターネットのつながりは地理的・物理的な制約を受けません。吉光（2023）は日本における韓流ブーム（特に2010年のK-POPブーム以降）を皮切りに、女性ファンカルチャーが国境を越えたトランスナショナルなもの、そしてファン自身が主体性をもち実社会に影響を及ぼすものに発展していったと述べています。これもソーシャル・メディア以前には起こり得なかったつながりの変化だと言えるでしょう。

2.　つながることの光と影

　同時に、こうしたネット行動を通して、わたしたちはインターネット上で、位置情報や行動パターンをビッグデータの中に残しながら生活をしています。ソーシャル・メディアの作り出すつながりは、アカウントやアプリの中の登録者数、「いいね！」の数、引用回数、お気に入りの数といった仕組みによって可視化されています。こうしたわかりやすさは過度な**承認欲求**やつながりへの執着を生み出す装置として、とりわけ若い世代に多大な影響を与えています（土井 2014）。

　情報過多の状態や過剰なつながりが常態化していたとしても、それを止めることは容易ではありません（法政大学大学院メディア環境設計研究所 2020）。「バズる」ことが優先されたり、つながりが対人関係だけではなく、ビジネスにも関連づけられ複雑化することで、ソーシャル・メディアの問題は人間関係だけではなく、金銭トラブル、違法行為、こころの健康にかかわるものなど多岐にわたるようになりました（総務省 n.d.）。子どもや学生にとってのメディアとの距離感は、同調圧力に見られるような、個人の範疇を超えたものがあることも問題をより難しいものにしています［⇒**1-2**、**9-3**］。

3. 炎上

メディアとの距離感はなにもエピソードのような学生だけの問題ではありません。フィルターバブル［⇒**5-1**］に加え、**エコー・チェンバー**現象によってSNS上での情報は自分の趣味嗜好、意見、政治的立場に近い偏った内容が極端に多くなるにもかかわらず、国際比較からも日本はこのメディア・リテラシー［⇒**5-2**］が4割にも満たない著しく低い現状です。さらに、こうした偽・誤情報を盲目的に信じてしまう傾向は「若者」よりもむしろ50代以上の年齢層で顕著となっています (総務省 2023)。

拡散力が強いSNSではさまざまなことが**炎上**というかたちで注目を集めます。しかし、炎上も一様にとらえることはできません。たとえば、瀬地山 (2020) は炎上した広告 (CM) としなかったものとの比較から、現代のジェンダーイシューの多面性を指摘します。炎上は、さも世の中の「正しさ」が可視化されたようにも考えられますが、田中・山口 (2016) は、実際の炎上はごく限られた一部の利用者によるもので、世間一般の客観的な意見を反映したものではないと結論付けています。山口 (2020 : 136) は、炎上は「ネタ」で起こるのでも、中立的立場からの意見の表明でもなく、極めて「個人的な正義感」に駆られた行動の結果起きていると指摘しています。

これは個人がSNSを通して意見を表明することができるようになったことで生じたものでしかないとも言えます。つまり、SNSというメディアに固有のエフェクトなのです。したがって、炎上という事象が複雑化する中では、炎上が必ずしも**政治的正しさ** (political correctness) の表れであるとは限らないという批判的かつ客観的な姿勢が欠かせません［⇒**5-3**、**9-5**、**14-2**］。

エピソードの学生が悩むように、変わり続けるソーシャル・メディアとの距離感を、みなさんはどのように考えることができるでしょうか？　そして、これからのAIの時代をどのように生きることができるでしょうか？

引用文献

大尾侑子（2022）「ファンの「心の管理」―ジャニーズJr.ファンの実践にみるファンの「感情管理／感情労働」」田島悠来編『アイドル・スタディーズ―研究のための視点、問い、方法』pp.135–150. 明石書店

瀬治山角（2020）『炎上CMで読み解くジェンダー論』光文社

総務省(2023)「第2章データの流通・活用の現状と課題　第3節インターネット上での偽・誤情報の拡散 等」『令和5年度版情報通信白書』<https://www.soumu.go.jp/johotsusintokei/whitepaper/r05.html> 2024.6.16

総務省（n.d.）「上手にネットと付き合おう！安心・安全なインターネット利用ガイド」『総務省』<https://www.soumu.go.jp/use_the_internet_wisely/> 2024.6.16

田中辰雄・山口真一（2016）『ネット炎上の研究―誰があおり、どう対処するのか』勁草書房

土井隆義（2014）『つながりを煽られる子どもたち―ネット依存といじめ問題を考える』岩波書店

法政大学大学院メディア環境設計研究所編（2020）『アフターソーシャルメディア―多すぎる情報といかに付き合うか』日経BP

モバイル社会研究所（2023）「モバイル社会白書　2023年版」『NTTドコモモバイル社会研究所』<https://www.moba-ken.jp/whitepaper/wp23.html> 2024.6.15

山口真一（2020）『正義を振りかざす「極端な人」の正体』光文社

吉光正絵（2023）「ファンカルチャー論―韓流ブームにみる女性たちのエンパワメント」林香里・田中東子編『ジェンダーで学ぶメディア論』pp.173–186. 世界思想社

Section ▶ 5

テクノロジーと
コミュニケーション

キーワード 匿名性（anonymity）、モノのインターネット（Internet of Things：IoT）、
人工知能（artificial intelligence：AI）、社会参加、社会性

エピソード 「AIとこれからのコミュニケーション」
就職活動や進路選択の話しがだんだんと身近になってきて、自分の
やりたい仕事が本当に大事なものなのか悩んでいます。AIが今ある
仕事の多くを担うようになると言われているし、一生懸命勉強して
きた外国語も、翻訳の精度がどんどん上がって、自動生成AIの文章
もそうだけれど、自分が何ができるのか不安です。プログラミング
ができる友達は、そっちの業界を目指すと言っていたけれど、自分
には何ができるんだろう。

1. テクノロジーが変える前提

テクノロジーの発展とコミュニケーションの理解には多くの前提の変化が
かかわっています。CMCでは、コミュニケーションとはリアルタイムに対面
で行われるという前提が変わり、非対面かつ非同期的なやり取りが増えまし
た。文字のやり取りが中心になると、直接顔を合わせる緊張感から解放され
ただけではなく、**匿名性**（anonymity）が高いコミュニケーションが可能になり
ました〔⇒**9-3**〕。個人の素性が分からないインターネット環境は、健康的な
人間関係に弊害をもたらすという危惧と忌避感を生んだと同時に、Wikipedia
のような集合知や、従来のメディアでは起こらなかった社会的告発

186　Part III　対人関係とコミュニケーション

(whistleblowing) などの情報共有のあり方を生みました (鈴木 2022)。通信機器が変化し、WiFi が整備され、すべてが移動可能 (モバイル) になると、物理的な制約から解放されいつでもどこでも誰とでも常時接続状態でいられる環境となりました [⇒9-2]。

　人間関係も変わり続け、友人だけではなく、恋愛関係にもメディアは大きな影響を与えています (鷲谷 2024)。まだまだ限定的であるものの、若い世代を中心に恋人や結婚相手との出あいにマッチング・アプリを利用する傾向が見られ始めています (友池2022、羽淵 2023)。

　度重なる震災がテクノロジーのあり方に大きな影響を与えたように、2020年からのパンデミックを境に**ニューノーマル**時代になりました。情報インフラの再整備、情報機器の多様化、そして社会規範が大きく変わり、ビデオ (オンライン) 会議、動画配信、ウェブマーケティング、オンライン教育など、かつては専門家に依頼することが前提だったものが、スマホ1つで一個人ができるようになったのです。

2.　AIとコミュニケーション

　デバイスとインフラが整う中で、インターネットによるつながりはヒトとヒトだけでなく、モノどうしにも広がるようになりました。**モノのインターネット** (Internet of Things : IoT) はあらゆる日用品が通信接続されることで、生活のありようを変えます。それはモノの間の情報通信ということではなく、その結果がわたしたちの人間関係にもメッセージとして機能するものなのです (Carr 2021)。こうして、生活のいたるところで蓄積されたデータは収集され、わたしたちの行動や思考はデータ化されていきます。

　すでに**人工知能** (artificial intelligence : AI) の影響力はインターネットの誕生と同じか、それ以上のインパクトを社会に与えています。特に「人工 (artificial)」ということばが付くことから、人間のコミュニケーションが機械やテクノロジーに取って代わられるのではないかという懸念が尽きません。もしくは、さもそれが人間的な温かみや手触りを持つかのような捉えられ方をします。AIとは、これまでの人間活動のうちデータ化されたものの集積と考えれば、

ある意味でそれは「わたしたちらしい」のかも知れません。AIとヒトは敵対する関係であるかのように恐怖を煽られることがあります。革新的技術が社会に広まる際には必ず不安と混乱が生じることはこれまでの歴史からわたしたちが学ぶべき点です。AIはまさに現代のコミュニケーションを考える上で欠かせないテーマでしょう［⇒**14-1**］。

3. テクノロジーデザインの可能性

テクノロジーとコミュニケーションの関係性を考える上で非常に興味深いケースがあります。「分身ロボットカフェ DAWN ver. β」[1]は東京にあるカフェで、2021年のグッドデザイン大賞[2]に選ばれました（写真1）。OriHime（オリヒメ）と呼ばれる分身ロボットが接客を行うカフェです。しかし、大賞に評価されたのはロボットやテクノロジーそのものではありません。分身ロボットはAI制御ではないのです。OriHimeを遠隔操作し接客を行うのは、「OriHimeパイロット」と呼ばれるこのデザインがなければ**社会参加**が不可能な寝たきりのALS（筋萎縮性側索硬化症）患者やさまざまな社会的弱者の人たちです。

写真1
分身ロボットカフェ
DAWN ver. β
（筆者撮影）

開発者である吉藤オリィ氏は、自身の幼少期の経験から「人類の孤独の解消」をミッションに掲げさまざまな取り組みを行っています。テクノロジーを使うからこそ、障害や困難を抱えながらも、絶対的にあり得なかった社会とのつながりが生み出されているのです［⇒**13-4**］。これは、ソーシャル・メディアやAIで「もっともっと」と、強者がより強者になるような現代社会に流布するテクノロジーの語りと一線を画すものです。

わたしたちは社会、つまり他者とつながることで**社会性**と、ヒトとしての尊厳を獲得します。これはわたしたちの根幹でもあり過剰でも不足してもいけません［⇒**1-3**、**14-2**］。吉藤オリィ氏は愛知県にある南山大学の「人間の

尊厳賞」の第3回受賞者として選出されました（南山大学 2024）。「"対孤独の発明家"が描くテクノロジー社会の未来」というテーマの受賞講演の中で、AIによって生み出される効率性や生産性は社会に有用なものである一方、この分身ロボットカフェが実現しているのはその範疇に収まらない人と人との「関係性」であると述べました（吉藤 2024）。コミュニケーションとは他者との関係性そのものなのです。AI時代を生きるみなさんは、特にこの重要性を日常で感じながら生きるチャンスがあると言えるでしょう。

1 ソーシャル・メディアの影響もあり、カフェには多くの外国人観光客も訪れており、そこでのつながりは変化し続けている。分身ロボットカフェDAWN ver. β ウェブサイト <https://dawn2021.orylab.com/> 2024.6.16

2 2021年グッドデザイン大賞「遠隔就労・来店が可能な分身ロボットカフェ　遠隔勤務来店が可能な「分身ロボットカフェDAWN ver. β」と分身ロボット OriHime」<https://www.g-mark.org/gallery/winners/9e60a2ab-803d-11ed-af7e-0242ac130002> 2024.6.16

引用文献

鈴木万希枝（2022）「インターネット上の情報共有・検索」李光鎬・渋谷明子編著『メディア・オーディエンスの社会心理学　改訂版』pp.314–335．新曜社

友池梨沙（2022）「恋愛における「自律的出会い」に焦点を当てた探索的調査〜恋活・婚活に利用されるツールとコミュニケーションの関係（共同研究による中間報告）〜」『PRTimes』<https://prtimes.jp/main/html/rd/p/000000681.000006313.html> 2024.6.30

南山大学（2024）「南山大学「人間の尊厳賞」第3回受賞者」<https://www.nanzan-u.ac.jp/Menu/dignity/03/> 2024.6.16

羽淵一代（2023）「マッチングアプリ利用の現在：アーリーアダプタの属性とその傾向」『メディア研究　特集ソーシャルメディアの日常世界』102号、pp.5–20

吉藤オリィ（2024）「"対孤独の発明家"が描くテクノロジー社会の未来」受賞講演、南山大学、2024年6月8日

鷲谷正史（2024）「メディアの発達と恋愛手段の変化」小野寺敦子編『恋愛を学問する—他社との関わり方を学ぶ』pp.121–153．勁草書房

Carr, T. C. (2021). *Computer-mediated communication: A theoretical and practical introduction to online human communication.* Washington, DC: Rowman & Littlefield.

Chapter
10

コンフリクト／協調

Section ▶ 1

コンフリクト／交渉とは

🔑
キーワード　コンフリクト・マネジメント、交渉（術）、もめごと

🎞
エピソード　「困った頼まれごと」

ユウさんは、同級生との関わりが少し苦手です。もめごとや頼まれ
ごとについては、特に。これまでも自分が少し我慢をすれば事態は
丸く収まると思い、ほかの子に譲ってきました。ある日、バイト先
での友達のナオさんから土曜のシフトを代わってほしいと木曜の夜
にLINEメッセージが届きました。理由は書かれていなかったけれ
ど、いつもは急に予定を変更する子ではないので、大切な用事が入っ
たようです。しかし、その日はゼミの発表準備のために前から空け
てあり、ユウさんにとっても貴重な土曜日です。

ユウさんはどう返事をするべきだと思いますか？

1. コンフリクト・マネジメントとは

　異なる要望のすりあわせ、すなわち、交渉ごとは日常生活にあふれていま
す。コミュニケーションの分野では、**コンフリクト・マネジメント**（conflict
management）や**交渉（術）**（negotiation）という表現で研究と教育がなされていま
す。自分が我慢をして相手に譲ることだけが対立の解決策でないことを知り、
相手との対話を通して、良好な人間関係を保ちつつ、双方の要望を最大限叶

192　　Part III　対人関係とコミュニケーション

えることができるのです。

　そもそも世の中には簡単に解決できそうもない事件が国レベル、組織レベル、個人レベルで数多く起こっています。自分と相手の主張がかみあわず、その差が問題になっている状態を**もめごと**や**対立**、つまり**コンフリクト**と呼びます（Domenici and Littlejohn 2001）。互いの立場や要望が異なるため、交渉をして対立を解消する必要が出てきます。

　当然、話しあおうとすること自体が身の危険を伴い、むしろ相手を避け、議論の場から撤退する方が良い場合もあります（たとえば、ストーカーや、恋人や家族からの暴力、DVなど）［⇒**10-4**］。撤退すべきか交渉すべきかの判断を下すことができ、交渉すべき時に知識とスキルがあることで対処の選択肢が増えます。

　解決のための交渉術は専門家だけのものではありません。アメリカでは1980年代にハーバード大学のフィッシャー教授とユーリー教授が「Getting to Yes」(1983)（邦訳「ハーバード流交渉術—イエスを言わせる方法」）を出版し、少しの原則を学びさえすれば、自分たちで交渉ができると社会に提言しました。また、ある交渉術のワークショップでは、「危機」という漢字を用いて、対立は「危険（danger）」だが「機会（opportunity）」でもあり、交渉とはピンチをチャンスに変えるには絶好の機会なのだと講師が紹介していました。

2.　コンフリクトの着目点

　では、もめごとを解消するにはどのような方法があるのでしょうか。たとえば、友達と映画を観るとき、観たい作品が異なったことはありませんか？自分はアクション映画を観たいのに、相手は恋愛映画を観たいなど、要望やその方向性の差異がもめごとや対立の原因となります。ここで注目すべき重要なことは、対立相手の**定義**、**立脚点**と**ニーズ**、**世界観**の3つです。

　まず、対立相手をどう定義するかです［⇒**7-4**］。もめている相手を、自分の要望を妨げる敵だと見るのではなく、もめごとを共に解決する仲間や同志だと見ることが重要です（Domenici and Littlejohn 2001）。仲間だと思うことで、相手を尊重し、配慮あることばをかけることができます。また、1人では思いもよらなかった解決策を一緒に創出できます。

次に、立脚点とニーズを考慮します (フィッシャー・ユーリー 1989)。「アクション映画を観たい」、「恋愛映画を観たい」というのは主張や要望であり、交渉では**立脚点**といいます。異なる立脚点をすりよせるためには、その背後にある**ニーズ**を探ります。なぜこれらの映画を観たいと思っているのか、です。「元気を出したいからアクション映画を観たい」、「泣いてすっきりしたいから恋愛映画を観よう」のように、立脚点を支える理由を聞き出します。

　次に世界観を検討します。**世界観**とはニーズを支えている根本的な態度や一般的な評価です (鈴木 2017、野沢 2017)。「正しさを確認できると元気がでる」、「普段出せない感情を出すとデトックスになり、元気がでる」などがそれぞれ考えられます。続いてこのニーズや世界観とすりよせるにはどうすればよいのか、相手と共に一緒に考えます。泣けるシーンのあるアクション映画を探してみたり、正しさを確認できる法廷ものなどの他のジャンルの映画を探したりして、選択肢を広げます。そしてその複数の選択肢の中から、お互いが一番良いと思える映画を選びます。このようなコミュニケーションのプロセスを経て、もめていた2人が一緒に問題を解決する仲間へと変容し、お互いのニーズや世界観を踏まえた選択肢を創造することができるのです。

　さて、エピソードについて考えてみましょう。ユウさんにとってのナオさんという相手の定義、立脚点とニーズ、世界観をそれぞれ考えましょう。あなたがユウさんならナオさんにどう返事をしますか？

引用文献

鈴木京香（2017）『人と組織を強くする交渉力』自由国民社

野沢聡子（2017）『大学生のための交渉術入門』慶應義塾大学出版会

フィッシャー・ユーリー（1989）『ハーバード流交渉術―イエスを言わせる方法』三笠書房（Fisher, R., & Ury, W. (1983). *Getting to yes: Negotiating agreement without giving in*. London: Penguin Books.）

Domenici, K., & Littlejohn, S. W. (2001). *Mediation: Empowerment in conflict management*. Long Grove, IL: Waveland.

Section ▶ 2

交渉の種類

🔑
キーワード　ソフト型、ハード型、ハーバード式原則立脚型、共通の正しさ

🎬
エピソード　「パートナー以外の人との食事の約束」

2週間前から付きあい始めた大学生のアスカとシノブの会話です。

> **アスカ**　明日の夜、ウミとご飯食べに行ってくる。
>
> **シノブ**　え、「ウミ」って、サークルのウミ？
>
> **アスカ**　そうそう。
>
> **シノブ**　え、でもうちら付きあってるよね、一応…
>
> **アスカ**　うん。でもさ、約束してたし、シノブと付きあう前から。ノートも借りたからそのお礼もあるし。シノブに隠し事したくないから前もって言っとく。
>
> **シノブ**　…

あなたがシノブさんなら、アスカさんには何を言いますか？

1.　交渉術3つのスタイル

　もめごとを解決するためには**交渉**が必要ですが、その過程において重要なのが、わたしたちのとるコミュニケーション行動なのです。交渉にはいくつか種類があります。御手洗 (2003) は交渉スタイルを3つに分類し、ソフト型、

196　　Part III　対人関係とコミュニケーション

ハード型、ハーバード式原則立脚型と呼んでいます。

まず**ソフト型**は交渉で大切なのは相手との関係です。交渉相手を友人とみなし、人間関係を重視します。自分が妥協できるぎりぎりの線を開示し、相手の要望に合わせて自分が譲歩します。

次に**ハード型**は交渉相手とは敵対関係にあり、相手に勝つことを目指します。パイを分けあうというよりは、少しでも多くの配分を勝ち取ろうとします。よって、妥協できるレベルを明かさずに、自分の立場を変えず、自分にとってより有利な譲歩を相手から引き出そうとします。

最後に**ハーバード式原則立脚型**で**Win-Win**を目指す交渉術です。交渉相手は双方の利益を最大化するためのパートナーであり、協働する相手です。ただし、交渉内容については一方的に相手に譲歩したり、相手に自分の立場を押しつけたりするのではなく、立場の背景にあるニーズを確認し、相手と協働して、双方のニーズが満たされる選択肢を共に作り出そうとします。そして選択肢が出そろったら、**客観的基準**を活用し、双方の合意点を決めていくという型です。

これら3つの型に共通点があります。交渉というのは複数の要素が絡みあう、一連のコミュニケーション行動であるということです。交渉相手と自分との**関係**をどう定義し、交渉における**利益**をどのようにとらえ、何を**基準**に合意事項を決めていくのか、それぞれ捉え方が異なることがわかります。

2. 正しさとミディエーション

先ほど出てきたハーバード流交渉術（ハーバード式原則立脚型）には続きがあります。客観的基準ということばが使用されたため、あまりに合理的すぎる、交渉に伴う怒りや複雑な感情が考慮されていないと批判が上がりました。そこでフィッシャー・シャピロ（2006）が怒りへの対処なども含め続編を出しています。そこでは、感情への対処法に加え、ニーズを探るために、相手との関係や価値理解を重視すること、交渉相手の地位や対面に敬意を払うなど人間関係への配慮が追加されています。それでも依然として、客観的基準という観点は維持されています。

この客観的基準という考え方に疑問を投げかけ、主観的な正しさを交渉術にも援用している専門家がいます。リトルジョン (Pearce and Littlejohn 1997) は、近年のもめごとの多くは**正しさ**や倫理観の対立であると指摘しています。道徳的に正しいのは自分の側であると双方が考え、それを証明しようとし対立しているのだと。そこでリトルジョンは、客観性はひとまず脇に置いておき、正しさについて1つ上位のレベルから見ることを提案しています。自分と相手の考える正しさを問い直し、それぞれの正しさが共に正しくなる枠組みを共に考え出すコミュニケーションのプロセスを提唱し、**ミディエーション** (調停、仲裁、介入) に応用しています。その名称が"transformative mediation"であることから、対話を通じて当事者らが変容 (transform) していく過程を交渉の前提としています。

3.　中絶論争における共通の正しさ

　社会的な対立の例として、中絶論争をとりあげリトルジョンは説明しています。プロ・ライフ (pro-life：命の尊重、中絶反対) 側は、宿った生命は守られるべきだと主張します。プロ・チョイス (pro-choice：選択の尊重、中絶もやむなし) 側は、妊娠した女性が自分の身体とその後の生活に大きく影響する事柄について決断できるべきだと主張します。双方の主張は、中絶の賛否をめぐり真っ向から対立しているようにみえますが、安易な中絶を双方が望んではいないという共通点があります。どうすれば女性の望まない、または、予期せぬ妊娠を減らすことができるのか、そのための教育プログラムなどを共に考えることが1つ上のレベルから中絶論争の正しさを見る視座だと提案しています。自分の正しさで相手を判断するのではなく、**共通の正しさ**を見いだし、実現するためのコミュニケーションの過程が重要なのです。統計的には減少がみられるとはいえ、年間12万件強、単純計算で1日336件ともいえる超える人口妊娠中絶が実施されている日本でも (厚生労働省 2023)、示唆に富む議論の視点ではないでしょうか。

　さて、エピソードに戻りますが、アスカさんとシノブさんはどのような正しさをそれぞれ抱えていますか？　2人それぞれの正しさを共に正しくする

ためには、どのような会話と交渉が必要でしょうか？　考えてみましょう。

引用文献

厚生労働省（2023）「令和4年度衛生行政報告例の概況」<https://www.mhlw.go.jp/toukei/saikin/hw/
　　eisei_houkoku/22/dl/gaikyo.pdf> 2024.6.12

フィッシャー・シャピロ　印南一路訳（2006）『新ハーバード流交渉術 論理と感情をどう生かすか』講
　　談社（Fisher, R., & Shapiro, D. (2006). *Beyond reason: Using emotions as you negotiate*. Penguin Books:
　　UK）

御手洗昭治（2003）『ハーバード流思考法で鍛えるグローバルネゴシエーション』総合法令出版

Pearce, B. W., & Littlejohn, S. W. (1997). *Moral conflict: When social worlds collide*. Thousand Oaks, CA: Sage.

Section ▶ 3

もめごとと交渉と感情

○━ キーワード　社会的欲求、フェイス、感情

■ エピソード　「**サークル運営**」
サークルの代表をしているアサヒさんからの相談です。

同じサークルのアスカさんに困っています。アスカさんはわたしと
同級生なのですが、普段から活動への参加態度が悪く、パンフ用の
広告掲載を承諾してくれる企業獲得の担当分が未だ終わっていませ
ん。打ち合わせに来ても関係のない話しをして進行を邪魔します。
３日前なんて、先月の活動のふり返りをしている最中に、「アサヒさ
んのリーダーシップが足りず、チームのまとまりが悪くて、自分も
何をすればいいのかわかりませんでした。」とみんなの前でわたしを
非難しました。もっと早く言ってほしかったし、人前で非難するな
んて、あいつ、許さない。

サークル活動を円滑に進めるために、あなたはそれぞれにどのよう
なアドバイスをしますか？

1.　5つの社会的欲求

みなさんは、もめごとや交渉の途中で相手の気持ちをどれくらい配慮して

いますか？　もめごとや交渉ごとでは、実質的な交渉内容に加え、情緒面に関する配慮が欠かせません。

客観的基準を重視するハーバード流交渉術でさえ、情緒面への配慮を提言しています。フィッシャー・シャピロ (2006) は、5つの**社会的欲求**を尊重することで交渉中の相手の感情に対する配慮を高めることができると提案しています。その5つとは、①大切にしている**価値観**、②**関係性**やつながり、③社会的地位や職位を含む**ステータス**、④自ら行動し決めることのできる**自律性**、⑤仕事先やその状況での**役割**です。アサヒさんとアスカさんの状況にはどのように当てはまるでしょうか？

2. フェイスの役割

別の交渉術のモデルでも、感情、価値観、フェイスの重要性が提示されています (Hammer and Rogan 1997)。特に、フェイスと感情の扱い方に着目します。

まず、**フェイス** (face) とは何を指すのでしょうか。一般的には、身体としての顔のことです。ただ、日本語で「顔」のつく慣用句を見てみると、他人からの評判や名誉といった自分の**体面**や**面子**を指すことがわかります。「顔に泥を塗る」、「顔から火が出る」、「体面を汚す」、「体面を保つ」などがその例といえます。もともと面子は、中国語から来ており、日本語では「面目を立てる」、「面子がつぶれる」として表現されます。つまり、フェイスは、周りの人に見せたい社会的に価値のある自分の姿を指します (Ting-Toomey and Kurogi 1998)。フェイスにはシェイム (shame：恥) を避けプライド (pride：自尊心) を維持することも含まれます (末田 2003)。このように、フェイスは対人関係において、そして交渉において非常に重要な概念であることがわかります［⇒**7-1**］。

ティン・トゥーミー(Ting-Toomey) らは、所属する文化の価値志向と自己の捉え方が、もめごとや交渉の際に、誰のフェイスを立て、どのような交渉スタイルをとるのか傾向が異なるとしています。**個人主義**的文化圏に属していたり、独立した自我を持つ人は、もめごとや交渉では、自分のフェイス (self-face) を大切にしつつ、自らの利害を主張したり徹底的に話しあったりする傾向があります (Oetzel and Ting-Toomey, Ting-Toomey 1998, 2003)。また、**集団主義**的文

Chapter 10　コンフリクト／協調　　**201**

化に属していたり、相互協調的に自分を捉える人は、相手のフェイス (other-face) またはお互いのフェイス (mutual-face) を大切にし、妥協したり、相手に合わせたり、もめごとを避けたりする傾向があります (Oetzel and Ting-Toomey 2003) [⇒**8-1**]。

　日常ではまれな状況になりますが、人質を取って立てこもるような危険な状況では、対象者がどのように自分のフェイスを扱うかによって、状況がエスカレートするのか終息するのか、の指標になります (Hammer and Rogan 1997)。ここでいえることは、ステレオタイプに基づき目の前の相手を見るのではなく、状況に注意を払い、言語・非言語情報を頼りにコミュニケーションをとりつつ、相手の状態や交渉スタイルを理解しようと努めることが大切だということです。

3. 感情の役割

　最後に**感情**についてです。もめごとや交渉では、**怒り**やいら立ち、不安などの否定的な感情が支配的になる傾向があります。いったん怒りが爆発してしまったら、その怒りはなかなか収まらず、発言内容や行動の制御が難しくなります。特に先述のフェイスを傷つけられた場合は、非常に深刻な状況におちいります。

　そこで、まず、感情が状況を支配しないよう、先述の社会的欲求を注視し、価値観、関係性、自律性、地位、役割を尊重しながら交渉を進めるべきなのです (フィッシャー・シャピロ 2006)。ただし、感情がエスカレートしてしまう前に、休憩をとる、その場を離れるなどして、怒りのピークをやり過ごすこと、自分の怒りのレベルを把握すること、そして相手や自分の怒りの源泉が何なのか探り理解をすることが重要です (鈴木 2017、野沢 2017)。

　否定的な感情を伴うもめごとや交渉事は避けたいと思うでしょうが、そこで終えてしまってよい交渉の内容なのか判断が重要です。フェイスの役割と感情の重要性を理解し、対策をとりつつ交渉のコミュニケーションの過程が大切なのです。

引用文献

末田清子（2003）『多面的アイデンティティの調整とフェイス（面子）』ナカニシヤ出版

鈴木京香（2017）『人と組織を強くする交渉力』自由国民社

野沢聡子（2017）『大学生のための交渉術入門』慶應義塾大学出版会

フィッシャー・シャピロ　印南一路訳（2006）『新ハーバード流交渉術　論理と感情をどう生かすか』講談社（Fisher, R., & Shapiro, D. (2006). *Beyond reason: Using emotions as you negotiate*. Penguin Books: UK）

Hammer, M., & Rogan, R. G. (1997). Negotiation model in crisis situations: The values of a communication based approach. In Rogan, R. G, Hammer, M. R., & Van Zandt C. R. (Eds.), *Dynamic processes of crisis negotiation: Theory, research, and practice*. 9–24. Santa Barbara, CA: Praeger Pub Text.

Oetzel, J., & Ting-Toomey, S. (2003). Face concerns in interpersonal conflict: A cross-cultural empirical test of the face negotiation theory. *Communication Research, 30*(6), 599–624.

Ting-Toomey, S. (1988). Intercultural conflict styles. In Y. Y. Kim & W. B. Gudykunst (Eds.), *Theories in Intercultural Communication*, 213–235, Newbury Park, CA: Sage.

Ting-toomey, S., & Kurogi, A. (1998). Facework competence in intercultural conflict: An updated face-negotiation theory, *International Journal of Intercultural Relations, 22*(2), 187–225.

Section ▶ 4

不健康な対人関係

🔑
キーワード　デート DV、思考の停止状態、ドメスティック・バイオレンス、不健康な対人関係、
ジェンダー・バイアス

🎞
エピソード　**「彼女は可愛い系？　束縛系？」**
「可愛いカノジョ」がいるという男子学生の自慢話に付きあってみま
しょう。

うん。可愛い。すごい気にかけてくれて。でも時々行き過ぎるなぁって。履歴のチェックなんて、もう毎日。かぁっとなっちゃうと、スマホ投げられたり。消しちゃうし。即レス（返事）しないとお怒りタイム突入！　他と連絡とると、これまたお怒りタイム突入！　みたいな。でも、困るからさ。一度、「それやめない？」って言ったら「なんで！　すごいスキなんだよ。気になるのあたりまえでしょ。だって今なにしてンのって気になって死んじゃいそうだよ！」って。なんか必死だから、まあ、とりあえず、怒らせないほうがいいかな、みたいな。

このエピソードは自慢話ではなく被害者の証言です。どのような被害にあっているか具体的に説明してみましょう。

204　　Part III　対人関係とコミュニケーション

1. デートDV

一見、自慢話にしか聞こえませんが、これは**デートDV** (dating violence) と呼ばれる暴力の被害者の証言で、とても深刻な**思考の停止状態**を描写しています。ここでは親密圏での暴力、とくに若い世代の対人関係で起こる暴力について、彼のエピソードを借りて紹介します。

親密な関係での暴力には、親子間（児童虐待、高齢者虐待）や、配偶者へのものなどがあります。**ドメスティック・バイオレンス** (domestic violence：DV) は、直訳すると家庭内の暴力となりますが、通常は婚姻間の暴力を指します（内閣府男女共同参画局 2016）。今回のような結婚をしているわけでも生活を共にしているわけでもないケースで起こる暴力は「デートDV」として区別されます（人権教育啓発推進センター 2014、法務省 2023）[1]。

暴力の被害者と表現すると殴られたり蹴られたりと思われがちですが、そのような身体へのもののほかに精神的、性的、経済的なかたちも取ります（内閣府男女共同参画局 2016）。若者に特徴的なのは心の支配をそれと知らず受けることです（吉祥 2015）。エピソードの男子学生のように、連絡先の管理や抹消、行動の監視の要求や、嫉妬からくる支配の要求に正当性を見出してしまうことは「意思決定の自由を奪われる」状態にあるといえ、深刻な人権侵害を受けているといえます（人権教育啓発推進センター 2014：10）。ほかにも周囲がそれらを容認する文化や、ピアプレッシャー［⇒**1–2**］という周囲の目が気になって恋人のいる状態を維持したい被害者の気持ちも特徴として挙げることができます（吉祥 2015）。

このような彼女＝加害者の暴力の表現（発露）は、彼の心を支配し本来の伸びやかで自由な思考や自分で物事を決める能力、情感を停止させます。その一方で彼の想像する力はすべて失われたわけではありません。「この前は携帯電話が壊れただけで済んだけれど、次は自分が殴られるかもしれない」、「彼女はいない状態よりもいる状態のほうがよいに決まっている」といった具合です。さらに周囲へ助けを求めることが恥ずかしいという思いも加わると、自分の置かれた状況を深刻に考えることができず**不健康な対人関係**から抜け出せない彼氏＝被害者ができ上がります。

2. ジェンダー・バイアスの力

デートDVには独特の深刻さがあります[2]。交際期間が短く、帰宅をすれば物理的距離が生まれることから、熱病のような精神状態（恐怖とは異なる浮かれた思考の停止状態）が作られやすくなります。また、援助を求める先を知らないことから、いろいろな暴力行為が看過されてしまいがちです。では、どうすればよいのでしょう？

日本でもその診断方法が採用されているアメリカ心理学会のアドバイスを2つ紹介します。まず、友人と繋がっていることです。ただし、「被害にあっているあなたにも原因がある」といって責める友人は避けましょう。そして専門家の援助を受けるのを戸惑わないようにしましょう。ただしこれは心理師や神経科などへの受診に抵抗のないアメリカならではのアドバイスかもしれません[3]。

DVの被害者件数は女性のほうが圧倒的に多いのが現状です。また、アメリカの研究では障害を抱える女性はより深刻な被害を受ける傾向があると報告されています（American Psychological Association n.d）。ところが同じ報告で、そのような傾向はあるものの、年代、人種、性別、収入、性的指向によるところなく、誰にでも起こる対人関係での暴力だとも述べられています。つまりデートDVは「若い女性だけが被害者になるもの」ではありません。

2015年に大阪府で行われた中高生を対象とした調査では、男子学生のほうが女子学生よりも声を上げることができないという報告がありました（毎日新聞2016）。「体格が良く、強いはずの男が被害者になるわけがない」、「か弱く、優しいはずの女性がひとを傷つけるわけがない」という思い込みや**ジェンダー・バイアス**（gender bias）が社会にも、当事者たちの中にもあります。この報告はそれが裏切られたかたちのものでした［⇒**Column 3**］。男性被害者への支援は、女性へのそれに比べると少ないですが、すこしずつ提供され始めています。たとえば、平成30年（2018年）、愛知県は男性DV被害者が電話で相談ができるホットラインを開設しました（愛知県福祉課生活困窮者支援グループ2023）。

実際に誰が被害を受けるものがより深刻かという水掛け論に終始することにはあまり意味はありません。男性も被害にあうということ、誰も被害にあっ

てはならないということを覚えておいてください。

1 デートDVは「婚姻関係にないふたりの間」で起こる暴力というだけで、そこに年齢という因子は入りません。

2 親密圏での暴力に対する法律に「配偶者からの暴力の防止及び被害者の保護等に関する法律」というものがあります。2001年に施行されて以降、数回の改正が行われています。令和6年（2024年）4月1日から施行されたものでは、申し立ての内容や、保護される被害者の範囲が拡大しましたが、今もってなお「生活の本拠を共にする相手」（内閣府 n.d.）からの暴力を前提にしているこの法律では、この学生は対象外です。

3 残念ながらここでみなさんに連絡先・相談先を提示することができません。そのぐらい被害者を無知によって責めてしまう相談所も少なくないからです。あえて言うなら大学の相談室がありますが、そちらがうまくいかずとも、次を当たってみてください。

引用文献

愛知県地域福祉課生活困窮者支援グループ（2023.4.1）「男性DV被害者ホットラインのページ」『地域福祉課』<https://www.pref.aichi.jp/soshiki/chiikifukushi/dansei-hotline.html> 2024.5.6

人権教育啓発推進センター「デートDVって何？―対等な関係を築くために―（平成24年度）」『人権ライブラリーホームページ』人権教育啓発推進センター <http://www.jinken-library.jp/wp-content/uploads/2014/01/date_dv.pdf> 2024.8.1

内閣府男女共同参画局（n.d.）「配偶者暴力防止法～関連法令・制度一覧　配偶者からの暴力防止にかかわる関連法令・制度の概要 <https://www.gender.go.jp/policy/no_violence/e-vaw/law/index2.html#-container> 2024.8.2

法務省（2023）「あなたは大丈夫？―考えよう！デートDV」『人権啓発コンテンツ　人権一般』<https://www.moj.go.jp/JINKEN/jinken96.html> 2024.8.1

毎日新聞（2016.2.7）「デートDV暴言や暴力…被害者は男子生徒、女子生徒の倍以上」『毎日新聞のニュース・情報サイト』<https://mainichi.jp/articles/20160208/k00/00m/040/054000c> 2024.7.1

吉祥眞佐緒（2015）「デートDVと防止教育」『現代性教育研究ジャーナル』35, pp.1–6．日本性教育協会 <http://www.jase.faje.or.jp/jigyo/journal/seikyoiku_journal_201402.pdf> 2024.7.1

American Psychological Association. (2023.9.14) Intimate partner violence: Know the risks and what you can do to help yourself: Your risk of experiencing intimate partner violence increases if you are poor, less educated, an adolescent or a young adult, or female. *Physical abuse and violence* <https://www.apa.org/topics/physical-abuse-violence/intimate-partner> 2024.8.1

Part

IV

市民参加とコミュニケーション

Chapter
11

働くことと生きること

Section ▶ 1
組織とコミュニケーション

キーワード 組織、パブリック・リレーションズ（Public Relations）、
組織内のコミュニケーション、フロー、意思決定

エピソード 「**シフト調整**」
5ヵ月前にバイトを始めたシノブさんのつぶやきです。

駅前の居酒屋で働いています。長谷部さんは、4ヵ月前に着任した
社員さんで、バイト学生の取りまとめ担当です。ただ、とにかくシフト
の連絡が遅くて困っています。サークルや他のバイトの予定が
立てられないこともありました。仕方なく普段から気さくに話しを
してくれる店長に相談したのですが、後からそのことで長谷部さん
に注意されました。「自分が担当の仕事のことなので、店長に言う前
に、こちらに伝えてほしい。」と。わたしから見たら、店長も長谷部
さんも両方会社の人で、どちらに伝えても問題はないと思っていた
のですが。組織とはそういうものではないらしいです。

みなさんも同じような経験をしたことありませんか？

1. 組織とは

　現在、どれぐらいの大学生がアルバイトをしているかは調査結果に幅があ
りますが、全国大学生活協同組合連合会 (2023) によると、約1万人の大学生

のうち74.5%がアルバイトに就いています。その目的や就労先はさまざまですが、1つ共通点があります。それは、組織で働いているということです。

　組織とは何でしょうか？　バーナード (Barnard) によると、**組織**とは「2人以上の人々の、意識的に調整された諸活動、諸力の体系」です (桑田・田尾 1998 : 20)。人々が目的を持って集まり、その達成のために活動をします。集まった人々は自分の行動を調整し、互いに影響を及ぼしつつ、1つの体系 (システム) を構成します。その相互作用が目標に集約されるよう、利害調整や交渉がなされる場が組織です。また、全体として目標を達成するために計画を立て、部門が設けられ、管理者が配置されます。よって、組織の特徴とは、分業体制をとっていること、職位に階層があること、指揮命令系統があること、であることがわかります。

2.　組織とコミュニケーション

　組織コミュニケーションは複雑です ［⇒8-4］。なぜなら、自分と関係者の所属や職位が交錯するからです (若林 1993)。一個人としての見解を、会社の代表として訪問する営業先では言えませんが、社内の会議では言うことができます。ただ、社内の会議であっても部署をまたいだ会議では、部署の代表として発言が必要です。また、コミュニケーションを取る方向性が社内の個人や部署に対してであったり、外部の顧客や投資家へ向けてであったりします。外部に対しては、広告や**広報**、**パブリック・リレーションズ** (Public Relations) として商学や経営、マス・コミュニケーションの分野で研究されています。ここでは組織内部におけるコミュニケーションを中心に見ていきます。

　組織内のコミュニケーションは、ある程度統制されなければなりません。各自が勝手に行動したり、意味付けをしたりすれば、組織の目的を効率よく達成できないからです。その統制は、コミュニケーションの内容と伝達方法やその経路を指す**フロー**に従って行われます (若林 1993)。内容には、業界用語や専門用語、それらへの共通の理解や解釈、企業文化への暗黙の了解などが含まれます。語句を省略して使用したりもします。ただし、慣習を繰り返し、非効率さが維持されたりする可能性も否めません。変化をもたらし、創造的

なアイデアを出すにはまた別の観点が必要です ［⇒**8-4**］。

　情報のフローには複数のパターンがあり、組織では職位が上の者から下の者へと指令が流れる構造になっています。また、下からの声を吸い上げるため、たとえば意見箱などを設けて提案やフィードバックを得る工夫があります。また、同僚同士のコミュニケーションとして横の流れも存在します。ただ、組織コミュニケーションの内容とプロセスは複雑で、全てが制度化され統制されるべきものでも、できるものでもないと、若林 (1993) は書き添えています。実際、統制しきれない仕事後や休憩中のインフォーマルな社員間コミュニケーションも頻繁にあります。

3. 組織とコミュニケーション研究

　ではどのようなトピックが組織コミュニケーションの領域では研究されているのでしょうか？　山口 (2011) は、1,200本弱の先行研究を踏まえ、それらを大きく2つの分野にまとめ紹介しています。1つは「構造としての組織コミュニケーション」、もう1つは「対人関係中心の組織コミュニケーション」です。前者は、若林 (1993) の挙げた組織の構造や内容、組織文化や情報の流れなどが該当します。後者は、組織内の人間関係やコミュニケーション・スキルや情報に基づき結論を出す**意思決定** (decision-making) のプロセスなどです。企業というコンテクスト（文脈）における、そこでの対人コミュニケーション、相互作用、シンボルの影響などが研究されています ［⇒**1-4**］。

　さて、先ほどのシノブさんの行動は、何が問題だったのでしょうか？　また、長谷部さんにシノブさんはどのようなタイミングや表現でコミュニケーションをとると良かったのでしょうか？

引用文献

桑田耕太郎・田尾雅夫（1998）『組織論』有斐閣

全国大学生活協同組合連合会（2023）「第59回学生生活実態調査　概要報告」『プレスリリース』
　　<http://www.univcoop.or.jp/press/life/report.html> 2024.7.31

山口生史（2011）「組織コミュニケーション研究発展の経緯と動向」日本コミュニケーション学会編
　　『現代日本のコミュニケーション研究　日本コミュニケーション学の足跡と展望』pp.68–80. 三修
　　社

若林満（1993）「組織と人間　コミュニケーションからの接近」原岡一馬・若林満編『組織コミュニケー
　　ション』pp.2–28. 福村出版

| Section ▶ | **2** |

リーダーシップと部下力

🔑 キーワード

リーダーシップ、パーソナル・リーダーシップ、ボス・マネジメント、部下力

🎞 エピソード 「**学生活動でのリーダーシップ**」

履歴書に何か書けるようにと、就活前に地域密着型の学生活動団体に参加した。だけど今いる団体、リーダーがいまいち。打ち合わせの進行が下手で、サボってるやつに厳しく注意をしない。周りへの声かけはまめにやってるけど、先頭に立って引っ張る感じでもない。自分と同じ気持ちなのか、先輩が積極的に発言して、フォローしてる。いいアイデアも出してくれている。先輩の方がリーダーに向いてるんじゃない？　でも、今のままだと履歴書の課外活動の欄には1行書けるけど、自分の不満なんか面接でのネタになりそうにないなぁ。どうしよう…

みなさんにとって理想的なリーダーとはどういう人ですか？

1.　リーダーシップとは

　就活のためであれ、余暇やボランティアのためであれ、組織に入る機会は多々あります。現在自分が所属する組織を数えてみてください。家族、学校、バイト先、サークルなどが思いつくでしょう。卒業して就職すれば、就職先も加わります。家族で暮らせば、町内会や子どもの通う学校との関わり

も出てきます。所属する組織の種類と数は常に一定ではなく、変化していきます。これらの組織の中で、リーダーになる場合もあれば、部下やメンバーの1人である場合もあるでしょう。リーダーとはどのような人を指し、また、リーダーでない人はどのように組織内で振舞えばよいのでしょうか？

　まず、**リーダーシップ**とは何かを考えます。松原（1993：105）は、リーダーシップとは「明白な目標の達成に向け、コミュニケーションのプロセスを通して行使される対人的影響力」であると定義しています。そもそも組織やグループは目標のために構成されているので［⇒**11-1**］、そこで発揮される影響力は、関係者が目標達成のためにとる一連のコミュニケーション行動に作用します。

2.　リーダーシップの類型

　上司がどのようなコミュニケーション行動をとるのか、その類型についての研究があります。一例を挙げると（Wood 2012）、基本的には部下に任せて口を出さない**放任型リーダーシップ**（laissez-faire leadership）や、周囲と協議することなく独善的に意思決定を行い、部下には指示を具体的に出す**専制型リーダーシップ**（authoritarian leadership）、部下の成長を見守り、時には方向性を示して部下の責任感を助長する**民主型リーダーシップ**（democratic leadership）です。ウッド（Wood 2012）によると、これらの類型はそれぞれが独立しているというより、複合的に用いられます。また、状況に応じて適切なリーダーシップが異なります。

　さらに、リーダーシップは上に立つ人のみではなく、組織内全ての人に必要な能力であるという視点もあります。各自が自らの行動や体験に責任とコミットメントを持つという**パーソナル・リーダーシップ**（personal leadership）という概念です（Shaetti, Ramsy, and Watanabe 2008：3）。多文化教育の分野からの提言で、自分と異なる考えや文化的背景を持つ人と出会ったときに、自らの感情や思考を見つめ、誠実に一貫した行動をとることを提言しています。たとえば、メンバーの提案に賛同できないのは、内容に同意できない実質的な理由からなのか、外国人の同僚や後輩に負けたくない心理的な理由からなのか、

Chapter 11　働くことと生きること　　217

問い直します。パーソナル・リーダーシップでは自らの体験をふり返り、そこから周囲の人々と歩み寄る方法を見つけるのです [⇒**10-1**]。

3. 「リーダーシップ」はどこに？

　リーダーシップはどこに存在 (帰属) するのかについては、研究者の間で見解が分かれています。スキルや人柄としてリーダーが所有する特性なのか、リーダーと部下との一連のやり取りの中で生成されるのかです。

　リーダーシップがリーダーの特性にあると考える研究者らは、成功者やカリスマ性のある人物のコミュニケーションスタイルやメッセージの内容を研究したり、部下のモチベーションに影響を与えるリーダーのフィードバックについて分析したりします。一方、リーダーシップが周囲とのやり取りから生成されると考える研究者らは、コミュニケーション行動の過程を調査します。たとえば、有能なリーダーがどのように仕事中の問題を処理していくのか、などです。Fairhurst (2001) は、どちらの見解が正しいということではなく、組織内の複雑なコミュニケーションを理解するためには、共に必要な考え方であるとの立場をとっています [⇒**8-4**]。

　では、リーダーシップの研究は大学生にどのような関連を持っているでしょうか？　リーダーシップがリーダーと部下との相互作用である限り、学生側からの働きかけにも影響力があるのです。ビジネス書には、新入社員や部下でも、組織やチームに積極的に関わり自ら仕事の環境を整えるべきとする**ボス・マネジメント** (大久保 2006) や**部下力** (吉田 2005) という考え方を扱うものもあります。いずれも、上司の特性を知り、部下が上司に積極的に働きかけ、自ら働きやすい環境を整えることを奨励しています。

　さて、みなさんは、リーダーシップはどこにあると考えますか？　エピソードの活動に見られるリーダーシップは、どのようなものがありますか？

引用文献

大久保幸夫（2006）『上司に「仕事させる」技術―そうか！ボス・マネジメント！』PHP研究所

松原敏浩（1993）「リーダーシップとコミュニケーション―集団活性化のコミュニケーション」原岡一
　　馬・若林満編『組織コミュニケーション』pp.105–119．福村出版

吉田典生（2005）『部下力―上司を動かす技術』祥伝社

Fairhurst, G. T. (2001). Dualisms in leadership research. In Jablin, F. M., & Putnam, L. (Eds.), *The new
　　handbook of organizational communication: Advances in theory, research, and methods*, pp.379–439.
　　Thousand Oaks, CA: Sage.

Shaetti, B. F., Ramsy, J. S., & Watanabe, G. G. (2008). *Making a world of difference. Personal leadership: A
　　methodology of two principles and six practices*. Seattle, WA: Flying Kite.

Wood, J. T. (2012). *Communication in our lives* (6th ed.). Boston, MA: Cengage.

Section 3
ブラックバイト

キーワード　ブラックバイト、力、力の種類、力の作用、感情労働

エピソード　「アルバイト」
アサヒさんが友人のマコトさんと学食で話をしています。

アサヒ　夏に働きすぎて103万超えそうなんだよね。
マコト　「扶養控除」でしょ。その額超えると自分で税金とか払うやつ。で、これから年末までどうするの？　まだ10月だよ？
アサヒ　店長に相談して時間調整してるんだけど、お店の締め作業ができる人が少なくてさ。その1時間の作業のために週4で通ってんの。交通費出るけど、片道20分じゃ割に合わないよね…しかも飲食だからフロアでの接客も時々入るし、「愛想よくしろ」って店長がうるさいんだよね。
マコト　それブラック〜。
アサヒ　でしょ？　でも、店長に「人がいなくて困ってる。頼りにしてるよ。」とか「社会人になったら仕事は選べないよ。」って言われて、辞められないんだよね…

あなたならアサヒさんにどう助言をしますか？　考えてみましょう。

Part IV　市民参加とコミュニケーション

1. 現代社会とブラックバイト

みなさんは、アルバイトをしていますか？　それは何のためですか？　大学の学費は、国公立か私立か、文系か理系かによっても異なりますが、生活費も加えると、年間平均で約183万円かかります（日本学生支援機構2022）。授業料に加え通学定期や教科書代、携帯電話の料金から交際費も考えると、大学生活にとってアルバイトの重要性が高まります。

ブラックバイトということばが登場しました。「学生であることを尊重しないアルバイト」を指します（大内 2016：19）。大内は続けて「低賃金であるにもかかわらず、正規労働者並みの義務やノルマを課されるなど、学生生活に支障をきたすほどの重労働を強いられることが多い」と、説明しています。ネットで「ブラックバイト」と検索すると、売れ残りの商品を自費で購入させられた、割った食器を弁償させられた、試験があるのに休みがもらえない、勝手にシフトを決められた、辞めたくても辞めさせてもらえない、など事例に事欠きません。

すべてのアルバイトがブラックではないし、またアルバイトでの学びが役立つことも多々あります。ただ、自分や友人のために備えておくことは大学生活の危機管理として重要です。では何をすればよいのでしょうか？　道幸（2015）は、法に関する知識の伝達と権利意識の醸成が、今後の教育に必要だと指摘しています。コミュニケーションに関連する後者について、ここでは考えてみましょう。前者については、**労働基準法**について学修し、必要があれば、各地域の労働基準監督署や弁護士会に相談してください。

2. そもそも「アルバイト」とは？

まず**アルバイト**は、どのような存在でしょうか？　厚生労働省（2007）によると、同一事業所での正社員より短時間で働く労働者の全てを「パートタイム労働者」と呼びます。両者には仕事の責任や労働日数などに差はあるものの、労働基準法や**最低賃金法**などを含む労働関係の法令が後者にも基本的に適用されます（東京都産業労働局 2017）。すなわち、大学生は、「バイトだから」、

Chapter 11　働くことと生きること　221

「若いから」という理由で我慢させられる存在ではなく、1人の労働者として尊重され、条件を満たせば有給休暇をも取得できる存在なのです。

3.「アルバイト」にまつわる力・権力

　次に、アルバイト先では力・権力がどう作用するのか理解しましょう。アルバイトは事業所での労働であるので、組織の階層構造が影響します。指示として上位者から下位者に**力**が作用します［⇒**11-1**］。また、その指示は中立的なものばかりではなく、**権力**は人々に影響を与え、規律や規律に見えるものに従うよう働きかけてきます（フーコー 1977）［⇒**7-2**］。具体的にどのような**力の種類**があるのでしょうか？　一般的に、対人や組織コミュニケーションにおける力の種類には、給料など相手が喜ぶモノを「報酬」として与える力、力ずくなど物理的に「強制・強要」する力、地位や法律からの「正当」な依頼や命令をする力、個人の「魅力」、「知識・能力」により影響を与える力があります（宮原 2001）。

　これらの**力の作用**を分析することで、可能な対応について考えることができます。エピソードのアサヒさんの例では、店長がアサヒさんに作業と愛想のよさを指示しています。一見、店長という組織内上位者からの「正当」な行為であり、社会の常識を「知識」として教えているように見えます。しかし、実際は店長にとって都合がよい解釈を示し、アサヒさんの思考や行動を従わせようとしています。笑顔など特定の感情が仕事に組み込まれ業務上求められることは「**感情労働**」と表現され、過度に適応しようとすることで労働者の気力が果ててしまう燃え尽き症候群の危険性が指摘されています（ホックシールド 2000）。店長が尊敬できる人物であり同調する同僚がいれば「魅力」の力が作用します。ただ、人手が足りないのは、アサヒさんではなく、店長が解決すべき課題です。アサヒさんの望まぬシフトを組むことは法的に正当な力ではありません。

　このように、バイト先での力の種類と作用を分析し、相手の言動や正しさを問い直すことで、我慢しなくてもよい場合があることを知ってください。ただ、全て交渉が可能な状況や相手ばかりではありません［⇒**10-1**］。バイ

トを辞めるという**戦略的撤退**が自分を守る場合もあります。

引用文献

大内裕和（2016）『ブラックバイトに騙されるな！』集英社

厚生労働省（2023）「パートタイム・有期雇用労働法のあらまし」<https://www.mhlw.go.jp/stf/sei-sakunitsuite/bunya/0000061842.html> 2024.6.28

東京都産業労働局（2017）『パートタイム労働ガイドブック』東京都産業労働局 雇用就業部 労働環境課 <https://www.hataraku.metro.tokyo.lg.jp/shiryo/parttime-r/index.html> 2024.6.28

日本学生支援機構（2022）「令和4年度学生生活調査」『学生生活調査・高等専門学校生生活調査・専門学校生生活調査』<https://www.jasso.go.jp/statistics/gakusei_chosa/2022.html> 2024.7.31

フーコー・ミシェル　田村俶訳（1977）『監獄の誕生―監視と処罰』新潮社(Michel, Foucault (1975) *Naissance de la Prison, Surveiller et Punir*. Paris: Gallimard.)

ホックシールド・アリー　石川准・室伏亜希訳（2000）『管理される心―感情が商品になるとき』世界思想社

道幸哲也（2015）「ワークルール教育の重要性・難しさ」『日本労働研究雑誌』665, pp. 97–100.

宮原哲（2001）『コミュニケーション入門論』松柏社

Section ▶ 4

市民と社会と経済と

キーワード　起業、ソーシャル・ビジネス、社会的責任（CSR）、起業家（entrepreneur）

エピソード　**「クッキーによる起業」**

友達から海外旅行のお土産でクッキーをもらった。カンボジアのアンコールワットを見に行ってきたって。あまり期待せずに食べたら、美味しかった。後で友達に聞いたら、日本人女性が、現地で会社を立ち上げ、現地の人を雇い、お土産用にクッキーを売り始めたって。かっこいいな。自分も何かやってみたい！

みなさんはソーシャル・ビジネスに対してどのようなイメージを持っていますか？

1. ソーシャル・ビジネスとは

エピソードに出てくる日本人女性とは、2004年にカンボジアでANGKOR COOKIES (n.d.) を設立した小島幸子さんです。もともと大学で経営学を学び、卒業後に日本語教師や日本人向けの観光ガイドの職を経て**起業**しました (高橋2014)。地元の食材を用い品質の良いカンボジア土産を提供するために、現地の人々が自立し働ける場所を提供するために、そしてカンボジアの若者の可能性を広げるために、小島さんは起業したのです (マダムサチコ 2017)。現在は、生産者 (1次) が加工 (2次) から流通・販売 (3次) まで手掛けるという農

224　Part Ⅳ　市民参加とコミュニケーション

業の**6次産業化（1次×2次×3次）**の手法を通じ、人々が地元を離れずに暮らせる村づくりを目指しています。このように、貧困などの社会問題や環境問題を解決するためのビジネスを**ソーシャル・ビジネス**といいます。

　ソーシャル・ビジネスを提唱したムハマド・ユヌスは、人間の潜在能力や想像力を信じています。貧困の原因は能力の欠如ではなく、わたしたちが社会で作り上げた制度や機関、概念に因ると考え、貧困者を対象とする**グラミン銀行**を設立しました（ユヌス 2010）。無担保で少額のお金を貸すマイクロクレジットという仕組みなどを考え、人々の自立や女性の起業を支援し、2006年にノーベル平和賞を受賞しました。ここ日本でも「グラミン日本」が2018年に創設されました。6人に1人が相対的貧困（世帯年収127万円以下）とされる日本で、「一歩を踏み出す機会」や「『こうありたい』と願う夢に」対して支援を提供しています（GRAMEEN NIPPON n.d.）。ここ日本にも貧困が深刻な課題として存在しているのです。

2.　多様なソーシャル・ビジネス

　ソーシャル・ビジネスのように、社会や地域の問題を解決するビジネス活動は、市場原理を積極的に利用し、他の団体とも協働で活動をします。たとえば、BAISIKELI（バイシケリ）というデンマークのリサイクル自転車店があります。路上に廃棄された自転車を回収し、修理をした後アフリカに寄付しています（00 2014）。その活動の経費は、観光客向けにレンタル自転車業を営むことで、寄付金に頼らず活動資金を生み出しています。その結果、地域の放置自転車の問題と世界での二酸化炭素や温暖化の問題、両方の解決に同時に貢献しています。

　また、グローバル企業がグラミン銀行と提携し、企業が利益を上げつつ地域の課題を改善した例もあります。フランスに本社を置くダノン社によるバングラデシュでのヨーグルトの製造販売です（ユヌス 2010）。現地で販売網を構築し、女性を活用し、容器のサイズや栄養価と現地の人々の支出可能な価格のバランスをとるなど試行錯誤を繰り返し、地域経済の発展と人々の栄養状態の改善に同時に貢献しました。

これらの例からもわかるように、地域の課題への取り組みはグローバルと
ローカル両方の視点を持ち、創意工夫や協働を通じてうまくいくことがある
のです。ただし、本来は政府がなすべき事業を民間に任せているという批判
的視点は維持すべきであり、社会問題の解決に政府の責任を放棄させてはい
けないという意見もあります (Ganz, Kay, and Spicer 2018)。

3. Think Globally, Act Locally

エピソードのクッキーの例やソーシャル・ビジネスの取り組みにはある共
通点があります。それは、地域で経済を循環させることで問題解決を図るこ
とです。地域の人々の手により、地域の資源を活用して課題を解決し、組織
や人々が持続し発展できる方策をとっています。利益は、組織を維持するの
に必要不可欠です。またビジネスの結果として、地域コミュニティに活力が
わき (細内 2010)、人々の自立を促進し、社会的地位を向上させます (ユヌス
2010)。

市場万能主義の**グローバリゼーション**の下では、モノが人件費の安い国や
地域で製造され、国境を越えて別の国や地域に運ばれます。製造者と消費者
の距離は物理的にも遠く、地域の資源が他国で消費され、グローバル企業の
利益だけが優先されています。その結果、製造者を搾取し利益のみを追求す
る企業や商品は社会的な批判にさらされます。たとえば、スポーツメーカー
のナイキは、低賃金での劣悪な労働環境や児童労働などが発覚し、1997年に
世界中で商品の不買運動がおこりました。その後ナイキは企業の**社会的責任**
(CSR) を果たすため、労働環境の改善や人権問題に取り組みました (下田屋
2014)。

ソーシャル・ビジネスは、コミュニケーションが深くかかわっています。
人間の関係が埋め込まれた社会や制度を、ビジネスを通して変化させ新しい
関係を生み出そうとする働きかけなのです。エピソードの中の小島さんは、
自ら事業を立ち上げた**起業家** (アントレプレナー：entrepreneur) であり、その事業
がソーシャル・ビジネスであることから社会的起業家なのです。こうした動
きは、問題を地球規模で考えつつも (think globally)、自分の置かれた日常や地

域を軸に活動することで (act locally)、大きな変化を生む可能性を持つのです [⇒**6-2**]。さてみなさんの毎日で、どのようなソーシャルビジネスが身の周りにあり、具体的にどのようなサポートができますか。

引用文献

ANGKOR COOKIES (n.d.)「Policy」『Our Policy』<https://angkorcookies-shop.mystrikingly.com/> 2024.7.31

下田屋毅（2014.4.21)「米ナイキが苦難の末に学んだ、CSRとは？10の『メガリスク』をビジネスチャンスに変える法」『東洋経済Online』<http://toyokeizai.net/articles/-/35708?page=4> 2018.3.14

高橋里奈（2014)「カンボジア農村で自立支援　小島幸子さん マダムサチコアンコールクッキー社長」『NIKKEI STYLE』<https://style.nikkei.com/article/DGXNASDR15002_T00C14A6TY5000> 2024.7.31

GRAMEEN NIPPON (n.d.)「グラミン日本が目指す社会」<https://grameen.jp/about/vision/> 2024.6.12

細内信孝（2010)『新版　コミュニティ・ビジネス』学芸出版社

マダムサチコ（2017)「アンコールクッキーから農業に転身した『マダムサチコ』の カンボジア日記」<http://angkorcookies.blog.jp/> 2024.7.31

ユヌス・ムハマド（2010)『ソーシャル・ビジネス革命』早川書房

00　石原薫訳（2014)『シビックエコノミー　世界に学ぶ小さな経済の作り方』フィルムアート社

Ganz, M., Kay, T., & Spicer, J. (2018). Social enterprise is not social change: Solving systemic social problems takes people, politics, and power - not more social entrepreneurship. *Stanford Social Innovation Review*. <https://ssir.org/articles/entry/social_enterprise_is_not_social_change?utm_source=Enews&utm_medium=Email&utm_campaign=SSIR_Now&utm_content=Title> 2024.7.31

Chapter

12

市民社会と公共

Section 1 方言はカッコイイ？

キーワード 方言、標準語、共通語、方言ブーム、標準語政策

エピソード 「**方言スタンプ使ってみた**」
イブミさんがバイトのシフトについてユウさんとLINEで相談しています。

「まいど」、「入れなかん」はそれぞれどの地域の方言だと思いますか？

1. 方言とSNS

　エピソードに登場するユウさんはLINEの会話で「まいど」という関西弁とかわいいらしいキャラクターがセットになった方言スタンプを使っています。一方、ユウさんとイブミさんがテキストベースの会話で使うのは**打ちことば**で、東海地方で話されている名古屋弁でやりとりをしています。打ちことばとは「打れたことば」という意味です (田中 2016)。打ちことばは、送り手がパソコンや携帯電話、スマートフォンなどでメッセージを打ち、受け手に送ることばを指します。「書きことば」よりも文が短く、「話しことば」のようにくだけた表現が使われます。打ちことばは、互いの顔がみえない非対面式のコミュニケーションで用いられたり、送り手がメッセージを送ってから受け手に届くまでに時間差が生じたりするなどの特徴があります［⇒**9-3**］。

2. 方言はおもしろい

　このように**方言**には、**標準語**に比べ音韻やアクセント、イントネーション、語彙、待遇表現、文法などにそれぞれ違いがあります (沖森 2010)。標準語とは規範となる正式な言語のことをいいます。日本には国家として定められた標準語は存在しないのですが、学校で使用される教科書のことばや日本放送協会 (NHK) でアナウンサーが原稿を読むのに用いられることばを標準的な日本語として考えています (田中 2011)。

　また、標準語と共に用いられることの多い**共通語**は全国で通じ、公式な場で用いることが前提となった日本語のことをいいます (定延 2012)。方言には地域だけでなく、話し手の性別、年齢、職業など人の属性によることばの特徴があり、地域による特徴を地域方言、個人の属性による特徴を社会方言とそれぞれ呼んでいます。

　近年、方言はかわいい、おもしろいと受け止められ2000年代から若い世代を中心に**方言ブーム**が全国で広がっています。たとえば、ユウさんのように関西出身ではないのに方言スタンプを用い関西弁で他者とコミュニケーションをとるようなこともその現象の1つといえるでしょう。田中 (2016) は、こ

のような方言の用法をヴァーチャル方言と呼んでいます[1]。**ヴァーチャル方言**とは使い手が方言の話されている地域と結びつきがないという特徴があります。関西弁は「おもしろい」というように、方言の備える**方言ステレオタイプ**に基づいて自分のキャラクターを設定[2]したり、その時の気分を表現したりすることができます（田中 2011）。方言を用いた新しいコミュニケーションスタイルが広がっているといえるでしょう。

3. 方言が疎（うと）まれていた時代

　方言がこのように社会で肯定的に受け止められるようになったのは80年代以降で、たかだか40年くらい前のことです。それ以前の社会では、方言は共通語よりも劣っており、避けるべきものだという考えが主流でした。この考え方の背景には明治期の**標準語政策**が影響していたといわれます。標準語政策とは、統一された近代国家を目指すために、1つの国語である標準語を普及させるという考え方です。標準語という用語は、ことばを政治的に統制するという戦前のイメージが強いことから、ここでは標準的な日本語のことを共通語と呼ぶことにします。1950年代から60年代にかけて学校や家庭では共通語を話すことが推奨されていました。そのため、社会では方言を話すことはカッコ悪いものと位置づけられ共通語を話せないことがコンプレックスになったといわれています（柴田 1958）。

　しかし、1970年代から90年代にかけて方言を用いたテレビドラマやCMが放送されたり、国の方針で方言の尊重が明確に示されたりしたこともあり、方言が肯定的に受容されるようになっていきました。このように、ことばの正しさのありかたは、メディアや国の政策や方針に強く影響を受けることを念頭に入れておく必要があるでしょう。

　また、SNSや方言スタンプのような新しいテクノロジーの出現は、わたしたちがこれまで使い分けてきた共通語や方言といったことばの境界線を今後なくしていくことになるかもしれません。実際、関西弁の一人称である「うち」や「まいど」は全国に広がっており、共通語になりつつあるといえるからです。こういった現象を日本語の乱れと批判するのではなく、ことばの正

しさは時代と共に変化することを認識し、定義をそのつど検討していくことが重要だといえるでしょう。

1 地域と方言話者との結びつきの強い伝統的な方言を「**リアル方言**」といいます（田中 2016）。
2 田中（2011）は方言を用いて自分のキャラクターを設定することを「方言コスプレ」と呼んでいます。

引用文献

沖森卓也（2010）『日本語概説』朝倉書店
定延利之編著（2012）『わたしたちの日本語』朝倉書店
柴田武（1958）『日本の方言』岩波書店
田中ゆかり（2011）『方言コスプレの時代』岩波書店
田中ゆかり（2016）『方言萌え⁉』岩波書店

Section ▶ **2**
多言語社会

🔑
キーワード 多言語サービス、多言語支援、情報弱者、やさしい日本語、市民参加

🎞
エピソード **「名古屋の地下鉄」**

地下鉄のきっぷ売り場の案内表示はたくさんの外国語で書かれていると聞きました。毎日、使っているのに気づかなかった…。帰りに気になって見てみると日本語だけでなく、英語、韓国語、中国語（簡体字・繁体字）で案内表示がされていました。なんでこんなにたくさんのことばで書いてあるんだろう？　日本語と英語だけでいいんじゃないのかな？

1. 多言語サービスと多言語支援

　名古屋市の地下鉄は日本語だけでなく、英語、韓国語、中国語（繁体字・簡体字）の4言語で案内表示をしています。この案内表示は行き先や乗り換えなどの案内だけに留まらず、事故や災害による停車や徐行などの運行情報についても提供しているそうです（名古屋市交通局 2023）。このように多言語で案内表示をしたり、文章で情報を提供したりする行政の事業を**多言語サービス**といいます。一方、**多言語支援**とは、個人に対し窓口での手続きや書類作成を介助する通訳や翻訳を指します（藤井 2013）。当初は、主に外国人観光客向けに行われていましたが、現在は、外国人住民へのサービス、支援としても機能しています。

234　Part IV　市民参加とコミュニケーション

多言語サービス・多言語支援は、日本語、英語、中国語 (簡体字)、韓国語の4言語併記が多く見られますが、地域によっては他の言語でも対応しています。エピソードに登場した名古屋市が中国語 (繁体字) に対応しているのは、台湾からの観光客が多いという理由があるからでしょう (名古屋市 2023)。また、ベトナム人住民の多い大阪府八尾市ではホームページで日本語、英語、韓国語、ベトナム語での情報提供が行われています。

2. 震災とことば

外国人への多言語サービス・多言語支援が重視されるようになったのは、1995年1月17日に発生した阪神・淡路大震災だといわれています。この震災は、死者6,000人、負傷者4万人を出した大災害で、被災者の中には、外国人も多く含まれていました。震災発生時、地域によっては中国語、韓国語でも情報発信が行われたそうですが、多くの避難所や救援物資の配給の場などでは、日本語と英語のみだったそうです。これらの言語に不案内の外国人は家が住めなくなったというだけでなく、復旧過程の段階で、必要な情報を得られないという二重の被災にあったといわれます (庵 2016)。このように、必要な情報から取り残されてしまう人を**情報弱者**と呼びます。

情報弱者に向けて、緊急時に必要な情報を簡単な日本語で提供する動きがありました。その時に使用されたのが**やさしい日本語**です。やさしい日本語は、難しいことばを簡単なことばに言い換え、はっきりと短く話す日本語です。たとえば、「高台に避難する」は「高いところに逃げる」となり、外国人が理解しやすくなります (愛知県地域振興部国際課多文化共生推進室 2013)。震災後、やさしい日本語は災害発生時の緊急連絡だけに限らず、普段の生活でも幅広く使用されるようになりました。今では、多言語に加え、やさしい日本語でも多言語サービス・多言語支援を行う自治体が増えています。

3. ことばでよりよい社会を創ろう

しかし、膨大な情報量を多言語や、やさしい日本語に翻訳したり、書き直

したりするとそれなりの費用がかかってきます。たとえば、人材の確保や養成などで経費が必要になってくるからです。そのため、行政の力だけでは多言語サービス・多言語支援を運営していくことは難しいといえるでしょう。阪神・淡路大震災が発生し、行政の手が十分に回らなかったとき、国際交流協会や**NGO** (Non-Governmental Organizations)、**NPO** (Non-Profit Organizations)、ボランティアグループなどが中心になり[1]一般市民が自主的に社会に参加し、補足する動きがみられました。たとえば、外国語や日本語が得意な市民が日本語や英語に不案内な人に翻訳や通訳をして、必要な情報を提供したり、相談にのったりしたのです。このように自分の所属する共同体の運営に主体的に関わっていくことを**市民参加**といいます。

　市民が社会に主体的に参加する動きは現在も続いています。たとえば、福岡県柳川市はやさしい日本語で外国人観光客をもてなす取り組みを始めました (柳川市観光協会 2017)。この取り組みは、日本語を話したい外国人と、やさしい日本語のできる日本人向けに2種類のバッジを作り (写真1)、土産物で販売し、バッジをつけた観光客に市民や**ボランティア**がやさしい日本語で話しかけるというものです。急増する訪日外国人観光客に対し、行政が対応しきれない部分を市民が補っているのです。

　震災をきっかけに、市民参加が社会に根付いてきています。情報弱者とみなされた外国人を市民へと包摂していくことが市民社会なのです［⇒**6-5**］。みなさんの地域で、よりよい社会を創るために自分ができることは何か考え、興味のあることから始めてみませんか？

写真1
やさしい日本語バッジ

1 非営利の非政府組織で、ビジネスとしては成り立ちにくいが社会にとって必要な事業を政府に変わって運営する組織。主な活動は、途上国や難民、子どもの支援などがあります。世界規模の組織は国際NGOといわれます（野田 2013）。日本では、政府ではない国際協力活動を行う組織をNGOと呼び、国内における福祉領域を中心とした活動をNPOと呼ぶことが多くなったといいます（田村 2004）。

引用文献

愛知県地域振興部国際課多文化共生推進室（2013）『やさしい日本語の手引き』<ttps://www.pref.aichi.jp/uploaded/attachment/288127.pdf> 2024.6.29

庵功雄（2016）『やさしい日本語』岩波書店

大阪府八尾市役所（2018）「外国人の方へ」『八尾市ホームページ』<http://www.city.yao.osaka.jp/category/1-15-0-0-0.html> 2024.7.1

田村太郎（2004）「NGO・NPO」多文化共生キーワード事典編集委員会編『多文化共生キーワード事典（改訂版）』pp.150–151．明石書店

名古屋市交通局（2023）「第2編第4章地下鉄事業」『市営百年史』pp.254-436. <https://kotsu.city.nagoya.jp/jp/sp/ENJOY/TRP0004710.htm> 2024.6.10

名古屋市（2023）「名古屋市観光客・宿泊客動向調査（2022年）概要版」『令和4年名古屋市観光客・宿泊客動向調査』<https://www.city.nagoya.jp/kankobunkakoryu/cmsfiles/contents/0000168/168463/R4gaiyou.pdf> 2024.6.10

野田文隆（2013）「難民認定申請者（Asylum seekers）の生活とこころ」加賀美常美代編『多文化共生論』pp.199–220．明石書店

柳川市観光協会（2017）「やさしい日本語バッジ」『柳川市観光協会Facebook』<https://www.facebook.com/YasashiiNihongoBadge/about?locale=ja_JP> 2024.6.29

藤井幸之助（2013）「多言語サービス・多言語支援」多言語化現象研究会編『多言語社会日本』pp.73–88．三元社

Section ▶ 3

外国人児童生徒

🔑 キーワード　外国人児童生徒、ニューカマー、学習言語（CALP）、生活言語（BICS）

🎞 エピソード　**「転校生の多い小学校」**

わたしの姪が通う小学校は静岡県にあります。昨年、その小学校では転入・転出の児童生徒数がのべ120名もいたそうです。なんでそんなにもたくさんの児童生徒が転入・転出しているのだろう…

このようなことはみなさんの身の回りにも起こっていますか？

1. 外国人児童生徒とは誰か

エピソードに出てくる静岡県は全国でも**外国人児童生徒**[1]が多い地域の1つとして数えられます。外国人児童生徒とは、外国籍の両親のもとに生まれた子どもや外国から来日した子どものことを指します。また、日本で生まれ日本の国籍であっても両親のどちらか、または、どちらともが外国にルーツを持つなら、その子どももそう呼ばれます（岡村 2013）。

1990年に「**出入国管理及び難民認定法**」が改正され（通称、改正入管法）、ブラジルやペルーなど南米諸国の多数の移民も来日するようにもなりました（平高 2013）。1970年代以降、日本に居住する外国人を**ニューカマー**(new comer)[2]と呼びます（志水 2008）。

90年代、特にニューカマーが急増し、それに伴い外国人児童生徒も増え、

238　Part IV　市民参加とコミュニケーション

学校教育の現場で日本語や不登校、経済的な事情により繰り返される転出入などが課題として顕在化するようになりました。具体的に挙げると、2022年の文部科学省の調査では日本に住む外国籍の学齢期の子ども13万6,923人のうち、8,183人が公立学校[3]や外国人学校のいずれにも通っていないと報告されました（文部科学省 2023a）。エピソードに登場する小学校でも外国人児童生徒の転出入が繰り返されていることが推測されます。

2. 外国人児童生徒とことば

　文部科学省（2023b）によれば、全国の公立学校に在籍する児童生徒で日本語指導が必要な子どもは約5万8,000人おり、その内、外国人児童生徒は約4万7,000人いるそうです[4]。母語別の内訳をみるとポルトガル語が最も多く、次に中国語が続きます。調査対象となっている日本語指導が必要な児童生徒とは、「日本語で日常生活が十分にできない児童生徒及び日常会話ができても学年相当の学習言語が不足し、学習活動への参加に支障が生じており、日本語指導が必要な児童生徒」と定義されています。定義に出てくる**学習言語**（CALP）とは、抽象的な思考をするのに必要な言語を指します[5]（カミンズ・中島 2011）。日常会話に必要な**生活言語**（BICS）は1〜2年で習得できるのに対し、学習言語は5〜7年かかると言われています。学習言語が身に付いていないと、ノートの取り方や発表の仕方など、授業での活動に支障が出てきます（岡村 2013）。勉強の意欲が下がり、不登校になったり、学校を辞めてしまったりしてしまう人もいるのです[6]。

3. 外国人児童生徒を支える社会

　国は、日本語だけでなく、教科や生活指導などを整え、小中高校での外国人児童生徒の受入れ体制の充実を図っています。また、学校教育現場だけでなく、地域で支援する仕組みを整えようともしています（文部科学省 2020）。たとえば、地域の国際交流協会やNPO、大学などと連携し、日本語教室、プレスクール、早期適応教室などを設置しています[7]。また、早期適応教室は来日

したばかり、または、日本の小中学校に編入したばかりで、日本語が十分に話せない外国人児童生徒に日本語や学校生活について指導を行う教室です（浅田2017）。

　外国人児童生徒の支援は、今まで学校教育が多くの部分を担ってきましたが、地域社会でも支援する取り組みが広がっています ［⇒**6-5**］。この取り組みで注目したいのは、日本人住民だけでなく、かつて外国人児童生徒だった外国人住民もボランティアとして参加していることです。たとえば、池上・上田 (2015) は、ブラジル人大学生とブラジル人小学生の保護者たちをつなぐ絵本プロジェクトを事例に挙げ、第二世代であるニューカマーの若者たちが地域活動の担い手として台頭し、外国人社会と日本社会をつなぐ役割を果たすようになってきていると報告しています。このように、外国人児童生徒を支える新たな支援者として外国人市民が活躍しはじめているのです ［⇒**12-2**］。

1　文部科学省（2016）は外国籍の児童生徒に加え、日本国籍であるが、両親のいずれかが外国籍など外国につながる児童生徒もあわせて、「外国人児童生徒等」と定義しています。本稿では外国人児童生徒と表記しますが、近年では外国にルーツを持つ子どもや外国につながりのある子どもという表記もみられます。

2 オールドカマー（old comer）はニューカマー（new comer）に対応した用語です。第二次世界大戦以前から日本で生活している外国人住民のことをいいます。主に、韓国・朝鮮、中国にルーツを持つ人を指します（野山 2013）。

3 公立学校とは、小学校、中学校、高等学校、義務教育学校、中等教育学校、特別支援学校を指します（文部科学省 2023b）。

4 令和5年5月1日現在。外国籍ではなく、日本国籍で日本語指導が必要な児童生徒数は1万688人と報告されています。この児童生徒は、海外で暮らしていた人や日本国籍以外にも他の国の国籍を持つ重国籍の人、保護者が国際結婚し、家庭で使う言語が日本語以外である人のことをいいます。

5 CALPとは、Cognitive Academic Language Proficiencyの略です。学習言語に対し、生活に必要な言語のことを生活言語（Basic Interpersonal Communication Skills：BICS）といいます（カミンズ・中島 2011）。

6 日本国籍を持たない子どもたちは義務教育の対象になっていません（平高 2013）。

7 プレスクールとは、保育園、幼稚園の就学前児童に対し、日本の小学校に備え、言語、生活、学習面から指導する取り組みをいいます。

引用文献

浅田秀子（2017）「日本の内なる外国─外国人児童生徒」『総合科目─日本を知る』2017年12月13日配布資料　愛知大学

池上重弘・上田ナンシー直美（2015）「ブラジルからの移住第2世代とバイリンガル絵本プロジェクト─浜松市における静岡文化芸術大学の試み」『JICA横浜海外移住資料館研究紀要』9, pp.59–70．国際協力機構横浜国際センター海外移住資料館

岡村佳代（2013）「外国につながる子どもたちの困難・サポート・対処行動からみる現状」加賀美常美代編著『多文化共生論』pp.101–123．明石書店

カミンズ・ジム、中島和子（2011）『言語マイノリティを支える教育』慶應義塾大学出版会

志水宏吉（2008）『高校を生きるニューカマー』明石書店

野山広（2013）「オールドカマーとニューカマー」石井敏・久米昭元編『異文化コミュニケーション事典』p.443．春風社

平高史也（2013）「日本語教育」多言語化現象研究会編『多言語社会日本』pp.106–118．三元社

文部科学省（2016）「学校における外国人児童生徒等に対する教育支援の充実方策について（報告）」『文部科学省ホームページ』<https://www.mext.go.jp/b_menu/houdou/28/06/__icsFiles/afieldfile/2016/06/28/1373387_02.pdf> 2024.6.10

文部科学省（2020）「外国人児童生徒等の教育の充実について（報告）」『外国人児童生徒等の教育の充実に関する有識者会議』<https://www.mext.go.jp/content/20200528-mxt_kyousei01-000006118-01.pdf> 2024.6.10

文部科学省（2023a）「外国人の子供の就学状況等調査結果について報道発表」『帰国・外国人児童生徒等の現状について』<https://www.mext.go.jp/content/20230418-mxt_kyokoku-000007294_01.pdf> 2024.6.10

文部科学省（2023b）「日本語指導が必要な児童生徒の受入状況等に関する調査結果の概要」『帰国・外国人児童生徒等の現状について』<https://www.mext.go.jp/content/20230113-mxt_kyokoku-000007294_3.pdf> 2024.6.10

Section ▶ 4

「子ども食堂」って何？

キーワード　共食、子どもの貧困、地域コミュニケーション、公共

エピソード　**「子ども食堂に行ってみよう！」**
サークルで「子ども食堂」のボランティアをすることになりました。
子ども食堂は最近テレビやネットとかで見聞きするけど、何をして
て、誰が来るんだろう？

子ども食堂におけるボランティアの役割はどんなことだと思います
か？

1.　子ども食堂とは何か

　近年、新聞やテレビなどのメディアで**子ども食堂**が頻繁に取り上げられて
います。子ども食堂の定義や枠組みは明確ではありませんが、農林水産省
(2017) は、地域住民などによる民間発の取り組みとして、無料または安価で
栄養のある食事や温かな団らんを提供する場が広まっており、家庭における
共食が難しい子どもに対し、共食の機会を提供する取り組みであると説明し
ています。ここでいう**共食**とは、一緒に食事を作ることや食べるという意味
で使用されています。一方、実際に活動しているNPOは「食材や運営費など
は民間のNPOや個人等の善意でまかない、調理はボランティアが中心で行
い、食事は安価または無料で子どもや親子に提供する活動」と説明していま

242　Part IV　市民参加とコミュニケーション

す（NPO法人豊島子ども WAKUWAKU ネットワーク 2016）。

　子ども食堂は、2012年に東京都内にある「気まぐれ八百屋だんだん」の店主である 近藤博子氏が始めたといわれています（吉田 2016）。その後、社会の関心の高まりと共に子ども食堂は全国へと広がり、現在、9,132ヵ所の設置が確認されています（認定NPO法人全国こども食堂支援センター・むすびえ 2024）。近年、子ども食堂がこのように増加したのは、核家族化や共働き、ひとり親世帯などライフスタイルが多様化したことで、子どもの孤食が問題視されるようになったためです。また、2013年「子どもの貧困対策の推進に関する法律」（子どもの貧困対策法）が可決され世論の注目が**子どもの貧困**[1]に集まったことも理由の1つだといえるでしょう（福田 2017）。

2.　子ども食堂のイメージ

　Google Trends で子ども食堂と一緒に検索されているキーワードを調べたところ、貧困、ボランティアという語句との結びつきが強いことが明らかになりました。この結果は、社会で子ども食堂が子どもの貧困に対する取り組みとして認識され、その解決策としてボランティア活動に関心が高まっていることを示しています。

　しかし、湯浅（2017）は子どもの貧困対策に特化して子ども食堂が運営されているわけではないと指摘しています。湯浅によれば、全国に設置されている子ども食堂は目的により2つのタイプに分類されるといいます。1つは、貧困家庭の子どもの課題に対応する「ケースワーク型の子ども食堂」（ケア付食堂）で、もう1つは、幅広い世代が出入りし、地域の交流の場となる「地域づくり型の子ども食堂」（共生食堂）です。ネットの検索状況から、社会では「ケースワーク型の子ども食堂」（ケア付食堂）のイメージが広がっていますが、子ども食堂を貧困対策の一環として安易に位置づけてしまうと、貧困のイメージを社会に浸透させることになります。こうしたラベリングの結果［⇒**1-3**、**7-4**］、子ども食堂に参加することに後ろめたさを感じる利用者もいるという報告もあります（黒谷ほか 2019）。

3. 子ども食堂のミライ

　子ども食堂の固定化されつつあるイメージを払拭するためには、「地域づくり型の子ども食堂」(共生食堂) の存在をもっと前面に出していく必要があるでしょう。子ども食堂が子どもの居場所や住民同士の近所づきあいの場として機能し、**地域コミュニケーション**[2]を活性化させていることを発信できれば、子ども食堂のイメージを変えることができます。たとえば、エピソードに登場した大学生が、子ども食堂で子どもと遊んだり、勉強を見たりした経験を周りの人やSNSで共有したり、授業で発表したりすれば子ども食堂が地域社会の交流の場になっているとさまざまな人に印象づけることができるでしょう。

　子ども食堂は、子どもにまつわる問題を家族だけが引き受けるのではなく、地域社会に開いてゆく可能性を示唆しています。これは、子育てや共食を介することで、血縁に縛られることのない、誰でも参画することができる**公共**の場を創り出していくことに繋がります。公共の意味が変化しつつあるのです［⇒**6-1**、**6-5**、**12-2**］。

1 2021年の国民生活基礎調査（厚生労働省）によれば、17歳以下の子どもの貧困率は11.5%で9人の子どものうち1人は相対的な貧困状態にあると報告されています（厚生労働省 2022）。阿部（2008）は、「相対的貧困」をある社会の中で通常だと考えられる生活ができない状態といい、「絶対的貧困」を衣食住が十分に満たされておらず、生死に関わる状態と述べています。開発途上国の貧困や戦争直後の日本の状況は「絶対的貧困」に分類されます。国際社会の中で、日本の子どもの貧困率は先進39カ国中11番目で決して低くないことが報告されています（阿部 2023）。

2 ここでいう地域コミュニケーションとは近所の人との付きあいだけでなく、小学校区や自治体など社会関係の維持や地域行事の運営など地域の人や組織などとのさまざまな関わり方を指します。また、近年では、ケーブルテレビやコミュニティFM、SNSなどを用い、地域への関心を高めたり、地域を活性化したりすることも地域コミュニケーションだといわれています（宮本 2013）。

※本稿は筆者が東海大學日本語言文化學系國際シンポジウム（2018年1月20日）で発表した「子ども食堂─大学と地域社会との連携」を書き改め、加筆を施したものです。

引用文献

阿部彩（2008）『子どもの貧困』岩波書店

阿部彩（2014）『子どもの貧困II』岩波書店

阿部彩（2023）『ユニセフ　イノチェンティ　研究所レポートカード18「豊かさの中の子どもの貧困」日本についての解説」『ユニセフ「レポートカード18」』<https://www.unicef.or.jp/news/2023/0209.html> 2024.6.12

NPO法人 豊島子どもWAKUWAKUネットワーク（2016）『子ども食堂をつくろう！』明石書店

黒谷佳代・新杉知沙・千葉剛・山口麻衣・可知悠子・瀧本秀美・近藤尚己（2019）「小・中学生の保護者を対象とした「子ども食堂」に関するインターネット調査」『日本公衆衛生雑誌』66 (9). pp.593–602.

厚生労働省（2022）「2022（令和4）年　国民生活基礎調査の概況」『厚生労働省ホームページ』<https://www.mhlw.go.jp/toukei/saikin/hw/k-tyosa/k-tyosa22/index.html> 2024.6.12

認定NPO法人 全国こども食堂支援センター・むすびえ（2024）「2023年度のこども食堂全国箇所数調査（2023年度確定値）」<https://musubie.org/news/8560/> 2024.6.12

農林水産省（2017）「子ども食堂と連携した地域における食育の推進」『農林水産省ホームページ』<http://www.maff.go.jp/j/syokuiku/kodomosyokudo.html> 2024.7.30

福田いずみ（2017）「社会貢献・高齢者福祉 広がりをみせる子ども食堂─JAの関与と可能性」『共済総研レポート』154, pp.48–51．JA共済総合研究所

宮本節子（2013）「地域コミュニケーション」石井敏・久米昭元編『異文化コミュニケーション事典』p.32. 春風社

湯浅誠（2017）『「なんとかする」子どもの貧困』KADOKAWA

吉田祐一郎（2016）「子ども食堂活動の意味と構成要素の検討に向けた一考察─地域における子どもを主体とした居場所づくりに向けて」『天王寺大学紀要』62, pp.355–368．四天王寺大学

Chapter

13

健康とリスクと
コミュニケーション

Section ▶ 1 ヘルス・コミュニケーションの輪郭

キーワード ヘルス・コミュニケーション（Health Communication）、健康の生態モデル（ecological model of health）、高度化する医療

エピソード 「高齢者の医療費へのまなざし」
ある大学生が『医療とコミュニケーション』の授業で書いてくれたコメントシートです。

わたしの祖母は70代で長く通院しています。「とても良いお医者さんなの。お話しも丁寧にしてくれるし。」と満足気ですが、わたしはそうは思いません。祖母のいう良いお医者さんは、ただ話を聞くだけで病気を治していません。祖母も不満も言わず先生に従うばかりです。医療費が国の財政を圧迫するといわれている昨今、安易に病院にかかる祖母みたいな人がいるから、大変になるんじゃないかと思います。だから祖母がこの話しを始めるとわたしはいつもイライラとしてしまうのです。

この学生のイライラはどこからくるのでしょうか？

1. ヘルス・コミュニケーションとは

ヘルス・コミュニケーション（Health Communication）は学際的な応用領域・実践領域であるといわれます（Schiavo 2014）。対象は幅広く、ある地域社会の健

康増進を目的とする集団・地域レベルのコミュニケーション活動から、一個人の健康状態を援助する患者－医師などの対人レベルで行われるコミュニケーション活動までさまざまです。

便宜上、「ヘルス・コミュニケーション」と称したときは、集団への日常的な啓発活動を指します。同じく集団レベルであっても大震災や世界的大流行（パンデミック）など緊急時の対応は「リスク・コミュニケーション」と呼び、差別化を図ります［⇒**13-4**、**13-5**］。どちらもコミュニケーション研究に加え社会心理学やマーケティング、行動経済学の知識を応用します。対人レベルのものは、メディカル・コミュニケーション[1]と称し、より社会心理学の影響が強い領域です。

2. 健康の生態モデル

エピソードの中の学生の抱える「イライラ」は一見対人レベル（メディカル）の問題のようでいて、その実、地域社会、果ては国の政策まで広がりのある話です。ここには、高齢化社会における医療制度への過剰な財政負担に対する思い込みが見え隠れします。そして、それに裏打ちされた社会通念が広く定着していることもわかります。このような思い込みにどのような危険性があるのかを**健康の生態モデル**（ecological model of health）から捉えてみましょう。

健康の生態モデルとは、ある人の健康状態は、個人内、対人・集団内、組織内、地域内、政策と5つのレベルに起因あるいは影響された複合的結果（相互的因果関係）であるという考えにもとづいています（McLeroy et al. 1998）。エピソードの中で、大学生は祖母の健康状態が良くならないことを祖母の**自己責任**[2]であるかのように考えています。この現状を生態モデルでは、祖母が病とどう向きあうか（個人内）という問題だけではなく、医師との関係が良好であること（対人内）や、家族の継続的な支えがあること（集団内）を加味しなければならないことを教えてくれています。さらに、受け入れ病院の連携が円滑であること（組織内）、安全な通院ができ地域での活動が病を理由に妨げられない環境が整っていること（地域内）、長期にわたる通院を可能とする国による医療費の補助が充実していること（政策）など、幾重にもわたる条件が整って

Chapter 13　健康とリスクとコミュニケーション　249

はじめて健康状態が改善・維持されると考えます。

3.　見せかけの社会通念

　ところで、今回のエピソードのように「高齢者の医者通いが国の財政を圧迫している」といって糾弾する人は少なからずいます。高齢者は他の世代に比べ医療機関を受診する回数が多く、それは行政の医療費負担に直結します（厚生労働省保険局調査課 2023）。しかし、純粋に費用の問題を考えたとき、**高度化する医療**も無視できない財政問題であるはずなのに、こちらは人々の関心を集めません（神田 2016）。

　先端技術に支えられている今日の医療は費用がかさみます。医療現場で使われる機器や医薬品は、開発に莫大な時間と予算がかけられ、技術の粋が詰まった結果、高額になりました。今後もこの流れは続くでしょう。質の良い医療、ひいては健康で豊かな暮らしを支えるための開発努力が結果的に医療費を圧迫するというのは皮肉な話しです。一方、「医療費を圧迫する高齢者」と「負担者としての若く健康なわたしたち」が対立する構図はわかりやすい上に前者を切り捨てるという選択肢に強い説得力を持たせます［⇒**5-1**、**6-4**］。

　このようなわかりやすい構図が横行するのは憂慮に値します。個人の意見は集団の意志となり、ときに権力のある個人が意図的に集団を扇動し、そこに十分な動機付けが得られれば政策へと反映されます。また、そのような政策が施行されれば、それは人々へ浸透していき新しい社会通念となります。つまり公然と糾弾がおこなわれる土壌ができ上がるのです。このように、健康の生態モデルは、個々のレベルでは見えづらかった人々の営みを包括的に分析することから、現状認識にとても役立つモデルであるといえます。

1 医療コミュニケーションとも。

2 健康にかかる問題を考えるとき、自己責任論を持ち出すことは「諸刃の剣」であると津川（2020：210）は指摘します。一人ひとりの健康意識を高める一方で、社会として病気を患った人を非難の対象としてよいという風潮を許してしまうからです。

引用文献

神田慶司（2016）「高齢化以上に増加する医療費」『日本経済　経済・社会構造分析レポート』<https://www.dir.co.jp/report/research/policy-analysis/social-securities/20161024_011343.pdf> 2024.6.25

厚生労働省保険局調査課（2023）「医療保険に関する基礎資料〜令和3年度の医療費等の状況〜参考1 医療費の動向」<https://www.mhlw.go.jp/content/kiso_r03.pdf> 2024.8.1

津川友介（2020）『世界一わかりやすい「医療政策」の教科書』医学書院

McLeroy, K. R., Bibeau, D., Steckler, A., & Glanz, K. (1988). An ecological perspective on health promotion programs. *Health Education Quarterly, 15*(4), 351–377.

Schiavo, R. (2014). *Health communication: From theory to practice* (2nd ed.). Hoboken, NJ: Jossey-Bass.

Section ▶ 2

インフォームド・コンセントから
ナラティブの交錯へ

キーワード 医療コミュニケーション（Medical Communication）、
インフォームド・コンセント（informed consent）、
エビデンス・ベイスト・メディスン（Evidence Based Medicine：EBM）、
ナラティブ・ベイスト・メディスン（Narrative Based Medicine：NBM）

エピソード 「病との向きあい方」

大学生（孫） おばあちゃん、今日も病院？

祖母 そうよ。心配してくれてありがとうね。

大学生（孫） ねぇ病気よくなっているの？　最近の数値はいいの？
わからないことはきちんと尋ねている？　薬ばっかり
だされてるんじゃないの？　いらないものはちゃんと
断ってる？　この前もテレビで納得のいかないことは
きちんときけって言ってたじゃん。

祖母 そうねぇ。いっぱいやることがあって大変ねぇ。先生
はもうちょっと散歩をしなさいって言うけれど、難し
いわ。あそこも二代目先生になって、最初こそ「あれ
をしろ、これができていない。」って小生意気だったけ
れど、ようやく「また来月まで元気でね。」って言える
ようになったのよ。こっちの話しも聞くようになった
し。まぁ、なんでもそうだけど、時間がかかるわよ
ねぇ。大学はどう？　忙しいのにおばあちゃんの話し
に付きあってくれてありがとう。

大学生（孫） …おばあちゃん、何しに病院に行ってるの？

252　Part Ⅳ　市民参加とコミュニケーション

祖母と孫では病気との向きあい方が違いますが、祖母の話をどのように理解することができるでしょうか？

1. 医療コミュニケーションとは

ヘルス・コミュニケーションの中でも医療の現場での対人コミュニケーションを**医療コミュニケーション** (Medical Communication)[1] といい、その中でも対患者のものを医療面談と称します。祖母がここで求めることは、医師の手助けを借りて元気に日常を送ることです。対する孫は、祖母にもっと主導権を握るように訴えます。このように医療へ求めるものには世代格差があり、これはグローバリゼーションの影響が少なからずあります。

2. 医療とコミュニケーション

医療の現場に押し寄せるグローバリゼーションにはさまざまなものがあります。「技術」の発達はもちろん、「思想」も輸入され、病と向きあう姿勢も変化してきました。**インフォームド・コンセント** (informed consent：説明を受けた上での同意) はその最たるもので、これには医療者が敏感に反応しました (五十嵐 2004、尾藤 2011)。

尾藤 (2011：405) は、変化する医療面談を次の様に表現しています。メディアが流す一般向けの扇動的な医療情報があふれている昨今、まず患者であるわたしたちは「医療に対して安心を求める」姿勢を見せるようになりました。一方医療者は、患者の権利を擁護する世界的な動き[2]、訴訟などの法律問題がメディアで大きく取り上げられていることへの警戒、倫理的課題など、社会の変化の中で自身の対患者のスタイルを変化させるに至りました。これは、患者が医師に対して従属的になりがちだったかつてのパターナリズム的 (父権的・温情的な干渉) 面談から「クライアントと技術提供者」の面談への移行へと変化してきたことからもわかります (尾藤 2011：405)。

従来の医療は確かに問題がありました。医療者に多くの決定権を委ねてしまい、横柄ともとれる態度を患者が容認してしまったからです。しかし現代

の潮流であるインフォームド・コンセントも、ともすると、医療者の責任逃れのためだけの「患者の自己責任論」を展開する過剰な戦略とも取れます。

高度に専門的で細分化されたリスク（不確実性）の高い治療方針はそもそも素人が理解するには困難です。加えて、担当した医師の腕すら患者が「選択した」とするのは行き過ぎですし（尾藤2011）、医療者の側も患者が自ら望めば自殺でさえほう助するのかという問題に発展してしまいます（五十嵐2004）。

では、患者－医療者のコミュニケーションはどこへ向かえばいいのでしょう？

3. EBMの実践、それからNBMの導入へ

インフォームド・コンセントで医療者から患者へ説明される治療内容は、科学的根拠に準じています。これを**エビデンス・ベイスト・メディスン**（Evidence Based Medicine：EBM）[3]といいます。具体的には、医師が患者の希望を聞き、その希望を叶えるべく標準治療だけではなく科学的に根拠のある治療を最新の論文などから探し出して提案し、それに患者が同意すれば治療が進められる過程のことを指します。しかし、科学的根拠はわたしたちが期待するほど白黒はっきりしたものではありません。さらに医学の進歩によって治療の選択幅は急速に広がりむしろ一つひとつの選択は不確実性を帯びています。

これと対をなすように**ナラティブ・ベイスト・メディスン**（Narrative Based Medicine：NBM）というものもあります。NBMは「患者の主体的な体験」（抱井2004：175）あるいは**物語**（ナラティブ）から、患者を全人的に理解し治療につなげていく試みです。エピソードの祖母の語りのように、患者の物語には、患者の実感する病（illness）の原因や病を患う苦悩だけではなく、疾患（disease）の兆候すら隠れています（Greenhalgh and Hurwitz 1999）。これは医療者が耳を傾けるべき、価値のある情報なのです。

1 対人のみならず医師・看護師・薬剤師など複数の医療者が集まる小集団も含みます。

2 患者の権利に関する WMA リスボン宣言。

3 メディスン＝医療、診療。Evidence Informed Medicine とも。

引用文献

五十嵐雅哉（2004）「医療におけるパターナリズムが正当化される条件」『日本老年医学会雑誌』41, pp.8–15. <https://www.jstage.jst.go.jp/article/geriatrics1964/41/1/41_1_8/_pdf/-char/ja> 2024.7.1

抱井尚子（2004）「第 7 章　健康コミュニケーション」岡野正雄編『わかりやすいコミュニケーション学—基礎から応用まで』pp.173–210．三和書籍

尾藤誠司（2011）「〈特集「医のプロフェッショナリズム」〉新たな患者—医療者関係の中での医療者の役割」『京府医大誌』120 (6), pp.403–409. <http://www.f.kpu-m.ac.jp/k/jkpum/pdf/120/120-6/bitou.pdf> 2024.7.1

Greenhalgh, T., & Hurwitz, B. (1999). Why study narrative? *British Medical Journal, 318*, 48–50. <https://www.ncbi.nlm.nih.gov/pmc/articles/PMC1114541/pdf/48.pdf> 2024.7.1

Section ▶ 3

にわか医療通訳者から
専門の医療通訳へ

キーワード　医療通訳、アド・ホック通訳（にわか医療通訳）

エピソード　**「友達の通訳をする」**
国際交流に関心のあるアキラさんは、友人である中国人の王さんに
大学病院の付き添いを頼まれ快諾しました。王さんの手伝いをしたい気持ちもありますし、自分が学んだことを生かす場が欲しいという思いもあります。

アキラさんにはどんな困難が待ち受けていると思いますか？

1. 医療通訳の現状

　エピソードのように、善意から、あるいは必要に駆られて「にわか通訳者」となる場面は珍しいことではありません。しかしいざ付き添いを、と思っても、日本のことでありながら予約なしに大きな病院への受診が可能であるか、またその予約を患者本人が取ることができるのかといった「システムに関わる知識」を持っている人は少ないのではないでしょうか[1]。これらはどのような問題に発展してゆくのでしょう？

　日本の在留外国人の数は、2023年末時点で、中期在留者は313万人弱、特別永住者を合わせると341万人を超えます（法務省 2024）。その中には日常生活は問題がなくとも、医療機関を受診するときに通訳を介さず症状を訴え、医

256　　Part IV　市民参加とコミュニケーション

師の指示を理解することが困難な人は多くいます。生活の場面で行われるコミュニティ通訳のうち、診察室でのやりとりを含めた医療支援の一環として行われる通訳を**医療通訳**と呼びます (川内 2011)。そして訓練を受けていない知人や家族が行うそれは**アド・ホック通訳**、もしくは**にわか通訳**といい区別します。

永田・濱井・菅田 (2010) は静岡県在住の在日ブラジル人からの聞き取り調査でこのアド・ホック通訳者が、医学専門用語がわからないために医療者や患者のことばを省略・追加してしまうことや自己流の解釈を混ぜて発言してしまうなどの問題を明らかにしました。アド・ホック通訳者が限られた読解力の中でつじつまをあわせようとして引き起こすコミュニケーションの齟齬は、医師が患者の人柄や主訴を誤解したり、患者が服薬指導を理解できなかったりといった事態へと発展します。さらに、医療者が過剰な検査を行ったり、治療方針の選択を誤ったりすることで、患者の体調が悪化したり (再来する・入院が長引く)、満足度が低下したりするなど望まない結果へとつながることも報告されています (Juckett and Unger 2014)。

上記の調査では、緊急を要する手術やがんの告知など、引き受けた当初には想定もしていなかった「過酷な告知」(永田・濱井・菅田 2010 : 165) に立ち会わなければならなかったケースも報告され、アド・ホック通訳者の起用が医療者や患者だけではなく通訳者本人の心理負担となることも明らかにされました。また、見過ごしてはならないのが、近親者とプライバシーを共有せざるを得ない状態が作り出されている点です (永田・濱井・菅田 2010)。これはつまり、「守秘義務がない＝**個人情報**が保護されていない」ということです。倫理規定や指針がない状態は、関わる者すべてにとって負担のかかる状態を作り出します。その一方で、専門家を雇うには時間的制約や金銭的制約があることも事実です。

2. 現状への対応

このような現状のなか、さまざまな取り組みが行われています。エピソードのような滞在期間の比較的長い人に加え、短期滞在の訪日外国人観光客の

増加をうけ、厚生労働省ならびに観光庁は2023年に「外国人患者を受け入れる医療機関の情報を取りまとめたリスト」を作成し公開しました（厚生労働省医政局総務課医療国際展開推進室・観光庁 参事官（外客受入担当）付 外客安全対策室 2023）。各医療機関の外国人患者対応の専門部署の有無や、コーディネータの有無、対応言語と対応日時、医療通訳者の有無などが記載されています。しかしこれらのサービスは外部委託に頼っており、国際交流協会の対人医療通訳サービスや、民間の電話やタブレットを介した遠隔通話サービスなどに支えられています。森田と吉富（2020）によると遠隔通話サービスは2020年時点で4,000カ所以上の医療機関で利用されています。多くの外国人が暮らす愛知県では、医療関係団体と行政、関係大学が連携をとり、平成24年より「あいち医療通訳システム」を実施しています（あいち医療通訳システム推進協議会 n.d.）。有料の派遣通訳や電話通訳、翻訳作業に加え、ホームページ上入手可能な医療機関へ向けた情報も提供しています[2]［⇒**6-5**］。

　以上を踏まえて、あなたがアキラさんなら、王さんと自分のためにどんなことができるでしょう？

1 外来診療の機能分化に伴い、緊急時や、やむを得ない場合を除いて、特定機能病院および一般病床500床以上の地域医療支援病院を利用すると定額が徴収されます（厚生労働省保険局2017）。

2 2024年現在、英語、中国語、ポルトガル語、スペイン語、フィリピン語、ベトナム語、タイ語、インドネシア語、ネパール語、マレー語、アラビア語、韓国・朝鮮語、ミャンマー語を提供しています。電話での通訳は、24時間365日、英語、中国語、ポルトガル語、スペイン語、ベトナム語、フィリピン語、韓国・朝鮮語を提供しています。

引用文献

愛知医療通訳システム推進協議会HP (n.d) <https://www.aichi-iryou-tsuyaku-system.com/> 2024.6.25

川内規会（2011）「日本における医療通訳の現状と課題─外国人診療 に関する調査から」『Kyushu Communication Studies』9, pp.25–35. 日本コミュニケーション学会 <http://kyushu.jca1971.com/KCS_09_04_Kawauchi.pdf> 2024.6.25

厚生労働省医政局総務課医療国際展開推進室・観光庁 参事官（外客受入担当）付 外客安全対策室（2023）「「外国人患者を受け入れる医療機関の情報を取りまとめたリスト」について」『医療の国際展開』<https://www.mhlw.go.jp/stf/newpage_05774.html> 2024.5.9

厚生労働省保険局（2017）「平成29年10月4日第107回社会保障審議会医療保険部会資料2-2外来時の負担等について」<http://www.mhlw.go.jp/file/05-Shingikai-12601000-Seisakutoukatsukan-Sanjikan-shitsu_Shakaihoshoutantou/0000179591.pdf> 2024.7.1

永田文子・濵井妙子・菅田勝也（2010）「在日ブラジル人が医療サービスを利用する時のにわか通訳者に関する課題」『日本国際保健医療学会雑誌』25(3), pp.161–169. 日本国際保健医療学会

法務省HP（2024）「令和5年末現在における在留外国人数について」<https://www.moj.go.jp/isa/publications/press/13_00040.html> 2024.5.9

森田直美・吉富志津代（2020）「特集 多文化共生時代の医学教育 ２．医療現場における医療通訳者の協働 ２−１医療通訳者の立場から期待と提言」『医学教育』51(6), pp.643–649.

Juckett, G., & Unger, K. (2014). Appropriate use of medical interpreters. *American Family Physician Journal*, *90*(7), 476–480. <https://www.aafp.org/afp/2014/1001/p476.pdf> 2024.8.1

Section ▶ 4

「障害」になること、
ならないこと

🔑
キーワード　障害、社会構造、健康状態の維持、健康格差の解消、障害者差別（ableism）

🎬
エピソード　「障害だからヘルス・コミュニケーション？」
今回はコミュニケーション学の先生と、それを学ぶお洒落な眼鏡をした学生（イブミさん）の会話を覗いてみましょう。

> **イブミ**　障害者のことを学ぶのもヘルス・コミュニケーションなんですよね？
>
> **先生**　それは少し乱暴です。「障がい」のある人の研究でもヘルスの出番がないものもありますし、健康な人へってものもあります。そもそもコミュニケーション研究者の仕事じゃないものもありますし。うーん。どうしたものでしょうね。あ、お洒落な眼鏡をしていますが、あなたは「障がい」者ですか？
>
> **イブミ**　いいえ。先生ってばヘンなことを聞きますね。

あなたがイブミさんならこの後どう答えますか？

1. ヘルス・コミュニケーションの考え方

　ヘルス・コミュニケーションは患者と医療者の面談［⇒**13-1**］や集団の健

260　Part IV　市民参加とコミュニケーション

康状態の向上を目的としたコミュニケーション戦略[1]を研究対象とします。その一方で、イブミさんが思うような障害者を対象としたものは他の領域で研究するほうが適当であると判断される場合もあります[2]。ここではヘルス・コミュニケーションという領域が何に関心があるのかを見ていきましょう。

視力矯正のための眼鏡を必要とする人、つまり「目が悪い」人は珍しくありません。ただそのような人たちを障害者だと認識する人は少ないでしょう。その一方で白杖を手に歩く人を街中で見かけると、その人たちを障害者であると認識しない人もいないのではないでしょうか。

眼鏡をかけることで視力の補正が可能な人を日本で障害者と認識しないのは、ひとえに社会の仕組みが整っているからです。日本では目 (身体) の不調は、乳幼児期の検診や学校健診などで早期に発見されます。多くの場合それは無料です。その後、程度にもよりますが眼鏡を作ればよいだけです。街に眼鏡屋はあふれており、値段も手ごろなものからあります。そしてそれを装着していても、周囲の人々から奇異な目を向けられることもありません。学校では黒板の字は読めますし、スポーツも楽しめます。視力による制限のある職はあるものの、視力を理由にほかの能力も劣るとされて雇用されないなどという事態も起こり得ません。生まれてから大人になり社会で活躍するまでの間、その人の社会生活が阻まれるような大きな「障害」がここには存在しないのです。わたしたちが、ある身体の状態を問題があるか無いかと判断する基準、つまり**障害**の有無は、身体の状態以上に、ある特定の地域・社会がその身体の状態で暮らすうえでどれだけのサポートを提供できるかという**社会構造**によるところが大きいとされています[3]。

エピソードでは眼鏡がお洒落であることが強調されていました。日本において眼鏡はファッションアイテムとしての地位を確立しています。趣向としての付加価値 (市場価値) が見いだされたことで、眼鏡をかける人は障害者というくくりから抜け出しただけではなく、選択の自由のある消費者としての権利を獲得したのです。このような**健康状態の維持**のためのコミュニケーションも、ヘルス・コミュニケーションの活動の1つです。

では聴覚が弱い、それもほぼ聞こえないと判断された人 (聴覚障害者) はどうでしょう。外見的な特徴はありませんから、無表情で「だまって」立ってい

れば、周囲が奇異な目で見ることはありません。しかしコミュニケーションを取ろうとしたときの行動 (手話や筆談)⁴が人目を引いてしまいます。では衆目を集めないようにするため読唇を学べばいいのでしょうか。あるいは、人工内耳の装着のための手術という手もあります。

たしかに読唇や人工内耳などで「話す日本語」とのバイリンガルの道を示すことはその人の可能性を広げるでしょう。しかし、聴覚障害者とその近親者に多大な経済的・心理的負担を求めてでも健常者に近づくことこそがよいとする**障害者差別** (ableism) (Sue and Sue 2016) が社会の根底にあり、上の眼鏡をかけた人にあるような受け皿は今のところありません。このように、患者–医療者のコミュニケーションのほかに［⇒**13-2**］、社会の中の健康状態の維持や**健康格差の解消**をしようとするのもヘルス・コミュニケーションです。

2. 表記問題から考える

最後に、「しょうがい」ということばについて少し触れます。エピソードの先生のように、人がお荷物のように扱われてはならないと考える人たちは「障害」を「障がい」と平仮名表記するべきだと主張します。その一方で、社会から「正しく」迫害されているのに仮名表記を採用することは隠ぺいを図ろうとするに等しいと危惧する人もいます。さらには、むしろ妨げの意が強い「碍」の字を使用すべきだと考える人や、その「碍」に違う意味を見出す人⁵、表記にこだわるのは本質的な問題から話しやすい話題へとすり替えをしているにすぎないと考える人もいます［⇒**6-1**、**7-4**］。

あなたは、障害の「がい」を、あるいは「障害」ということばそのものをどう表記すべきだと考えますか？　それはどうしてですか？

1 ヘルス・プロモーション（health promotion）とも。

2 医療の現場であっても、たとえば口蓋裂の人の発話練習といったリハビリテーションは言語聴覚士などの仕事で、コミュニケーション研究者の仕事ではありません。

3 このような障害を構造的に理解するとき世界保健機構（WHO）の国際世界機能分類（International Classification of Functioning, Disability and Health）が役に立ちます（厚生労働省社会・援護局障害保健福祉部企画課 2002）。

4 アメリカの National Institute on Deafness and Other Communication Disorders（2020）によると、手話は独自の文法構造の存在する言語であると認識されており、他の言語同様に特定の「動作」に任意の意味を付与しています。また、手話は、喜怒哀楽といった顔の表情のように、世界のどこででも通じるわけではありません（ただし、世界共通の International Sign Language というものを普及させようという動きもあります）。ことばは地域に根差して集団の構成員に使われることで発達します。手話も同様で、同じ英語圏でもアメリカはアメリカ手話（American Sign Language：ASL）がありイギリスにはイギリス手話（British Sign Language：BSL）があります。また、アメリカ国内でも他地域との交流が少ないところでは独自の発展を遂げているという報告があります。ちなみにこういう比較をするとき、日本人の使用している手話は日本手話（Japanese Sign Language：JSL）と呼びます。そして聴覚障害者が「話す日本語」を学べばバイリンガルとなります。

5 ショウガイ表記にはこのほかにも「チャレンジド」というものもあり（障がい者制度改革推進会議 「障がい」の表記に関する作業チーム 2010）、これらの表現方法は当事者のアイデンティティを示すものだと考えられます（杉野 2014）。

引用文献

厚生労働省社会・援護局障害保健福祉部企画課（2002）「「国際生活機能分類―国際障害分類改訂版―」（日本語版）の厚生労働省ホームページ掲載について」<http://www.mhlw.go.jp/houdou/2002/08/h0805-1.html> 2024.7.1

障がい者制度改革推進会議 「障がい」の表記に関する作業チーム（2010）「「障害」の表記に関する検討結果について」<https://www8.cao.go.jp/shougai/suishin/kaikaku/s_kaigi/k_26/pdf/s2.pdf> 2024.8.1

杉野昭博（2014）「ショウガイの表記をめぐる議論」小川喜道・杉野昭博編著『よくわかる障害学』pp.18–19．ミネルヴァ書房

NIDCD (2020). NIDCD fact sheet: Hearing and balance. <https://www.nidcd.nih.gov/sites/default/files/Documents/health/hearing/american-sign-language-2020.pdf> 2024.6.25

Sue, D. W., & Sue, D. (2016). Counseling individuals with disabilities. (pp.635–658) In D. W. Sue & D. Sue. *Counseling the culturally diverse: Theory and practice* (7th ed.). Hoboken, NJ: Wiley.

Section ▶ 5
災害リスクの管理と行動を促す コミュニケーション

キーワード　災害リスク、リスク、行動変容、リスクポリシー

エピソード　「いつものことなら大丈夫」

スマホの緊急速報。台風接近に伴う緊急避難勧告の通知。

　　ジュン　　あ、うちの地元の学区、避難勧告だって。
　　アキラ　　え、ホント？　でも、大丈夫でしょ。雨すごいけど。風もすごすぎるけど。大丈夫だよ。みんなフツーに家に帰ってるし。
　　ジュン　　そうだよね。いつものことだし。みんな何もしてないし。大丈夫だよね。あ、電車来た。ばいばい。
　　アキラ　　うん。じゃあね。

このように「いつものこと」と処理されてしまう通知を、あなたが避難勧告を出す立場ならどのようなメッセージにしますか？

　通信機器が普及した現在、わたしたちの手元には、通信会社の協力のもと、自分の暮らす地域の災害や避難などの特別警報が届くようになりました（気象庁 n.d.）。しかしわたしたちが実際にその情報を基に行動しているかというと疑問が残ります。エピソードの中のジュンさんも、市の緊急情報メール配信サービスに登録をしていますが、おそらく避難所へはいきません。こうし

た心の動き（動機）を心理学的に検討することもできますが、ここでは、「行動しない」人たちをヘルス・コミュニケーションではどのように捉えているかについてお話ししたいと思います。まずは「いつものこと」と処理される日本の災害対策がどのように専門家から評価されているかを紹介します。

1. 日本の防災への評価

　地震や津波、火山などの自然災害が多い日本は、**災害リスク**を管理するためにさまざまな対策がとられ、その成果は世界へと―とりわけ途上国の貢献になることを目的として―発信されています（World Bank Tokyo DRM Hub 2024）。日本が災害規模に対して被害が少ない理由は次のように考えられています。まず、災害リスクに対応するために建築物（防壁）やハザードマップなど技術的な投資をしていること、避難訓練などの「防災文化」が根付いていることなど中央官庁から地域のNGOまで有事における自団体の役割を認識していること、そして建築法などの法令に防災の意識が反映されていることなどです（世界銀行 2012：3）。

　上のような災害に強い地域づくりは高く評価される一方で、東日本大震災では、市民へ防災技術の限界の周知が足りなかったことや防災弱者を想定した防災プランが立てられていなかったことが課題であるとも指摘されています。

2. リスクを伝える戦略

　そもそも**リスク**という時、わたしたちは何を指しているのでしょう。このことばは経済学や、安全工学をはじめさまざまな分野で使用されますが、ヘルス・コミュニケーションが扱うリスクはバイオテロリズム、化学災害、感染症、自然災害、放射能、爆発など健康に影響を及ぼす危険についてが一般的で（CDC 2012, 2014）、株が暴落する危険性などではありません。では、そのような災害時の**リスク・コミュニケーション**とはどうあるべきなのでしょうか？

　アメリカを例にとってみると、同国疾病対策センター（CDC）は、地域で生

活する一人ひとりが自ら被害を最小限にとどめるための行動を選択すること
を促す、つまり人々の**行動変容**のためのメッセージを作る活動をリスク・コ
ミュニケーション活動であると定めました。それに立脚し2002年にCERC
(Crisis and Emergency Risk Communication) という市町村や企業が倣うことのできる
戦略を発表しています (CDC 2012)。このようなリスクへの戦略はリスクポリ
シーとも表現します。**リスクポリシー**——リスクに対する方針——があると、有
事の際に狭くなりがちな視野 (narrow framing) を広く持たせること (broad framing)
を可能にします。そして広く多角的に検討することが良い意思決定につなが
ると考えられているのです (カーネマン 2012)。

3. 災害とSNS上の偽情報

　2020年以降のコロナ禍[1]や、2024年元日に発生した令和6年能登半島地震
では多くの偽情報がSNS上に流れました。インフォデミック、災害デマと称
されるこれらの偽情報が登場するのは初めてではありませんが[2]、近年増加傾
向にあります。これらの偽情報は時間を追うごとにその性質が変化すること
もわかってきました。NHKのまとめによると、災害発生直後は原因や救助要
の、対応時は著名人や公的支援の、そして復旧・復興時は生活に関する偽の
情報が流れます (NHK 2024)。「偽情報」というと悪意を感じますが、救助要請
などは人々の善意によって拡散される側面もあります (AERA編集部2024.1.15)。
その一方でインターネットの広告収入を目的とした**アテンション・エコノミー**
に使われていることも確認されています (朝日新聞 2024.3.15)。「そもそも SNS は
その時々の感情を共有するツールです。正確な情報もあれば、間違っている
情報もあるのだと知っておくことが大事です」(AERA編集部 2024.1.15：14) と警告
する専門家もおり、わたしたちのメディアリテラシーが大きく問われている
のかもしれません。

　上記のCERC (CDC 2012, 2014) は、責任ある立場の人々へ向けて災害時の情
報発信 (Crisis Communication) について次のように提案しています。人々の情報
処理能力は、平常時に比べると衰えます。受け取ったメッセージを理解しや
すいように簡略化してしまう傾向もあり、さらに過去の経験に基づき行動し

ます。これらを踏まえ、情報の難易度を下げねばなりません。その一方で「量」は多いほうが人々の不安は減少することから頻繁な情報更新が望ましいです。しかし、わたしたちはそのような情報よりも自分の思い込みを優先するうえ、一度頭に入ってきたメッセージの上書きは困難なのだとか。つまり公に情報を発信する者は、印象の上書きが困難であることを踏まえ初動における発信を慎重に行いつつも、簡略化した最新の情報を発信し続けなければならないのです。

　では、改めてジュンさんとアキラさんに避難を促すようなメッセージとはどのようなものでしょうか?

1　日本での患者の報告は2020年1月〜ですが、世界的にはコロナ禍は2019年以降の期間を指します。

2　2011年の東日本大震災の時も某石油会社のタンクが爆発した際に有害ガスが発生しているというデマがSNS上で流れました(鳥海2018)。

引用文献

AERA編集部 (2024.1.15)「後を絶たない、デマ情報の投稿　非常時にSNSで拡散されやすい流言やうわさ　能登半島の衝撃」『AERA 2024年1月22日号』p. 14

朝日新聞 (2024.3.15)「(山口真一のメディア私評) 災害時のデマ投稿・拡散　質より閲覧数稼ぎ、求められる対策」朝刊15頁

NHK (2024)「これから拡散しやすいデマって?過去の災害から見えたこと」<https://www3.nhk.or.jp/news/html/20240113/k10014319311000.html> 2024.5.10

カーネマン・ダニエル (2012)『ファスト&スロー (下) ―あなたの意思はどのように決まるか?』早川書房

気象庁 (n. d.)「特別警報について」<http://www.jma.go.jp/jma/kishou/know/tokubetsu-keiho/> 2024.7.1

世界銀行 (2012)「災害が日本に残した教訓―他の国は何を学べるのか」『大規模災害から学ぶ―東日本大震災からの教訓　概要版』<http://siteresources.worldbank.org/JAPANINJAPANESEEXT/Resources/515497-1349161964494/KnowledgeNote_ALL.pdf> 2024.7.1

鳥海不二夫 (2018)「ソーシャルメディアにおける災害情報」『災害情報』No.16-2 pp. 139–142.

CDC. (2012). Crisis and Emergency Risk Communication. 2012 Edition. Atlanta, GA: U.S. Centers for Disease Control and Prevention. <https://stacks.cdc.gov/view/cdc/22159/cdc_22159_DS1.pdf> 2024.7.1

CDC. (2014). Crisis and Emergency Risk Communication. 2014 Edition. Atlanta, GA: U.S. Centers for Disease Control and Prevention. <https://emergency.cdc.gov/cerc/resources/pdf/cerc_2014edition.pdf> 2024.7.1

World Bank Tokyo DRM Hub. (2024). Japan-World Bank program for mainstreaming disaster risk management in developing countries. <https://documents1.worldbank.org/curated/en/099529205152413616/pdf/IDU11ea1930418186140251a85c1eb4a75a329d0.pdf> 2024.6.25

Section ▶ 6

人々の生活とリスクの理解
——健康増進から市民教育、災害時の避難まで

キーワード　リスク・コミュニケーション、ケア・コミュニケーション、
コンセンサス・コミュニケーション、市民教育、災害コミュニケーション

エピソード　**「自分にとってのリスク」**

ジュン　　この前の台風、すごかったね。

イブミ　　ねー。なんか避難のメールきてたよね。あれってリスク・コミュニケーションでしょ。

ジュン　　あ、それわたしも思った。でも、危険ならなんでもリスク・コミュニケーションってことになるのかな？

イブミ　　タバコは有害なのでやめましょうとか？

ジュン　　あー。新しいごみ処理場作りますとか。

イブミ　　それはちがうでしょ。それを言うなら「化学工場で大爆発！　みなさん避難してください！」みたいなのじゃないの？

ジュン　　えー。それこそありえないでしょ。化学工場、爆発しないって。

どれがリスク・コミュニケーションでしょうか？　その理由はなんですか？

268　　Part IV　市民参加とコミュニケーション

1. 生活の中のリスクとコミュニケーション領域の多元化

　エピソードで出てくる事例はすべてリスク・コミュニケーションと称して問題はないのですが、性質が異なります。仮に喫煙 (受動喫煙も含む) のリスクを事例A、ごみ処理場建設に伴う地域住民の将来的な健康被害というリスクを事例B、そして化学工場の爆発に伴う緊急時の安全確保と長期的な健康被害や地域の復興というリスクを事例Cとし、それらをLundgren and McMakin (2013) の**リスク・コミュニケーション** (Risk Communication) の概念に倣ってどのような活動が行われているか考えていきましょう。

　事例Aは**ケア・コミュニケーション** (Care Communication) といって、対象者の健康管理の援助を目的としています。このほか交通安全やがん検診の啓発などが例として挙げられます。集団であれば、オーディエンスの分析やそれを基にしたメッセージの生成といったソーシャル・マーケティングの側面を持ち、個人であれば医師の指導 (健康状態の回復・増進・維持) のように説得的な側面も持ちます。

　事例Bは**コンセンサス・コミュニケーション** (Consensus Communication) です。ここでの命題はリスクの管理方法に対する関係者たちによる対話の中で生まれる相互作用、合意 (コンセンサス) の形成です。このタイプのリスク・コミュニケーションは1980年代後半に米国研究評議会 (National Research Council 1989) の提言に登場したもので[1]、この分野の指針として使用されてきました。ところでこの合意形成は必ずしも対等な二者間のものではない点に留意しなければなりません。市民と行政、あるいは市民と大企業などの場合、権力の偏りは解消し難く、対話を重ねたところで一方の集団にとっての利益が他方のそれとなるわけではありません。ここで行われるのは、互いの意見のすりあわせや合意というよりも、集団や地域の構成員としての責任感を育て、その責任感でもって自分たちから歩み寄ってもらうという**市民教育**としての性質を持ちます。

　事例Bにあてはめると、建設業者や行政が一方的な通達をせずに時間をかけて地域住民と向きあうのは、建設の撤退や折衷案のためではありません。リスクの全くない平穏な状態 (ゼロ・リスク神話) を望む地域住民に対し、それ

Chapter 13　健康とリスクとコミュニケーション　　**269**

がいかに非現実的であるかを説くためであり、不確実性の高い中での決断が迫られているという状況判断を促すためです (吉川 2000)。

事例Cは**災害コミュニケーション** (Crisis Communication) の一例です。災害コミュニケーションには、このほか地震などの自然災害や伝染病の世界的な大流行 (パンデミック)、テロ被害などの人災などが含まれます。実際の災害は、緊急性と危険度の高い事象への戦略的対応と、事前の防災や事後の復興などの長期的な対話のコミュニケーションが含まれますが (吉川 2005)、災害コミュニケーションと称したときは概ね緊急時に焦点が置かれます。情報提供という一方向性が前面にでたコミュニケーションが適用され、いかに聴衆から協力的な態度を引出せるかがカギとなります。しかし、たとえば事例Cの工場火災が鎮火したあとの住民の生活保障や災害の復興などにおいてはコンセンサスの色合いが強くなります。なぜならそもそも起こりうる災害への備えとしての防災意識を育てる事業などは、地域住民の参画によって地域資源の再確認が行われ、危機管理への合意形成を得るための活発なやり取りが期待されるからです。

2. 複合的に交錯するコミュニケーション

ここまでケア、コンセンサス、災害とその区別が明瞭であるかのように説明してきましたが、実はそれほど輪郭がはっきりしているわけではありません。

まず、日ごろから自分自身や家族、そして周囲の人々の健康と幸福に留意することを働きかけるケア・コミュニケーション (健康増進・健康教育) があります。次に、コンセンサス・コミュニケーションの中で、限られた資源しかない自分たちの地域で実現可能な減災のあり方を話しあい、信頼関係を構築し、市民教育として住民一人ひとりの中に当事者意識・市民意識を育てるのです。これらに支えられて初めて、有事のトップ・ダウン形式の災害コミュニケーションはその効果 (住民の安全な避難) を発揮するのです [⇒**12-2**]。

このように、リスク・コミュニケーションは、非日常はもちろんのこと、日常においてもわたしたちの生活の中にあってしかるべきものとして登場するのです。

1 1989年アメリカNational Researchcouncilはリスク・コミュニケーションを「個人、機関、集団間での情報や意見のやりとりの相互作用的過程」と発表しました。

引用文献

吉川肇子（2000）『リスクとつきあう―危険な時代のコミュニケーション』有斐閣

吉川肇子（2005）「リスク・コミュニケーションとゲーミング」矢守克也・網代剛・吉川肇子編『防災ゲームで学ぶリスク・コミュニケーション―クロスロードへの招待』pp.17–37．ナカニシヤ出版

Lundgren, R. E., & McMakin, A. H. (2013). *Risk communication: A handbook for communicating environmental, safety, and health risks* (5th edition). Wiley-IEEE Press.

National Research Council. (1989). *Improving risk communication*. Washington, DC: The National Academy Press. <https://www.ncbi.nlm.nih.gov/books/NBK218585/pdf/Bookshelf_NBK218585.pdf> 2024.8.1

Part

V

コミュニケーション学を
学ぶ意義

Chapter
14

コミュニケーション学の
HOPE

Section ▶ 1
AIにとっての文脈

キーワード　バイアス、(知識の) 抽象化

エピソード　「AIは間違えない?」

マサル　授業の課題で、A社のウエブサイトのデモ版を作るように言われたんだけど、面倒くさいから生成AIで作っちゃった。

メグミ　あ、すっごくきれい。でも、ちょっと変だよ。A社は、女性を管理職に積極的に登用することでよく知られているんだけど、AIが作ったサイトの写真、スーツを着た男性たちが真ん中にいて、制服を着せられた女性が端っこにいるね。これじゃあ、旧態依然とした日本企業みたい。

マサル　おかしいなあ。AIが作ったんだから、間違いないと思うよ。

みなさんは、メグミさんになって、マサルさんに応答してください。

1. 文脈によって変化するコミュニケーション

　本書では、コミュニケーション学が大切にしていることを述べてきました。それは、コミュニケーションとは常に具体的な文脈の中で他者の存在を前提として起こるということです。文脈を離れて、そして他者不在の中でコミュ

ニケーションが意味を持つことはありません。もしコミュニケーションに文脈がないのであれば、もし他者不在であればその意味は社会の中で適切に共有されることはないのです。

　それでは、エピソード中に登場した生成AI（以下、AIと略す）について考えてみてください。この新しいテクノロジーは確実に何かを大きく変化させる可能性がある一方、人間はAIによる回答を、そのまま受け入れてもよいのかという問題が残ります。それは、AIが人間に向かって提示するデータの集積は、どのような文脈の中で検索され、収集され、学習されたのかが、ユーザーには分かってこないからです。AIのインターフェイスにおいて、コマンドを入れ、回答を利用・消費するだけだと、その知識の持つ文脈が分からなくなってしまうのです。

　ある企業の広告で、そこで使用するイメージ画像をAIで作成したところ、中年男性が真ん中に、そして女性たちが脇の方で笑っているものがでてきたとのことです（江間 2023）。これは、重要な役割が男性によって担われる、旧態依然とした社会通念を反映させたためでしょう。この通念を含んだ情報はAIによって学習されたのです。

　つまり、AIが学習するインターネット上の情報の数々はそれぞれ文脈を持っているため、**バイアス**がかかっているということです。したがって、AIのデータセットが持つ文脈を加味することなく、そのまま受け取ってしまえば、そのバイアスをそのまま受容して、拡散することになります。AIの時代になったとしても、人間は、自分たちが持つバイアスから、自由になることはできないのです（野家 2024）。

2.　文脈を加味して判断すべし！

　では、具体的にどのようにして、AIが生み出す知識の文脈についてユーザーは知ることができるのでしょうか。EUでは、すでにAIに制限をかけています[1]。それは、AIが学習するための条件付け——**アルゴリズム**と呼ばれるのですが、この動きを一般に公開することを義務付けようとしています。アルゴリズムとは、問題を解決するための手順や解決方法を指すことばですが、

要するに、どのようにAIが情報を処理するのかを、あらかじめ条件付けるものです。これをAIの開発者や事業者が世界中に公開するならば、ユーザーたちには、AIが導き出す解が、どのような文脈の中で作られたのかが分かるようになるわけです。

　また逆に、バイアスを反映しないようにアルゴリズムを再設定することも可能になるでしょう。一方これは、バイアスを排除する設定をすることで、AIに倫理的な性格を持たせることを意味します。しかし今度は、その設定が正しいのかどうか議論する必要もでてきます。たとえば、何が人種差別に相当するのか、その判断が難しい場合もあるためです。

　2024年8月現在、イスラエルがパレスチナのガザ地区を攻撃しています。多くの人は、イスラエルによる過剰な攻撃はジェノサイドであると主張しますが、ドイツやアメリカに目を移せば、イスラエル批判は、ユダヤ人差別を助長すると主張する人たちもいるため、判断が難しくなります (田中 2024)。物事の見え方は、一元的ではないのです。

　要するに、倫理的なアルゴリズムが設定されたAIを使っても、複雑な問題に関しては、結局は人間が自分たちで考え、その判断のための文脈や基準を探し求める必要があるのです。

3.　コミュニケーション学のHOPEとは

　コミュニケーション学的知見に倣うのであれば、AIがいかに難解な問題に対して正しくみえる解を提示しても、常に人間とAIとの間にあるコミュニケーションが抽象化しないように見張る作業が必要です。ここでいう (知識の) **抽象化**とは、AIが教えてくれる知識には、文脈が失われているために、どのような視点から生まれたものなのか分からなくなることを指します。人間の知識は、視点や文脈に根差してこそ、具体化するのです。エピソードの中の事例においては、一見、提示されたものは素晴らしく見えるのですが、文脈が加味されないために、AIからの回答を適切に判断することができなくなってしまうのです。マサルさんのようにAIを無条件に信用すれば、文脈を考慮に入れない断片的な知識を受容することになってしまいます。

みなさんは、コミュニケーションが生み出す知識や意味には常に具体的な文脈がついて回るという原理原則を、すでに知っています。それを知っていれば、あふれんばかりの情報や知識の断片化の海の中で溺れるのではなく、知識と文脈をつなぎ合わせるための作業（実践）ができるようになるのです。これが、コミュニケーション学が、みなさんに約束することができるHOPEなのです。

1　2019年4月8日に、「信頼できるAIのための倫理ガイドライン」が公表されたことを指す。

引用文献

江間有沙（2023）「生成AIも差別する　「無意識の偏見」から自由になれるか」『毎日新聞』6月7日
　　<https://mainichi.jp/premier/politics/articles/20230605/pol/00m/010/013000c> 2024.6.12
田中顕一（2024）「揺れるドイツ イスラエルを守る「国是」がなぜ？どうする？」『NHK国際ニュースナビ』<https://www3.nhk.or.jp/news/special/international_news_navi/articles/feature/2023/12/01/36216.html> 2024.6.12
野家啓一（2024）「生成AIとどう付き合うか」『学術の動向』29巻1号, pp.40–48.

Section ▶ 2

コミュニケーション＝
具体的な日常を生きること

🔑
キーワード　コミュニケーションの過剰、具体的な関係性、相対化、
再文脈／再定義化する営み・実践

🎞
エピソード　「「コミュニケーション」について学ぶこと（再訪）」

ユウ　　就活がんばらなきゃだよね。それでさ、今度「コミュニ
　　　　ケーション能力開発セミナー」に行こうと思っているん
　　　　だよね。

アキ　　なんか最近、「「対話力」とキャリアセミナー」とか増え
　　　　たよね。もうコミュ力とか、あたりまえってことなのか
　　　　な。それで、今後はAIの時代とか言って、使いこなすの
　　　　があたりまえみたいな。やること多過ぎだよね。

ユウ　　一人で全部できるわけないのにね。でも、せっかく大学
　　　　でコミュニケーションを学んだんだから、良い就職先勝
　　　　ち取りたいな。

　この会話の中にあなたがいると仮定して、2人に話しかけてくださ
い。その際、本書で学んだことを総動員してみてください。

1.　コミュニケーション、コミュニケーション礼賛言説の過剰さ

　グローバリゼーションは、**コミュニケーションの過剰**を特徴としています。
インターネットなどの通信技術が劇的に進展し、金融分野や消費分野でのコ

280　　Part V　コミュニケーション学を学ぶ意義

ミュニケーションが飛躍的に増えました。それに加え、コミュニケーションを言祝ぐ言説も多々みられるようになりました。常時、世界中の人たちと交流しているかのような意識や、世界中から観光客が訪れるような期待感などなど…　コミュニケーションに関われば、何でもできるような万能感、つまり「HOPE」に満ちています。

　一方、この万能感はなかなか抽象的です。どんな状況にあっても、とにかくコミュニケーションさえすれば、またコミュニケーション能力さえ発揮すれば、何でもうまくいくに違いないという将来しかみせてくれないのです。自分たちが置かれている社会的状況や文脈、組織や人間関係が、どんなに性質を変えようとも、とにかく自分がコミュニケーションさえできれば何とかなるに違いないという抽象性が、ここでの「HOPE」なのです。

　そのため、コミュニケーションなることばは、あたかも「魔法の杖」であるかのごとく受容されてきたために、それさえあれば自分だけの努力や能力だけで、成功することができるように感じてしまうのです。これは、コミュニケーションに関わる能力や責任が、個人に帰すべきものとして捉えられているからです。これは、典型的な新自由主義です ［⇒**7-4**］。

2.　具体的な関係性の中の「わたしたち」

　一方、本書は、「コミュニケーション」なるものは、自分たちが置かれている状況や文脈、自分たちが埋め込まれている社会や制度、自分たちが関わる組織や人間関係の中にこそ生じることを説いています。わたしたちは、家族関係や近代社会といった文脈、結婚や学校といった社会や制度、病院や会社といった組織や人間関係の中に埋め込まれているために、わたしたち自身がコミュニケーションのネットワークの中に、すでに埋め込まれているのです。コミュニケーションに関わる諸々は、個人だけに帰すべきものなどは1つもなく、**具体的な関係性**の中にあるということです ［⇒**1-3**］。

　したがって、本書では日常の中に埋め込まれたコミュニケーションが関わるさまざまな関係性をエピソードや解説の中に取り込み、そこで生起する具体的な状況や文脈、社会や制度、組織や人間関係などと、わたしたちとの間

にある関係性を捉えようとしました。それぞれのエピソードから、これらの関係性を把握し直したり、パターンを抽出したり、関係性が生み出す**意味生成の過程の数々**を勉強してもらいました。また、グローバリゼーションが浸透する時代における市民社会のあり方や、関わり方も提示してきました。

コミュニケーションを学ぶことは、これら具体的な関係性の中に埋め込まれた**自分自身の（存在の）数々**を、まず捉えることにあるといえます。そして次に、それらを**相対化**させることも非常に大切です。どんなに世の中が複雑になり、高度にテクノロジーや通信技術が発達したとしても、自分たちが生きる日常が具体的な関係性の中に埋め込まれていることを忘れてはなりません。なぜなら、わたしたちは**具体的な日常**を生きているはずだからです。

たとえば、SNS上の炎上事件でさえ、そのメディアの持つ特性の作用を受けているし［⇒**9-4**］、生成AIが提示する回答も、わたしたちが持つバイアスを反映しています［⇒**14-1**］。一方で、「わかもの」ということばがもたらすSNS関連の問題の矮小化も、社会の中で定着してきたラベリングでしかないわけです［⇒**9-3**］。いかなる現象や問題は、メディア・テクノロジーや社会関係の中でしか発生しないのです。

3.　再文脈／再定義化すること＝コミュニケーション学

これらのことを忘れることがないように、批判的に分析する視点や方法論が必要です。そして、それらを提示できるのが、コミュニケーション学なのです。コミュニケーション学は、日常の中にある具体的な関係性の数々を見つけ出し、一見個人の問題や属人的責任として捉えられがちな問題の数々を、関係性の中にあるそれとして位置づけ、社会の問題として**再文脈／再定義化する営み・実践**なのです。

コミュニケーション万能言説が跋扈する時代は、たとえば「フリーターのまま一生終わるかもしれない」という漠然とした不安を個人の責任として、わたしたち一人ひとりに押し付けてきますが、決してそのようなものとして引き受けるのではなく、多くの人間が関わる社会構造の問題として捉え、言説化（再文脈化）する必要があるということです。そうすれば、独りで苦悩す

ることなく、「わたしたち」の問題として再定義することができるはずです。「独り」で悩むのではなく、「わたしたち」の悩みとして、多くの人と問題解決のための議論を開始することが大切なのです。この意味で、コミュニケーション学とは、「仲間作り」の作業・実践であると言えるでしょう。本書で学んだみなさんは、この作業・実践に参加し始めているのです。

あとがき　　改訂版刊行にあたって

　本書の初版が刊行されてから、約5年の歳月が経ちました。この間、通信技術のイノベーションが進み、社会を取り巻く環境も大きく変わりました。これを踏まえて、今回、内容をアップデートすることになりました。

　今回の改訂版の刊行にあたり、一つだけ伝えておきたいことがあります。それは、つまるところ、コミュニケーション学は、どのような学生を育てようとしているのかという「問い」に対する答えです。

　一言で言えば、マイノリティなどの他者存在を決して忘れることなく、科学技術のイノベーションに振り回されることなく、その結果、より良い社会をみんなで創ろうとする責任ある市民を育てるということです。ここでの「市民」とは、名古屋市や横浜市などの行政区を指標するものではなく、歴史的な意味を担っている存在です。これは、血筋や出自によって身分が決定されていた時代が市民革命によって終焉した歴史性を帯びていることを意味します。

　現在、わたしたちは自分が自由であることは当然のことのように考えていますが、本書で紹介してきたように、その自由は他者とともに生きる場でもあるために、衝突や制約があったり、誰かを排除してしまう帰結を招いてきました。その中で、人間は、自分が自由を享受することができるのと同じように、他者の自由もまた大切にしなくてはならないことを、学んできたのです。

　コミュニケーションとは、他者とのコミュニケーション、技術とのコミュニケーション、社会や文脈とのコミュニケーションなどの中に埋め込まれた存在でしかありません。コミュニケーションがもたらす数々の問題や課題、それらを乗り越える方法や視点を知ることで、わたしたちは「市民」になることができます。コミュニケーション学は、このような「市民」を育てる伝統の中から発展してきました。古くは古代ギリシアから、その方法や考え方は発展してきました。この時代は、成人男子のみが社会を共に創る人間とし

て位置づけましたが、その後の長い歴史の中でその過ちに気がつき、少しずつアップデートを繰り返してきた結果、現在に至ったのです。そして、現在もまた、パーフェクトではありません。

　コミュニケーション学を学ぶこととは、このような歴史性を帯びた実践に参加することを意味します。歴史的「市民」をつくり出し、これを育むプロジェクトと言ってもいいでしょう。本書を手に取ったみなさんは、このプロジェクトの中に招き入れられたのです。そして初版から、本書で学んできた学生たちは、数々のフィードバックを寄せてくれたことで、このプロジェクトの一員となりました。本書は、みんなで創ってきたものなのです。

　一方、本書は概論という入門的な内容しか備わっていないことを付け加えておきます。これをさらに発展させるためには、みなさんによる、これからのコミュニケーション学への関わりが重要になってきます。本書を学習された後も、みなさんがコミュニケーション学に関わってくれたら、本当にうれしいです。それは、わたしたちの「仲間（＝市民）」が増えることを意味するからです。

　本書の改訂版をつくるにあたり、ひつじ書房の森脇尊志氏には、本当にお世話になりました。改訂版の刊行を快諾いただいただけでなく、丁寧に読み込み、適切なコメントをたくさんいただきました。心より感謝申し上げます。

藤巻光浩

2024年8月

索引

英数字

6次産業化（1次×2次×3次） 225
Kawaii/Cawaii 64
NGO 236
NPO 236
U型曲線モデル 45
Win-Win 197
World Englishes 32
W型曲線モデル 45

あ

アイデンティティ資本 156
アイデンティティの揺れ動き 43
アイデンティフィケーション 114
アタッチメント 160
あたりまえ 7
アテンション・エコノミー 266
アド・ホック通訳 257
アルゴリズム 277
アルバイト 221
安全基地 160
安定型 160
怒り 202
生きづらさ 12
意思決定 214
異質性 23
異種混淆性 42
異文化コミュニケーション 15, 28
　　——適応過程 45
　　——的実践 56
意味 2
　　——構築の過程 iii

　　——生成の過程の数々 282
　　——付け 72
医療コミュニケーション 253
医療通訳 257
インターネット 172
インバウンド 71
インフォームド・コンセント 253
ヴァーチャル方言 232
打ちことば 231
英語 30
　　——教育 32
　　——の道具的コミュニケーション観 31
　　——母語話者 35
エコー・チェンバー 184
エトス 131
エビデンス・ベイスト・メディスン 254
炎上 184
オーナーシップ 36
オーバーツーリズム 72
オタク文化 59
男らしさ 102
オルタナティブ・ファクト 95
女らしさ 102

か

外国語としての日本語 68
外国人児童生徒 238
外国性 27
解釈項 139
外集団 167
会話志向性 159
学際性 iii
学習言語 239
過食 84
仮想世界 72
家族 158
　　——コミュニケーション 158

――コミュニケーション・パターン理論 158

――システム論 160

価値 7

――観 201

家父長制 122

過保護型 159

カルチャーショック 45

かわいい 63

関係 197

――性 201

――ダイアレクティックス理論 151

――的利用 172

観光 71

感情 202

感情労働 222

換喩 143

起業 224

起業家 226

聴く 8

記号 139

技術決定論 176

技術構成論 176

基準 197

期待 18

期待違反理論 18

規範 iv

客観的基準 197

共食 242

共創 165

共通語 231

共通の正しさ 198

共文化 28

拒食 84

規律権力 135

均質化 53

クールジャパン 59

――政策 64

具体的な関係性 281

具体的な日常 282

グラミン銀行 225

クリティカル言説分析 49

グループコミュニケーション 163

グループプロセス 163

クレオール化 54

グローカル化 60

グローバリゼーション 226

ケア・コミュニケーション 269

ケータイ 173

結束型 155

健康格差の解消 262

健康状態の維持 261

健康の生態モデル 249

言語名称目録観 139

言語メッセージ 3

言語論的転回 145

現実空間 72

言説化 11, 136

言説の再生産 12

現地化 53

権力 135, 222

合意型 159

公共 244

――圏 125

広告 109

交渉 196

交渉（術） 192

構造 iii

行動変容 266

高度化する医療 250

広報 213

国際語としての英語 32

個人主義 201

個人情報 257

個人的記憶 118

コスモポリタニズム 167

子ども食堂　242

子どもの貧困　243

コミュニケーション　ii, 2

　——学　iii

　——教育　11

　——研究　iii

　——的行為　125

　——能力　11

　——の過剰　280

　——の個人化　175

　——のコンテクスト　14

コミュニティ　114

混血　104

　——児　104

コンセンサス・コミュニケーション　269

コンテンツ・ツーリズム　71

コンピューターを介したコミュニケーショ
　ン　15, 179

コンフリクト　193

　——・マネジメント　192

さ

災害コミュニケーション　270

災害リスク　265

最低賃金法　221

再文脈／再定義化する営み・実践　282

差別的な日常　24

三種の神器　91

ジェンダー　16, 99

　——・ギャップ指数　98

　——・バイアス　102, 206

　——平等　102

自己　iv

思考の停止状態　205

自己責任　249

自己実現　31

システム　160

自文化　68

　——中心主義　28, 167

自分自身の（存在の）数々　282

市民教育　269

市民参加　236

自民族優越主義　28

社会アイデンティティ理論　167

社会関係資本　155

社会構成主義　164

社会構造　261

社会構築主義　176

社会参加　188

社会性　188

社会的規範　122

社会的現実　88

社会的実践　92

社会的責任　226

社会的欲求　201

集合的記憶　118

従順志向性　159

終戦記念日　117

集団主義　201

出入国管理及び難民認定法　238

準言語メッセージ　3

障害　261

障害者差別　262

小集団コミュニケーション　15

象徴　113

承認欲求　183

情報弱者　235

食の現地化　75

所属意識　114

自律性　201

人格攻撃　132

人工知能　187

人種　104

　——差別　104

　——の純粋性　104

――分類　104
身体　121
シンボル　58
真理　136
ステータス　201
ステルスマーケティング　83
ステレオタイプ　28
スピーチ　16
生活言語　239
生−権力　135
性差　99
政治的正しさ　184
生成AI　96
聖地巡礼　72
性的指向性　16
性的少数派　16
性別役割分業　100
世界観　193, 194
セクシュアル・マイノリティ　135
セックス　99
摂食障害　84
説得　109, 146
説得技術　109
専制型リーダーシップ　217
戦略的撤退　223
相互協調的自己観　152
相互作用　7
相互独立的自己観　152
想像の共同体　114
相対化　iv, 282
創発　164
ソーシャル・ネットワーキング・サービス
　182
ソーシャル・ビジネス　225
ソーシャル・メディア　15, 171
ソーシャル・メディア・パラダイム　171
組織　213
――開発　165

――コミュニケーション　15, 213
――内のコミュニケーション　213
ソフト型　197
ソフト・パワー　60

た

ターミニスティック・スクリーン　145
対象　139
対人コミュニケーション　14
体面　201
対面コミュニケーション　179
対立　193
対話　164
多元型　159
多言語サービス　234
多言語支援　234
他者　iv
他者化　56
多声性　50
正しさ　198
脱歴史化　50
男女雇用機会均等法　99
知　136
地域コミュニケーション　244
力　222
――の作用　222
――の種類　222
抽象化　278
沈黙　4
ツーリズム　71
ディープフェイク　96
定義　3, 193
抵抗　54
デートDV　205
手がかり濾過アプローチ　180
テレ・コミュニケーション　175
転義法　143

同一化　109
道具的利用　172
当事者　16
統治の技法　135
同調圧力　23
匿名性　186
特権性　35
ドメスティック・バイオレンス　205
トランスナショナリズム　42

な
内集団　166
　　──びいき　167
内省　iv
内容　139
ナラティブ・ベイスト・メディスン　254
なんちゃって和食　75
難民　56
ニーズ　193, 194
二項対立　23
二文化併用　54
日本語　66
　　──学習者　67
　　──教育　68
日本人　105
日本特有の文化　64
日本文化論　60
ニューカマー　238
ニューツーリズム　71
ニューノーマル　187
ニュー・メディア　171
にわか通訳　257

は
場　92
パーソナル・リーダーシップ　217

ハード型　197
ハーバード式原則立脚型　197
バイアス　277
ハイカルチャー　60
ハイブリディティ　42
白人の責務　104
橋渡し型　155
パトス　131
パブリック・コミュニケーション　16
パブリック・リレーションズ　213
非英語母語話者　35
非言語メッセージ　4
ヒジャーブ　121
非対面コミュニケーション　179
非同期性　179
批判的思考　iv
非母語話者　34
評価懸念　152
表現　139
標準語　231
標準語政策　232
表象　113
ファクトチェック　96
不安軽減理論　23
ファンダム　183
フィルターバブル　83
フェイクニュース　95
フェイス　201
フェミニズム　99
部下力　218
不健康な対人関係　205
ブラックバイト　221
ブラックフェイス　86
フロー　213
プロセス　2
文化　42
　　──アイデンティティ　41
　　──接触　52

290

——的自己観　152
——的無臭性　64
——の盗用　55
——本質主義　50, 76
文脈　7, 63
ヘイトスピーチ　132
ヘッドスカーフ着用禁止令　122
ヘルス・コミュニケーション　248
弁論　131
方言　231
——ステレオタイプ　232
——ブーム　231
訪日外国人　26
放任型　159
放任型リーダーシップ　217
保護型　159
母語話者　34
——性　36
——中心主義　35
ポスト真実　94
ボス・マネジメント　218
ポップカルチャー　59
ボディイメージ　84
ボランティア　236
ホワイトフェイス　87

ま

マス・コミュニケーション　15
マスメディア　15, 91
学び直し　89
ミディエーション　198
民主型リーダーシップ　217
無形文化遺産　74
村八分　156
メディア史　92
メディアはメッセージである　92
メディア・リテラシー　87

面子　201
文字コミュニケーション　179
物語　254
モノのインターネット　187
モバイル・コミュニケーション　15, 175
モビリティ　175
もめごと　193

や

役割　201
——期待　18
やさしい日本語　235
よそ者　126

ら

らしさ　102
ラベリング　12
リーダーシップ　217
利益　197
リスク　265
——・コミュニケーション　265, 269
——ポリシー　266
立脚点　193, 194
リンガ・フランカとしての英語　32
歴史　118
歴史化　50
レトリック　16, 109, 146
労働基準法　221
ロゴス　131

わ

和食　74
ワンフレーズ政治　132

執筆者紹介
※五十音順（＊は編者）

佐藤良子（内田良子）（さとう よしこ（うちだ よしこ）） ch.4／ch.12
1973年生まれ
東海大學日本語言文化學系助理教授
専門分野　異文化コミュニケーション
主業績　「コミュニケーション学の視点から見たCOIL（オンライン国際協働学習）の一考察―台日コミュニケーションプロジェクトを事例にして―」（共著、『多元文化交流』15, 114–130, 2023）、「協働学習と異文化コミュニケーション―「内なる国際化」が進む日本で高等教育機関は何を求められているか」（共著、『リンガフランカとしての日本語―多言語・多文化共生のために日本語教育を再考する―』明石書店、2020）など。

田島慎朗（たじま のりあき） ch.7／Column 5
1979年生まれ
関西大学外国語学部教授
専門分野　コミュニケーション研究、レトリック研究
主業績　「Instagramのレトリック―演出される「リア充」の世界」（分担執筆、『メディア・レトリック論』ナカニシヤ出版、2018）、「民衆の創造―本庄事件後の地方紙『埼玉タイムズ』分析を通じて」（『日本コミュニケーション研究』45(1), 27–46, 2016), What Is Educational Debate For?: An Analysis of High School and College Debate in Japanese Popular Culture. (*Disturbing Argument, Routledge*, 438–443, 2015) など。

平田亜紀（ひらた あき） ch.10-4／ch.13
1979年生まれ
愛知医科大学医学部基礎科学准教授
専門分野　健康教育、ヘルスコミュニケーション
主業績　「海外留学に係る研修内容に関する考察〜事前研修、危機管理、支援の実践現場から〜Orientations and Training Sessions for Study Abroad: Are we doing enough? Or are we doing too much?」（『愛知淑徳大学論集―グローバル・コミュニケーション学部篇』4, 43–50）など。

福本明子（ふくもと あきこ） ch.5-1, -2, -4／Column 3／ch.10-1, -2, -3／ch.11
1969年生まれ
愛知淑徳大学グローバル・コミュニケーション学部教授
専門分野　異文化コミュニケーション
主業績　「歴史論争を巡るジェンダーとコミュニケーション―グローバリゼーションと「歴史教科書問題」から考える」（分担執筆、『ジェンダーの交差点―横断研究の試み』彩流社）、「米国スタンフォード大学発信の終戦70周年談話－談話の多様性についてのキーワードからの考察」（『愛知淑徳大学論集』12, 41–53, 2016）など。

藤巻光浩（ふじまき みつひろ）*　ch.5-3, -5／Column 4／ch.14

1964年生まれ

フェリス女学院大学グローバル教養学部文化表現学科教授（2025年度より）

専門分野　レトリック、メディア研究、批評理論

主業績　『アメリカに渡ったホロコースト―ワシントンDCのホロコースト博物館から考える』（創成社、2015）、『国境の北と日本人―ポストコロニアルな旅へ』（緑風出版、2019）など。

宮崎　新（みやざき あらた）*　はじめに／ch.1／Column 1／Ch.2／ch.9

1979年生まれ

名城大学外国語学部国際英語学科教授

専門分野　異文化コミュニケーション、対人コミュニケーション

主業績　Facing with non-nativeness while teaching: Enacting voices of international teaching assistants of basic communication courses.（共著、*Basic Communication Course Annual, 25*, pp.245–282, 2013）、Re-making cross-cultural representations: "Foreign" + "Hollywood" films= new learning opportunities. （共著、*International Journal of Arts & Sciences 4*(24), 275–294. 2011）、「英語という言語選択―外国語を学ぶことの意味」（『グローバル社会と異文化コミュニケーション―身近な「異」から考える』三修社、2019）など。

宮脇かおり（みやわき かおり）　ch.6

1983年生まれ

桃山学院大学社会学部社会学科准教授

専門分野　レトリック、メディア研究

主業績　「ぬいぐるみという記号からコミュニケーションを捉え直す」（『記号学研究』1, 20–36, 2023）、「ディベート未経験者による論題作成―アクティブ・ラーニングの一手法として―」（『ディベート教育国際研究会論集』2, 41–54, 2019）、Prime Minister Abe's rhetoric on the Japanese stance toward Syrian refugee crisis. （Victims, Frauds, and Floods: National Rhetorics in the Immigration Crisis of 2015–2016. MI: Michigan State University Press, 2017）など。

森泉　哲（もりいずみ さとし）　ch.3／Column 2／ch.8

1971年生まれ

南山大学国際教養学部教授

専門分野　対人・異文化コミュニケーション、社会心理学

主業績　Can global citizens contribute to Japan's local society? Impacts of global citizenship on intergroup ideologies and civic engagement (In I. Katzarska-Miller, & S. Reysen (Eds.), Globalized Identities: The impact of globalization on self and identity (pp.245–271). Palgrave Macmillan, 2022), Who seeks social support from whom?: Considering impacts of national and familial cultures from socio-ecological perspectives (Japanese Journal of Communication Studies. *49*(2), 79–100, 2021)、ダイバーシティと多様性をめぐる言説の行方―日本政府による提言のテキストマイニング分析からの考察―（『人間関係研究』23, 17–34, 2023）など。

改訂版　グローバル社会のコミュニケーション学入門
Communication in Global Contexts: The Basics (Revised Edition)
Edited by Fujimaki Mitsuhiro and Miyazaki Arata

発行	2024 年 9 月 24 日　改訂版 1 刷
	（2019 年 3 月 29 日　初版 1 刷）
定価	2200 円＋税
編者	©藤巻光浩・宮崎新
発行者	松本功
ブックデザイン	大崎善治
印刷・製本所	株式会社 シナノ
発行所	株式会社 ひつじ書房
	〒 112-0011 東京都文京区千石 2-1-2 大和ビル 2 階
	Tel.03-5319-4916　Fax.03-5319-4917
	郵便振替 00120-8-142852
	toiawase@hituzi.co.jp　https://www.hituzi.co.jp/

ISBN978-4-8234-1260-8

造本には充分注意しておりますが、落丁・乱丁などがございましたら、
小社かお買上げ書店にておとりかえいたします。ご意見、ご感想など、
小社までお寄せ下されば幸いです。